APRESENTAÇÃO

Le langage l'engage.
Jean Tardieu

ó o humilde safa-se de ser maluco?
João Guimarães Rosa

Lacan não é *la canne* e sim *lacune*. Mesmo que o *establishment* o queria *já-claquean*-tecipamos que essa tradução não lhe fará qualquer concessão e as *spaltungen,* que são inúmeras, serão mantidas tal qual foram forjadas por uma fala que sempre se quis falha. Nossa intenção, portanto, não foi docilizar ou domesticar esse difícil seminário proferido já no fim de 1973 e que segue até meados de 1974. Ambíguo e pluridimensional, desde o título que faz conjunção-disjuntiva entre *Les non-dupes errent* e *Les noms du père*, tentamos traduzi-lo (*traduttore, traditore*) o mais próximo possível da letra que, cá entre nós, já não é mais, por essa época, tão freudiana assim.

O que o leitor encontrará, então, nesse texto que antes de mais nada foi fala, não custa salientar, são as intermitências e modulações próprias de um dizer que, como

1

Lacan mesmo enfatiza, fazem parte de sua lalíngua que procura, às vezes de forma desesperada, dar conta desse prática do impossível que é a psicanálise. Assim, ritornelos e cacofonias, interrupções abruptas e becos que não culminam em um fim, sentenças confusas – muito confusas - e frases contraditórias – muito contraditórias – tudo isso foi mantido aqui. Os *lapsus* tem o seu devido lugar, claro, e quando a tentação nos acossou em planificá-los, procuramos não explicar nada – nem sabemos se isso seria possível –e, se algumas vezes, duplicamos certos significantes, foi porque ou são *unbegriffen* ou porque nossa arte-fício não alcançou verter *ipsis literis* o *riverrun* de Lacan.

Mas nosso trabalho não se encerrou aí. A edição *staferla* - que tomamos como base para essa *haeresis* – e talvez com a intenção de não produzir *jouis-sense* em demasia, optou por não demarcar muito bem seus parágrafos e o tecido que nos ofereceu se assemelha, em muitas vezes, a uma colcha de retalhos modernista que mais parece um jogo de *non-sense* ou até *ob-sense*. E fica claro que, ainda assim – não se pode fazer senão o pior, não é mesmo? – se trata de uma eleição - *ex-legere* – e, nesse sentido, a nossa escolha – *ex-legere* – no caso, tomou uma outra via, que como se verá, arrisca e aposta num *Freude* que já se afirmou como imprescindível à qualquer leitura. O mesmo vale para as pontuações – muito problemáticas na edição *staferla* – que, se fazem sentido, são, não adianta negar, fundamentais, pois, sem ele – ou elas – não há ex-sistência. Assim, sempre que um ponto, um travessão, um parênteses ou uma vírgula se impuseram,os pusemos no texto, mesmo que depois ex-sista oposição.

E uma última coisa: deixamos de fora, tanto quanto possível, as notas. Não porque elas sejam desnecessárias ou improdutivas mas porque, feito Stephen Dedalus ou *qualunque*, quando *se* fala não *se* explica a *si* mesmo o que *se* diz. Em suma, anotar não seria senão colocar um *eu* onde *eu* não existe! E nem deve existir! Mesmo que ao-menos-um saiba, já foi dito, mi ller,nem Lacan crê em *si-mesmo*, como se verá!

E chega de eu, em nosso caso, nós. Que o leitor fique com os outros, nós, de Lacan, é claro!

Frederico
Denez

Gustavo
Capobianc
o Volaco

AULA 1

13 de Novembro de 1973

Eu recomeço. Eu recomeço porque havia pensado que pudesse terminar. Eu recomeço, inclusive, porque eu pensei que pudesse terminar. Isto é, por outro lado, o que chamo de passe. E eu pensei que tinha passado. Mas então, esta afirmação, "eu pensei que havia passado", deu-me a oportunidade de me dar conta de algo. É mesmo assim, o que eu chamo o passe. Isso dá a oportunidade, de repente, de sentir um certo alívio, um alívio do que tenho feito até aqui.

E é este alívio que expressa exatamente o meu título deste ano, este que vocês puderam ler, espero, no cartaz, onde está escrito: Os não-tolos erram. Parece estranho, - não é? - É uma pequena mostra do meu estilo. Ou, para dizer melhor as coisas, um pequeno and*arr* (*la lancée*). Talvez vocês conheçam o que quer dizer um andar? Isto é algo como um impulso. O impulso de algo, quando se detém aquilo que lhe faz propulsão. E esse algo segue correndo, ainda.

Não é menos certo que a frase soa absolutamente da mesma maneira que Os Nomes do Pai, a saber, aquilo que

4

prometi não falar nunca mais. Aqui está! Isto em função de certas pessoas que eu não tenho mais para se qualificar, e que, em nome de Freud, me fizeram precisamente suspender o que eu estava planejando enunciar acerca Dos Nomes do Pai. Sim! Sim, obviamente, isso não é dar-lhes, em todo caso, o conforto do que se poderia oferecer destes nomes, que eles ignoram, porque os reprimem. Isso poderia ter-lhes servido. Mas isso, precisamente, não me importava.

De qualquer forma, se eles não encontrarão por si mesmos, eles não encontrarão – com seu anda*rr* – de Freud, ou seja, exatamente como estão constituídas as sociedades psicanalíticas. Então, por isso, os não-tolos erram e os nomes do pai que consoam tão bem, que consoam tanto melhor quanto contrariam uma propensão, que as pessoas têm quando se crêem letradas, e saem a fazer ligações mesmo quando não há um *s*. Não se diz "os não-tolos*s'*erram" (*les non-dupes z'errent*) e também não se diz "as cerejas tem bom gosto*s*" (*les cerises z'ont bon goût)*. Se diz "as cerejas tem bom gosto" e "os não tolos erram". Isso consoa.Essa é a riqueza da língua. E eu gostaria de ir mais longe: é uma riqueza que nem todas as línguas têm, e é precisamente por isso que são tão diferentes. Mas o que antecipo, desses encontros que qualificamos de dito espirituoso é, quem sabe talvez antes do final deste ano, quem sabe possa fazê-los sentir, possa fazê-los sentir um pouco melhor o que é que dito espirituoso.

E vou agora mesmo adiantar alguma coisa. Nestes dois... termos, postos em palavras, os nomes de pai e os não-tolos que erram, é o mesmo saber. Nos dois. É o mesmo saber no sentido de que o inconsciente é um saber no qual o sujeito pode ser decifrado. É a definição do sujeito, esta que dou aqui. Do sujeito tal como o constitui o inconsciente. O decifra aquele que por ser falante está em condições de realizar esta operação, o que é ainda, em certa medida, forçado, até atingir um sentido. E é aí que para, porque... porque se tem que parar. Não se pede senão isso mesmo!Não se pede senão isso porque não se tem tempo. Então, se para num sentido, mas o sentido no qual se deve parar, em ambos os casos, embora seja o mesmo saber, não é o mesmo sentido. O que é curioso.

E isso nos faz sentir imediatamente que não é o mesmo sentido, apenas por razões de ortografia. O que nos deixa suspeitar de alguma coisa. Algo que vocês podem ver, na verdade, na indicação de que eu, em algum de meus seminários anteriores, assinalei acerca das relações entre o escrito e a linguagem. Não se surpreendam em demasia, em suma, deixo aqui a coisa em um estado de enigma, já que o enigma, é a colmatação de sentido. Nem acreditem que, neste caso, não subsiste ali, a propósito deste paralelo, desta identidade fonética entre os nomes do pai e os não-tolos erram, não acreditem que não existe aí enigma para mim mesmo - e é precisamente isso que se trata. É disso que se trata, precisamente, e disso: que não há nenhum inconveniente para o que penso por compreender. Isto clarifica a questão no sentido de que recém disse, e isso lhes dá trabalho. Devo dizer: para mim, não há nada mais penoso do que dar-lhes trabalho. Mas no final, este é o meu papel!

O trabalho, todo mundo sabe de onde isso vem, na língua, na língua em que se balbucia. Talvez vocês tenham ouvido falar sobre isso, se trata do*tripalium*, que é um instrumento de tortura. E que foi feito de três estacas. No *Concílio de Auxerre*, se disse que ele não era conveniente, para padres ou diáconos, estar ao lado desse instrumento com o qual *torquentur rei*, com o qual são atormentados os culpados. Não era conveniente que o sacerdote ou o diácono, estivessem ali - talvez isso lhes produzisse uma ereção. Na verdade, é muito claro, que o trabalho, tal como o conhecemos pelo inconsciente, é o que faz as relações - relações com esse saber por qual somos atormentados - é o que dessas relações faz o gozo.

Então eu disse: nenhuma objeção a este *eu que imagino*. Não disse *me imagino*. São vocês que se imaginam compreender. É dizer que neste *vocês se*, vocês imaginam que são vocês que compreendem, mas eu não disse que era eu, eu disse *eu imagino*. Enquanto o que vocês imaginam, eu trato de pôr temperança na coisa. Eu faço o que posso, em todo caso, para impedi-lo a vocês. Porque não se deve compreender muito rapidamente, como já várias vezes se assinalou.

O que eu esperava, contudo, com este *eu imagino* a propósito do sentido, é uma observação que discutirei este ano. É que o imaginário, de qualquer maneira que vocês tenham entendido - porque vocês se imaginam compreender - o imaginário é um dito-mansão - que, como sabem,escrevi - tão importante quanto as outras. Isso se vê muito bem na ciência matemática. Quero dizer naquela que é ensinável porque concerne ao real que veicula o simbólico. Por outro lado, não é veiculado senão pelo que constitui o simbólico, sempre cifrado. O imaginário é o que para o deciframento, é o sentido. Como lhes disse, temos de parar em algum lugar, e até mesmo o mais rapidamente possível.

O imaginário é sempre uma intuição do que há para simbolizar. Como acabo de dizer, algo para mastigar, para pensar, como se diz. E, para dizer tudo, uma onda de gozo. A instabilidade humana é mais variada do que se acredita, embora ela seja limitada por algo que reside no corpo, no corpo humano, a saber: o que no atual estado de coisas - ainda não está terminado, que sabe se possa chegar a outra coisa- no estado atual das coisas, assegura o domínio do ο*ψις* no pouco que dele sabemos desse corpo, quer dizer, a anatomia.

Esse domínio do ο*ψις* é o que faz com que... é o que faz, contudo, que sempre haja intuição naquilo que parte do, que parte do matemático. Talvez este ano lhes faça sentir o nó - é a ocasião de dizer - o nó da questão, a propósito do que eles chamam – falo dos matemáticos - eu não sou e lamento – o que eles chamam de "o espaço vetorial".

É muito bonito de se ver como esta questão é, talvez, finalmente, alguns de vocês devem ter ouvido vagamente falar sobre isso, posso afirmar-lhes, em todo caso, que é verdadeiramente o último grande passo da matemática, e parte de uma intuição filosófona, *L'Ausdehnungslehre: la math*: a matemática - *lehre*, é o que se ensina - a extensão matemática, tal como o denomina Grassmann. E depois sai dali o espaço vetorial e o cálculo do mesmo nome, quer dizer, algo que é em sua integralidade matematicamente ensinável, por assim dizer, algo estritamente simbolizado, e que em último grau, pode... pode funcionar por meio de uma máquina. Não? Ela, a máquina não tem nada a compreender.

Por que se haverá de voltar a entender - voltaremos a falar do espaço vetorial, deixem-me apenas contentar-me, hoje, com o anúncio - por que se haverá de voltar a entender, quer dizer a imaginar, pra saber onde aplicar o dispositivo?

More geométrico. A geometria, finalmente, a mais desajeitada da terra, a que lhes ensinaram na escola. A que corta o espaço: com a serra vocês cortam o espaço em dois, e então, depois disso, vocês cortam a sombra de um corte através de uma linha e, em seguida, marcam um ponto... Bem. É engraçado que o *more geométrico* tenha sido durante séculos o modelo da lógica. Quero dizer, que isto é o que Spinoza escreveu no início de sua Ética. Enfim, isso foi antes da lógica tomar disso, no entanto, algumas lições, lições tais que se... chegou a esvaziá-las de sua intuição, - não é? - e que, atualmente, é quando - caso extremo - em um livro de matemática, dessa matemática moderna que sabemos execrável - segundo alguns - durante muitos capítulos se pode prescindir da menor figura. Mas, no entanto - e é isso que é estranho - a isto chegamos. Sempre acabamos por chegar a isto.

Então antecipo, antecipo para vocês este ano: sempre se chega a isso, não porque a geometria não se faça no espaço intuitivo, a geometria dos gregos, enfim, da que se pode dizer que... não estava mal, isso não quebrava as manivelas, não tinha nada de especial.

Por outra razão é que se chega a isso. Excepcionalmente, lhes diria: é que existem três dimensões do espaço habitado pelo ser falante, e essas três mansões do dito tal como as escrevo, se chamam o simbólico, o imaginário e o real. Não é exatamente como as coordenadas cartesianas; não é porque há três, que vocês vão se equivocar. As coordenadas cartesianas correspondem à geometria antiga. É porquê ... é porque se trata de um espaço, o meu, tal como o defino por essas três dimensões do dito, é um espaço cujos pontos são determinados de forma muito diferente. E isso é o que eu tentei - como talvez isso estivesses além de meus meios, talvez isso me deu a ideia para abandonar a coisa - é uma geometria cujos pontos - para aqueles que estavam aqui, espero, no ano passado, cujos pontos são determinados pelo ajuste do que vocês podem se lembrar, e que eu chamei de meus anéis de barbante.

Porque talvez haja outra maneira de fazer um ponto que, começando por serrar o espaço, e, em seguida, rasgando a página, e depois, com a linha que, não se sabe onde flutua entre os dois, quebrar esta linha e dizer: isso é o ponto; quer dizer, nenhuma parte, ou seja, nada; talvez se perceba que nada está prendendo esses anéis de barbante, tal como lhes expliquei, quando são três, se vocês cortam uma, as outras duas não ficam ligadas, elas podem, nada mais do que por serem três - antes desses três as duas permanecem separadas - nada mais que por serem três, colocarem-se de um modo que são inseparáveis ... Daí o ajuste, daí a cunha, a cunha que se define... algo como isto:

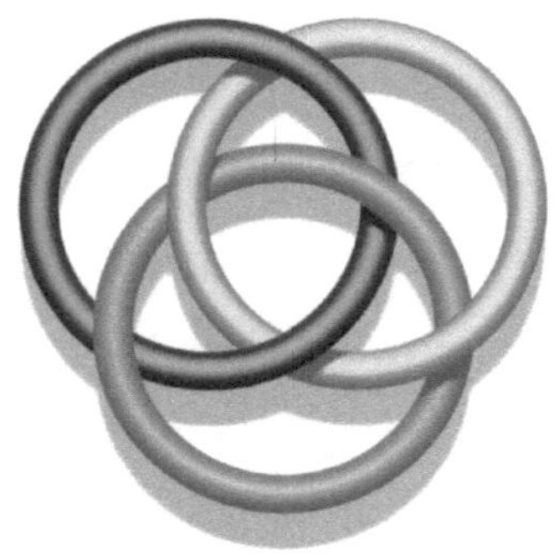

1

Sabendo que se vocês tirarem qualquer parte, qualquer um desses anéis de barbante, vocês verão que existe um ponto, um ponto que está em algum lugar, onde os três se prendem. É um pouco diferente de tudo o que foi elucubrado até agora pelo *more geométrico*, porque isto exige que haja três anéis, três voltas de barbante, algo de uma consistência diferente para esse vazio com que se opera no espaço; são precisos três, sempre, em qualquer caso, para determinar um ponto. Re-explicarei isso melhor, outra vez, quer dizer, no comprimento e na largura, mas eu lhes faço notar que esta parte, esta parte - esta noção - de outra maneira de operar com o espaço, com espaço que habitamos realmente... se existe o inconsciente. Eu começo com uma outra forma de

---

[1] Como na edição staferla não estão todos os esquemas que Lacan produziu no quadro procuramos essas imagens em outros lugares. A maioria delas encontramos em http://gaogoa.free.fr/SeminaireS.htm

considerar o espaço; e que ao qualificar essas três dimensões identificando-as com os termos que inclusive pareceu que eu precisamente diferenciei, os termos simbólico, imaginário e real, o que eu estou antecipando é que eles têm sido feitos estritamente equivalentes.

É uma pergunta que surge em Freud no final de *A Interpretação dos Sonhos*, na penúltima página: ele se levanta a questão daquilo que ele chama - e bem se vê que a aparência já não convoca tanta certeza, que já não se identifica a algo que a separaria - o que ele chama de realidade, que ele qualifica de psíquica: o que pode ter a ver isso com o real? Então ali, ele vacila, vacila um pouco mais, e se agarra a realidade material. Mas o que significa dizer isto: realidade material em suas relações com a realidade psíquica?

Vamos tratar, então, vamos a tratar então de distingui-las, de manter ainda uma sombra de distinção entre as três categorias, indicando o que agora ponho na ordem do dia, a saber, que fique claro, como dimensões do nosso espaço - o nosso espaço habitado como seres falantes - estas três categorias são estritamente equivalentes. Já temos o esquema para isso, certo? As designamos por letras. É a abertura inteiramente nova da álgebra, e vejam aí a importância do escrito. Se eu escrevo: R.I.S , real, imaginário, simbólico, ou melhor: Real, Simbólico, Imaginário - em breve vocês verão porque eu corrijo - vocês o escrevem em letras maiúsculas, não podem fazer de outro modo, e para vocês resulta assim, aderindo, de algum modo à coisa, apenas uma questão de escrita, totalmente heterogênea, vocês seguirão assim porque sempre compreenderam - sempre compreenderam, mas equivocadamente - que o progresso, um passo à frente, estava em haver marcado a esmagadora importância do simbólico no que diz respeito a esse infeliz Imaginário pelo qual eu comecei, dando um tiro para o ar, sob o pretexto do narcisismo. Apenas acontece que, a imagem do espelho, é perfeitamente Real que ela esteja invertida. E mesmo com um nó, especialmente com um nó, e apesar da aparência, pois talvez vocês imaginem que existem nós cuja imagem no espelho pode ser sobreposta ao nó mesmo? Nada disso.

O espaço - entendo o espaço como intuitivo, geométrico - é orientável. Não há nada mais especular que um nó. E é precisamente por esta razão, é precisamente por isso, que é muito diferente se esses mesmos R. S. I., você optam por escrevê-los - vejam a malícia se abrigando aí -, por escrevê-los, a, b, c. Aqui todo mundo sente que, pelo menos, isto os aproxima, certo? Um a vale um b, um b vale um c, e ... e isso gira em círculos, assim. É nisto que se funda a combinatória e por isso, quando vocês colocam as três letras em seguida, vejam, não há mais que seis maneiras de ordená-las. Quer dizer, segundo a lei fatorial que preside a coisa, é 1 X 2 X 3, o que dá 6, certo? Se houvessem quatro haveria vinte e quatro maneiras de ordená-las.

Somente se, se por submeter a vocês a uma concepção de espaço onde o ponto se define da maneira que acabo de mostrar, pelo ajuste - desculpem-me não apontar hoje tudo isto como figuras no quadro, o farei mais tarde - observem que não é em razão, assim, de uma escansão que vai do melhor ao pior, do real para o imaginário colocando no meio o simbólico, não por causa de qualquer preferência, vocês devem observar que, levando as coisas pela sua adequação, dito de outro modo, pelo nó borromeu:

- um círculo de barbante é o real
- um círculo de barbante é simbólico
- um círculo de barbante é o imaginário

e bem, não acreditem que todas as maneiras de fazer esse nó sejam as mesmas. Existe um nó levógiro e um nó dextrogiro.

E inclusive, embora tenham escrito as três dimensões do espaço que eu defini como o espaço habitado pelo ser falante, embora não tenham definido estas dimensões por letras minúsculas, embora as tenham definidas por a, b, c, e não ponham ali nenhum sotaque, de conteúdo diversamente preferencial, percebam que se vocês escrevem a, b, c, há uma primeira série e, apesar de vocês, a qualificaram como boa: a série que eu chamo levogira, será a, b, c, em seguida, b, c, a, depois c , a, b, quer dizer, que esta série levogira que sempre deixa uma certa ordem, que é precisamente a ordem, a, b, c: a mesma é preservada em b, c, a. E que o c inicie a série não tem qualquer importância. É legítimo imaginar, já que é o I grande que se emaranhou à menina c, fazer imagem da realidade do simbólico. Basta que o real fique antes. E não acreditem que por esse antes do real em relação ao simbólico, seja por si só, uma garantia qualquer, de qualquer coisa que isso seja. Porque, se eles retornam para transcrever o a, b, c, da primeira fórmula, serão R. S. I, isto é: aquilo que realiza o simbólico do imaginário.

E bem, o que realiza o simbólico do imaginário, o que é, senão a religião? Completamente proporcional, para mim. O que realiza, em termos próprios, o simbólico do imaginário, é precisamente o que faz com que a religião não esteja chegando ao fim. E isso nos põe, os analistas, no mesmo lado, no mesmo levógiro, pelo qual, ao imaginar o que trata-se de fazer, ao imaginar o real do simbólico, nosso primeiro passo dado há muito tempo é a matemática, e o último, é aquele ao qual nos conduz a consideração do inconsciente, já que é desde ali que se abre caminho - eu digo desde sempre

- é desde ali que se abre o caminho da lingüística. Por isso é necessário estender o procedimento matemático que consiste em perceber o que há de real no simbólico, que é por onde se desenha para nós um novo cenário.

O imaginário não deve ser colocado, por conseguinte, em qualquer posição. É a ordem que importa, e, numa outra ordem, dextrogira, curiosamente, vocês tem a fórmula a, c, b, através do qual c encabeça, num segundo tempo, mas b está antes de a, e num terceiro tempo é b, a, c, ou seja, três termos dos quais veremos que, se não contam pouco no discurso, eles não fazem menos lá de onde saem algumas estruturações distintas, que são precisamente todas aquelas em que se suportam outros discursos, somente aqueles que os discursos levogiros, pelo espaço que determinam, permitem demonstrar; não certamente como tendo conservado a sua eficácia por um tempo, mas senão como, estritamente falando, são postos em questão pelos outros discursos. E aqui eu não faço a prova de qualquer parcialidade, já que (n)os ponho do mesmo lado em que a religião funciona. Não vou falar mais sobre isso, hoje. O que acabo de dizer é isso: se na língua, a estrutura, deve-se imaginá-la, não está aí o que antecipo por meio da fórmula: os não-tolos erram? Como isto não é imediatamente acessível, vou tentar mostrá-lo pra vocês.

Há algo na ideia de tolice (*superei*), e ela tem um suporte: o tolo (*dupe*). Há algo absolutamente magnífico nesta história de tolos (*dupes*), é que ao que é tolo, se me permitem, ao que é tolo se o considera estúpido. Nos perguntamos realmente por que. Se o tolo é realmente o que nos é dito - falo etimologicamente, não tem nenhuma importância - se o tolo, é esse pássaro chamado poupa (*huppe*), poupa porque ele é encristado (*huppée*) naturalmente nada justifica que se diga a poupa encristada, não resulta menos certo que é assim, como o dicionário o define: o enganado (*la dupe*) é o pássaro, ao que parece, que é deixado cair na armadilha precisamente porque é estúpido.

Não se vê, em absoluto, porque uma poupa seria mais estúpida do que outro pássaro e, o que me parece notável, é o acento que o dicionário põe em precisar que a poupa é feminino. A poupa é *a*.

Em um lugar há uma coisa que extrudi, que tirei do *Littré*: seria uma falta, cometida por La Fontaine, que fez de poupa um nome masculino. Em um ponto ele ousou escrever:

A corda e o fole no entanto enredado
Um dos tolos-poupo um dia encontrou um sábio
(Du fil et du soufflet pourtant embarrassé,
Un des dupes un jour alla trouver un sage)

Isso é totalmente errado, diz *Littré*, não se diz um poupo (*un dupe*), como tampouco se pode dizer uma pintarroxo (*un linotte*) para qualificar quem tem cabeça de passarinho. E aqui uma razão importante.

O interessante é saber de que gênero é o não-tolo. Vejam o que digo? agora eu disse *o* não-tolo. Será que é porque o *o* é neutro? Eu não afirmaria isso, mas em todo caso, uma coisa é clara, é que o plural, ao não estar marcado, faz abalar completamente a referência do feminino. E há ainda algo mais curioso, que eu - não posso dizer que encontrei em *Chamfort* - eu também encontrei no dicionário, em outro, esta citação de *Chamfort* - não passo meu tempo lendo *Chamfort*, mas não é mau, no entanto que a palavra tolo lhe tenha feito encontrar isto: Uma das melhores razões, diz *Chamfort*, que podem ser tomadas para nunca se casar - ah! - é que não se é inteiramente o tolo de uma mulher tanto quanto ela não é vossa. Vossa! Vossa mulher ou vossa tola? Não é algo que ao mesmo tempo parece, enfim, esclarecedor? O casamento como uma tolice recíproca.

Por isso, efetivamente, penso que o casamento é o amor: os sentimentos são sempre recíprocos, já disse. Então ... se o casamento vai a este ponto ... não é tão certo, hein?!... enfim, se eu me deixar ir por esta vereda, diria que - é certamente também o que quer dizer *Chamfort* - uma mulher não se equivoca jamais. Não no casamento, em todo caso. Nele a função de esposa não tem nada de humano. Nos aprofundaremos nisso mais tarde.

Tenho falado do não-tolo. E pareço ter-lhe marcado por uma irremediável debilidade, ao dizer que... que isso erra. Só que devemos saber bem o que quer dizer: isso erra.

Acabo de lhes indicar que errar - vocês recorram ao dicionário de *Bloch et von Wartburg*, porque eu não vou gastar meu tempo fazendo etimologia, - não é? - - saibam simplesmente que há algo que a etimologia - que simplesmente quer dizer, assinalar o uso ao longo dos tempos - torna-se perfeitamente claro, - não é? - e, tal como no meu título os não-tolos erram e os nomes do pai é exatamente a mesma coisa para a palavra errar, ou, mais precisamente para a palavra errar.

Errar resulta da convergência de erro com algo que não tem rigorosamente nada a ver, e que está relacionado com o errar, que acabei de evocar, que é estritamente a relação com o verbo *iterare*. *Iterare*, além disso – pois se fosse apenas isso, não seria nada – está aí unicamente por *iter*, que significa jornada, viagem É precisamente por isso que cavaleiro errante é simplesmente um cavaleiro itinerante.

Só que, no entanto, errar vem de *iterare*, que não tem nada a ver com uma viagem, pois *iterare* quer dizer repetir, de *iterum*, de *re-iterun*. No entanto, não nos servimos desse *iterare* senão para o que ele não quer dizer, isto é, *itinerare*, como demonstram os desenvolvimentos dados ao verbo errar no sentido de errância ou seja, fazer do cavaleiro errante um cavaleiro itinerante.

Bem, aqui está marcado o que tenho a lhes dizer, considerando a diferença, a diferença que se ... que se enrosca ao que acontece com os não-tolos. Se os não-tolos são aqueles ou aquelas que se recusam à captura do espaço do ser falante, se são aqueles que disso conservam, por assim dizer, seu campo livre, há algo que é preciso saber imaginar: a necessidade absoluta de que ele resulta de uma não errância mas de um erro. A saber, que para tudo o que tem a ver com a vida e, ao mesmo tempo, com a morte, há uma imaginação que só podem suportar todos aqueles que, da estrutura, se querem não-tolos, e é isso: que sua vida não é mais que uma viagem. A vida é a do *viator*. Aqueles que, neste submundo, como eles dizem, estão como se estivessem no exterior.

A única coisa que não percebem é que apenas fazem ressurgir essa função no exterior, fazem ressurgir ao mesmo tempo o terceiro termo, a terceira dimensão, essa, graças a qual, as relações desta vida, não saldam jamais, a não ser sendo então mais tolos do que os outros, desse lugar do Outro, no entanto, que com seu imaginário constituem como tal...

A ideia de *γένησις*, de desenvolvimento, como se costuma dizer, de algo que seria de não sei que norma, pelo qual um ser que não se especifica senão por ser falante, em tudo o que tem a ver com seus afetos, seria regido, precisamente, por não sei o que, conforme o que seja incapaz de definir, que se chama desenvolvimento. E para o qual, querendo reduzir a análise, faz falta (*manque*), produz o erro completo, o erro radical quanto ao que tem a ver com o fato de que eu descubro o inconsciente.

Se Freud nos diz algo é, de forma inequívoca: *Und* - no último parágrafo da *Traumdeutung -der Wert des Traumes für die Kenntnis der Zukunft?* - E o valor do sonho para o conhecimento do futuro? - E é essa a beleza. Por um lado se acredita que, ao escrever isso, Freud faz alusão ao valor adivinhatório dos sonhos. Mas não podemos lê-lo de outra forma? Ou seja, dizermos: e o valor de sonho, para o conhecimento de que irá resultar, no mundo, a descoberta do inconsciente, a saber, se, por acaso, um discurso feito de uma forma cada vez mais comum é conhecido - é conhecido - o que no final do parágrafo Freud diz, a saber: que o futuro que o sonhador tem como presente, é *gestaltet*, está estruturado pela demanda indestrutível enquanto ela é sempre a mesma: *zum Ebenbild* – contra.

Ou seja, que - se querem ponho alguma coisa aqui:

Nascimento —————— Morte►

Isso seria a viagem, nomeadamente o desenvolvimento, que é feito desde o nascimento até a morte.

O que Freud indica pelo surgimento do inconsciente? Que em qualquer ponto que se esteja nessa pretendida viagem, a estrutura, mesmo que eu esboce aqui de qualquer maneira, pouco importa... a estrutura, quer dizer, a relação com um certo saber, a estrutura não dá seu braço a torcer. E o desejo, como impropriamente se traduz, é estritamente, ao longo da vida, sempre o mesmo. Simplesmente, relações de um ser particular em sua emergência, na sua emergência em um mundo onde reina esse discurso; este sujeito está perfeitamente determinado, quanto a seu desejo, do começo ao fim. No qual, não é senão por ... por não se querer tolo da estrutura, que um se imagina da maneira mais louca, que a vida está tecida de não sei quais contrariedades entre pulsões de vida e pulsões de morte; pelo menos, isto já é flutuar um pouquinho mais alto, enfim, que a noção, que a noção de sempre, da viagem.

Nascimento   ~~Estrutura~~   ~~Morte~~ ➤

Aqueles que não são tolos do inconsciente, quer dizer os que não realizam todos os seus esforços para se ajustarem a ele - não é? - que não vêem a vida senão desde o ponto de vista do *viator*: é assim, além do que, como têm surgido ... bem ... toda uma etapa da lógica, só-depois, sem dúvida, e com não sei que conseqüências, apareceram essas coisas, das quais nem sequer se vê até que ponto é um paradoxo - não é mesmo? todos os homens são mortais. Quer dizer o que eu disse, viajantes.

Sócrates é um homem - e ele é um homem, ele é um homem, se ele quer, certo? Ele é um homem se ele corre para isso, não é verdade? É também o que ele faz, e também o fato de que ele tenha demandado a morte, há no entanto uma pequeníssima diferença; mas esta diferença não impediu que o resultado fosse absolutamente fascinante. Tampouco foi pior por esse ... Com sua histeria, permitiu uma certa sombra de ciência: a fundada precisamente por esta lógica categórica ... Foi um péssimo exemplo.

Mas dá para entender, heim? Em qualquer caso, esta função essencialmente imaginária do *viator* deve nos pôr em guarda contra qualquer metáfora que venha da Via. Bem, sei que a Via, a Via da qual se trata, o Tao, se imagina na estrutura. Mas é certo que não haja mais que uma via? Ou mesmo que não haja mais do que a noção da via, do método antigo, qualquer que seja? Não seria esta, ao forjarmos, uma ética muito diferente, uma ética que se fundaria na recusa de ser não-tolo, na maneira de ser cada vez mais fortemente tolo desse saber, desse inconsciente que, no final é nosso único patrimônio de saber?

Sei que esta é a sagrada questão da verdade, não? Depois do que lhes foi dito e voltando a ele e retornando a ele, não vamos nos pôr a aderir à verdade sem saber que é uma escolha, já que ela não pode senão se meio-dizer. E que, depois de tudo, por trás do que nós escolhemos dizer dela, sempre há um desejo, uma intenção, como se diz. Nisto se funda, finalmente, toda a fenomenologia. Falo de Husserl. Então, que vocês variem as dicas de dizer da verdade, desde logo, vejam o que isso dá: coisas muito curiosas.

Não gostaria de comprometer demasiado a Deus neste assunto, todos sabem que eu considero que ... ele é muito mais da ordem da superamada (*super-chéri*) trapaça (*supercherie*); então, por que diria ele sempre a verdade, ao passo que a coisa anda tão bem se ele é totalmente malandro? Admitindo que ele tenha feito o real, ele está tanto mais submetido quanto o que ... ele é quem o fez, então, por que não?

Eu acho que, no final das contas, é assim que deve ser interpretada a famosa história de Descartes: o gênio mau. O gênio do mal, ele é, e assim vai a coisa, quanto pior, melhor. Então, por isso, há que ser tolo. Há de ser tolo, é dizer, ajustar-se a estrutura.

Bem, escutem: estou farto.

(Risos)

AULA 2

20 de Novembro de 1973

Há um pequeno livro, que assim... - começarei assim, em tom confidencial, porque, obviamente, eu me pergunto, me pergunto ao recomeçar: sou suficientemente tolo para não errar? Errar no sentido que lhes assinalei da última vez, o que significa: será que me ajusto o suficiente ao ... ao discurso analítico? o que no entanto não deixa de implicar uma espécie de horror frio? É que eu me colo o suficiente para não

... para distrair-me dele, isto é, para não seguir realmente seu barbante, ou mesmo, usando um termo que vai me servir mais tarde - lá onde me espera, nos espaços vetoriais, se os digo em seguida, de qualquer forma, eu não vou entrar nisso hoje, mas a questão dos espaços introduz uma noção, como esta, um outro espaço no espaço. Chamam-lhe espaço fibrado.

No que respeita ao discurso analítico, se não me colo totalmente a ele, para me desculpar, não devemos esquecer uma coisa, e que eu fundei. O fundei sobre uma elaboração escrita, a que se escreve pequeno a e S_2 sobrepostos à esquerda, e depois o S barrado e S_1 para a direita.

$$\frac{a}{S_2} \rightarrow \frac{\cancel{S}}{S_1}$$

Se é uma questão de ser tolo, não é, neste caso, ser tolo das minhas ideias, porque essas quatro pequenas letras não são ideias. Mesmo, não são ideias em absoluto, prova disso é que resulta muito, mas muito difícil, dar-lhes um sentido, e, inclusive, foi feito estritamente para que não seja possível dar-lhes um sentido. Isso não significa que ... que não se possa fazer nada com elas. Que se inscreve em certa elaboração do que chamaria - o mesmo que dizer que isso se inscreve, quer dizer o que vou a dizer agora, ou seja - a matemática de Freud. O que é, propriamente falando transmissível. Localizável na lógica de seu discurso. Em sua própria errância. Ou seja, na maneira como ele tentava que esse discurso analítico resultasse adequado ao discurso científico. Foi este o seu errar. O qual o - não posso dizer impediu, enfim - de fazer dele sua matemática, posto que a matemática, ele a fazia assim, faltava um segundo passo para poder inscrevê-la depois.

A última vez, enquanto lhes falava, vieram, por assim dizer, como lufadas de memórias, de algo que seguramente não me ocorreu aqui, e que pela manhã, enquanto eu preparava o que intencionava lhes dizer, me fisgou fortemente.

Aqui está: se chama - digamos já -, *die Grenzen der Deutbarkeit*. É algo que tem uma relação estreita com a inscrição do discurso analítico: se essa inscrição é efetivamente o que digo dela, ou seja, o ponto de partida, a chave-mestra de sua matemática, é muito provável que sirva para o mesmo que a matemática. Isto quer dizer que carrega dentro de si mesma o seu próprio limite. Eu sabia que tinha lido, porque eu tinha uma velha coisa que resgatei, de ocasião, entre os restos do que sobrenadava da história de Freud, depois da história nazi; consegui então esses restos ... e me disse que sem sombra de dúvida isso deve ter sido corrigido em algum lugar, dada a data. É certo. Foi recolhido no tomo III dos *Gesammelte Schriften*. Mas ... mas não em outros lugares, ou seja, ali onde lhe era devido aparecer, tendo sido editado já em 1925, e mesmo já tendo aparecido pela primeira vez, se a memória não me falha, em... Bem, ele não apareceu para nada antes... antes disso, que consegui.

Então, isso saiu no *Gesammelte Schriften*, mas não parece que ele apareceu onde devia deve aparecer, no momento em que isso saía, vale dizer, na oitava edição da *Traumdeutung*. E não apareceu porque, nessas notas adicionais em questão, há um terceiro capítulo; o primeiro é constituído por *Grenzen der Deutbarkeit*, o segundo, pulo agora, voltarei a lhes falar dele, e o terceiro se chama *Die okkulte Bedeutung des Traumes*. Isto é, a significação oculta. É por isso que não apareceu. O que permaneceu em meu espírito, o que me preocupava era *Die Grenzen*. Mas devido ao fato de que estes *Grenzen* foram associados a significação oculta que não deu certo. Jones diz em algum lugar: o oculto, em suma, há uma objeção. Há uma objeção por parte do discurso científico. E, de fato, como é apresentado agora, o oculto é definido precisamente assim: o que o discurso científico não pode suportar. Esta é inclusive, se pode dizer, a sua definição. Portanto, não é surpreendente que Jones lhe levante objeções. Essa objeção veio, portanto, pelas mãos de Jones, e isso pode parecer uma explicação muito simples para o fato de que isto não apareceu onde deveria aparecer, a saber, na oitava edição.

Como vocês sabem, não era inteiramente novo, claro, que Freud se preocupava com o oculto. Ele fez isso, por ... por errar. Por errâncias relativas ao discurso científico. Sim, porque ele imaginou que o discurso científico devia levar em conta todos os fatos. Foi uma errância pura. E uma errância mais grave ainda: uma errância levado até o erro. O discurso científico não tem em conta fatos que não se ajustam a sua estrutura, a saber, lá onde ele começou a antecipar, sua relação com sua própria matemática. Assim que ele tem em conta todos os fatos que constituem um furo em sua, digamos, e vou muito rápido, porque é uma palavra que não vale a pena ..., que constituem furo, porque é mais sensível, imediatamente, dizer assim, que constituem um furo em seu sistema. Mas o que não é de seu sistema totalizante, disso, nada quer saber. Então, ao se preocupar assim, sobre os fenômenos ocultos, isso não quer dizer para nada que eles estão, que eles estão escondidos, porque o que está oculto é o que está oculto pela forma do próprio discurso, mas que não tem absolutamente nada a ver com a maneira como o discurso não está escondido, ele está alhures.

Vocês aí, como estão, - faço um apelo a vosso sentimento, enfim - não há nada em comum entre o inconsciente e o oculto. Em qualquer caso, o nível onde vocês estão, aí, para me ouvir, eu penso que sem embargo vocês já tenham se acostumado com a ideia de que o inconsciente... é fundamentalmente a linguagem, não é? E se no outro dia puderam ver o que eu tinha começado a fazer, assim, vagamente no quadro, com a chamada linha da viagem e, em seguida, vocês puderam simplesmente admitir o que eu estive batendo por vinte anos seguidos, ainda mais, a saber, o que encerra, o que termina a *Traumdeutung*: o que eu lembrava no outro dia, ou seja, aquele famoso desejo indestrutível que passeia, que, sobre a linha da viagem, a partir do momento em que se entra no campo da linguagem, se produz, acompanha, de um extremo à outro e *Ebenbild*, sempre o mesmo, sem variação, acompanha o sujeito estruturando seu desejo.

Como diz Freud, *Ebenbild*, traduzida como a imagem, mas não é a imagem, é *Ebenbild*, é uma imagem fixa, sempre a mesma, a imagem *der Vergangenheit*, é dizer o que, a imagem desse *Ebenbild*, não pode sequer ser chamada de passado: é sempre a mesma coisa, não há passado a partir do momento em que se trata dessa função espacial, o cruzamento da linha com essa rede da estrutura, que se move ao longo da linha, mas ao mesmo tempo, pode-se dizer, que não se move, já que a linha não varia. É em relação à jornada da vida, que se pode dizer que há uma parte que passou e uma estrutura que é remanescente, assim, por consumir, que se chama o futuro. Essas inscrições do desejo indestrutível seguem o deslizamento. Mas, ao seguir os deslizes ao mesmo tempo, ela para, congela, não é? Porque todo movimento é relativo, não é mesmo? E se a escorregada lá dentro não é mais que um deslizamento, não constitui um ponto de referência. Então talvez seja no fim da *Traumdeutung* que se tenha que descobrir a estrutura simbólica, mas, sobre este assunto, Freud, conclui sua noção neste artigo, nesta conclusão que vem a ser aqui como o ponto que arremata tudo o que, na *Traumdeutung*, nunca se enunciou sobre o sonho: sua noção está aqui. Efetivamente, o que disso retroage é - conforme explicado a propósito do sonho, não é? - é que: há inconsciente, e o inconsciente é isso; ele podia dizer, neste caso, que o inconsciente é racional, mas isso simplesmente significa que a sua racionalidade deve ser construída, mesmo se o princípio de contradição, o sim e não, não jogam nele o papel que crê a lógica clássica, e como a lógica clássica está superada há muito tempo, neste momento precisamos construir-lhe uma outra ... Bem ...

Pessoalmente, suspeito que se *Die Grenzen der Deutbarkeit*, os limites da interpretação - é isso o que quer dizer - não saíram na edição seguinte de A Interpretação dos Sonhos, não foi simplesmente porque estava muito perto do oculto, senão porque, isso - *die Grenzen* - ... isso era demais. Isso excedia um pouco a afirmação de que o desejo é indestrutível, e mostrava nesta estruturação do mesmo desejo algo que justamente havia permitido matematizar de outra forma sua natureza. Pois ele é, com tudo, vale a pena que lhes dê isso - é claro que, com uma tal concorrência, não é possível comentar vinte e cinco páginas de Freud, não são mais, elas são ainda menos - mas, no entanto, poderia abordar o primeiro parágrafo , o qual os incitará a ir ao seu encontro, porque, de fato, isso acabou por ser publicado, como me fez notar minha querida amiga *Nicole Sels*, a quem depois da última aula lancei a coisa dizendo-lhe: mas no final das contas, onde diabos está essa história?, essa história que, no entanto, nos *Gesammelte Schriften* é indicada imediatamente após o ponto em que eu terminei, o do desejo indestrutível e invariável, porque é disso que se trata.

Nos *Gesammelte Schriften* há imediatamente depois - nem sequer uma nota - depois do ponto, o último ponto, a última linha, está escrito: *Zusatz Kapitel C*, que significa, apêndice C, mais ou menos, como é geralmente traduzida. É, e é para o próximo volume, o volume três, ao qual um naturalmente se refere, mas se indicava que faltava, finalmente, que era normal colocá-lo lá, o que não foi feito, sob o pretexto daquilo que acabei de lhes dizer, que faltava na oitava edição, precisamente.

Então, como me comenta - isto vale a pena, não é? - como me comenta a querida Nicole, que entende muito de pesquisar a edição de um texto, entende muito e trabalha duro... pois é, é inimaginável o que eu a faço correr, quero dizer, o que ela corre. E diz-me as coisas em duas horas, em seguida. Aqui ela demorou mais tempo, pelo menos três dias. Sim, este capítulo suplementar não figura no lugar em que se esperaria. Eu lhe tinha dito: "no entanto, seria curioso encontrar no *Gesammelte Werke*, e não o encontro! Ela me responde que não se o encontra em qualquer lugar lógico desta obra, nem no volume correspondente à *Traumdeutung*. Certamente o percebi, é mesmo o que me fez furioso. Não está no volume quatorze que corresponde aos anos 1925. Apareceu *in extremis*, acrescenta ela, maliciosamente, no volume um, porque este volume foi o último a aparecer, em 1952.

Aqui, ela me informa a opinião de *Strachey*, o que em si mesmo foi traduzido na *Standard Edition*, não é? ... mas no volume dezenove, quer dizer, no seu ano normal, mas ele pensa que isso se deveu à má vontade que todo mundo tinha diante dos *okkulte Bedeutung* dos sonhos. Isto é o que Strachey pensa. Eu não sei o que pensa dele Nicole Sels, mas a respeito simplesmente dos fatos que ela me dá, é secundário. Então não lhes vou ler em alemão. Diz assim:

Die Frage, ob man von jedem Produkt des Traumlebens eine vollständige und gesicherte Übersetzung in die Ausdrucksweise des Wachlebens (Deutung) geben kann, soll nicht abstrakt behandelt werden, sondern unter Beziehung auf die Verhältnisse, unter denen man an der Traumdeutung arbeitet.

A questão, é se a todos os produtos da vida onírica se pode dar uma tradução completa e segura, *Vollständige und gesicherte übersetzung*, este uso de *Übersetzung* não é ruim, é muito lacaniano... *in die Ausdrucksweise des Wachlebens*, tal é o modo de expressão da vida de vigília, e entre parênteses *Deutung*, que quer dizer sentido...

Deutbarkeit significa interpretação, mas *Deutung* quer dizer sentido, *Traumdeutung* significa, sentido dos sonhos - não se pode tratar abstratamente. Mas, sob *Beziehung* (relação) com *Verhältnisse*, outro termo para expressar relação, com as relações, designadas por uma outra palavra, quer dizer, postas de outra forma... *Beziahung* é algo, assim, aproximativo... *Verhältnisse* pode ser entendido no sentido das relações que se escrevem, quero dizer, o que está constituído, propriamente falando, em uma articulação própria, no sentido do término, não é? ... como algo que pode chegar a ser criado lá, as relações sob *unter denen*, sob cujo jogo se trabalha na interpretação dos sonhos: *man an der Traumdeutung arbeitet*. Aqui avançamos um pouco mais.

Unsere geistigen Tätigkeiten streben entweder ein nützliches Ziel an oder unmittelbaren Lustgewinn.

Nossas atividades, *geistigen*, as do espírito, ou seja, *unsere geistigen Tätigkeiten*. Para Freud, isso significa que você pensa. Atividades do espírito são o que geralmente se designa como os pensamentos.

Streben. *Streben* é uma palavra que tem outras ressonâncias, distintas daquela para a qual se traduz em inglês, a saber... desta vez é apenas a tradução de Strachey...*pursue*. Isso não continua (*poursuit*) em absoluto. Isso não continua em absoluto, *Streben*, quando se segue, efetivamente, o que é, quando ele é objeto de origem de uma palavra, o que, obviamente, se faz com seus empregos precedentes, algo que é, ao inscrevê-lo, mais ou menos assim:

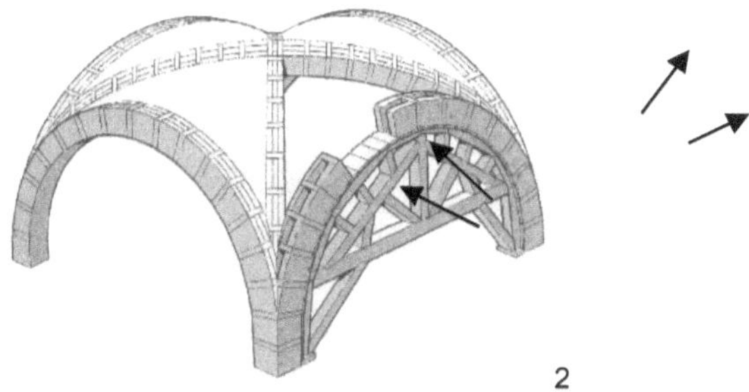

2

Numa abóbada com esta, vocês podem observar que há algo de madeira: são as alças. Elas parecem sustentá-la, mas se você tiverem uma mínima noção de arquitetura saberiam que as alças em uma abóboda, bem, alçam. Quero dizer, puxam para fora. As alças não sustentam. De qualquer forma, no *Streben* importa que puxam: que fazem que tudo permaneça junto. Ou *ein nützliches Ziel*, aqui vocês podem encontrar as funções essencialmente lacanianas do útil e do gozar, precisadas como tais, nisto que fiz, inicialmente, girar inteiramente o que disse acerca da ética da psicanálise, um fim útil.Ou, bem: que elas *anstreben*, elas atraem, ou *oder unmittelbaren Lustgewinn*, vale dizer, muito simplesmente, um mais-de-gozar. Pois, o que significa um *Lustgewinn*? Um ganho – *gain* - de *Lust*. A ambigüidade do termo *Lust*, em alemão, não permite introduzir no *Lustprincip*, traduzido como princípio do prazer, a enorme divergência que há entre a

---

[2] Não conseguimos, quer na versão staferla, quer em outras, encontrar a imagem que Lacan utilizou nesta aula. Mas como suas descrições são precisas, eis um desenho que representa uma abóbada com suas alças ou tirantes. As setas mostram o efeito, destacado por Lacan, de puxar para fora, de puxar para o exterior.

noção de prazer como o próprio Freud o comenta, de acordo com a antiga tradição, única que veio da sabedoria epicurista, que queria dizer gozar o menos possível, porque o prazer nos enfastia, e era justamente por isso que eles tratavam de porcos, porque, na verdade, os porcos, meu deus, não gozam tanto como nós imaginamos,eles permanecem em sua pequena pocilga bem tranqüilos... bem, eles gozam o mínimo.

Por isso lhes chamavam de porcos, porque todos os outros estavam terrivelmente preocupados com o gozo. Era preciso acabar com isso, porque eles eram escravos do gozo. É inclusive por isso, olhem - estou me deixando levar, né? - é inclusive por isso que haviam escravos. A única civilização verdadeiramente mordida pelo gozo, era lhes necessário ter escravos. Porque quem gozava, eram eles! Sem os escravos, nada de gozo. Todos vocês são empregados. Fazem o que podem para ser empregados. Todavia vocês não chegaram a sê-lo todo mas, creiam-me, chegarão.

Bem, escorreguei um pouco. Pensem nisso, no entanto, não são senão os escravos que gozam. É sua função. E por isso, se os isola, inclusive não se tem o menor escrúpulo em transformar homens livres em escravos, já que ao transformá-los em escravos se lhes permite não dedicar-se a outra coisa senão a gozar. Os homens livres não aspiram mais do que isso. E como são altruístas, consequentemente, fazem escravos. Isso aconteceu na história, na nossa própria história. Obviamente, havia lugares onde éramos mais civilizados. Na China não havia escravidão. Mas o resultado é que, apesar de tudo o que é dito, os chineses não chegaram a fazer ciência. Agora que Marx lhes tocou um pouquinho, eles despertam. Como dizia Napoleão: acima de tudo, não os acordem! Eles estão agora despertos. Eles não tiveram necessidade de passar pela coisa dos escravos. O que, no entanto, prova que há transplantes, - não é? -, e que isto não é o pior a ser evitado. Pode se evitar o melhor. E, claro, chegar.

Im ersteren Falle sind es intellektuelle Entscheidungen, Vorbereitungen zu Handlungen oder Mitteilungen an andere ; im anderen Falle nennen wir sie Spielen und Phantasieren. Bekanntlich ist auch das Nützliche nur ein Umweg zur lustvollen Befriedigung. Das Traumen ist nun eine Tätigkeit der zweiten Art, die ja entwicklungsgeschichtlich die ursprünglichere ist. Es ist irreführend, zu sagen, das Traumen bemühe sich um die bevorstehenden Aufgaben des Lebens oder suche Probleme der Tagesarbeit zu Ende zu führen. Darum kümmert sich das vorbe wußte Denken. Dem Träumen Liegt solche nützliche Absicht ebenso ferne wie die der Vorbereitung einer Mitteilung an einen anderen. Wenn sich der Traum mit einer Aufgabe des Lebens beschäftigt, löst er sie so, wie es einem irrationellen Wunsch, und nicht so, wie es einer verständigen Überlegung entspricht. Nur eine nützliche Absicht, eine Funktion, muß man dem Traum zusprechen, er soll die Störung des Schlafes verhüten. Der Traum kann beschrieben werden als ein Stück Phantasieren im Dienste der Erhaltung des Schlafes.

Oder unmittelbaren Lustgewinn, significa: um mais-de-gozar aqui, imediatamente. No primeiro caso, da finalidade útil são esses *sind es*, são estes *gestigen tâtigkeiten*, estas operações mentais, decisões intelectuais, preparações para o manejo de, *Handlungen*, ou uma rede de comunicações *Andere*, para os outros, ou seja, o que se fala para,como acabo de dizer, para manejá-los, como falam vocês.No outro caso, nós chamamos isso *nennen wir sie*, ou seja, o *Tâtigkeiten Spielen und Phantasieren*. Chamamos isso de jogar e fantasiar. Certamente, como ele diz, *bekanntlich*, o útil, é simplesmente muito, no entanto, um rodeio, *ein Umweg*, para a satisfação de gozo. Mas não se aponta a ele em si mesmo... não é?

O sonhar. Não digo o sonho: o fato de sonhar é, portanto, uma atividade de segunda espécie, a saber o que Freud definiu como o *unmittelbaren Lustgewinn*. É um erro, *irreführend*, dizer que o sonhar se esforça nestes urgentes deveres, sempre iminentes, da vida comum, e procura levar a um bom fim, levar a um bom termo, o que? o trabalho do dia, *Tagesarbeit*. Disto se ocupa o pensar pré-consciente, *das vorbewusste Denken*. Para o sonho, essa utilização, esta intenção útil, é inteiramente tão estranha como a que está posta em jogo, como a que está posta em prática, a preparação, o acabamento de uma comunicação, *einer Mitteilung*, a um outro *an einen Anderen*.

Afirmação, de nosso querido Freud, e que tem um que de lacaniano já que, já que tudo aquilo que ele acabou de dizer acerca do sonho é unicamente construção, cifração, e essa cifração, que é a dimensão da linguagem, não tem nada a ver com a comunicação. A relação do homem com a linguagem, e que não pode ser abordada, simplesmente, senão sobre a seguinte base: que o significante é um signo, que não é dirigido mais do que a um outro signo, que o significante é o que constitui signo para outro signo, e por isso é o significante.Isto não tem nada a ver com comunicação a um outro, isto determina um sujeito, tem o efeito de um sujeito, é em efeito disso que está determinado, como sujeito, a saber: que surge de algo que não pode ter sua justificação senão em outra parte. Salvo o que no sonho se vê, ou seja, que a operação da cifração está feita para o gozo. A saber, que as coisas estão feitas para que na cifração se obtenha esse algo que é o essencial do processo primário, ou seja, um *Lustgewinn*. Isto é o que está dito ali.

E segue. E não só segue, mas se confirma. Mostra bem como, porque o sonho funciona. Mostra o que não se produz e não se produz para outra coisa, e por isso funciona, não se produz para outra coisa senão para dormir, *des Schlaf verhüten*, protegido. O sonho protege o dormir. Aqui Freud insiste no que só incidentalmente disse em diversos pontos. Quero dizer que a questão que introduz é esta, precisamente,em que depende o sonho do inconsciente, ou seja, da estrutura, da estrutura do desejo, que é a que mais, do sonho, poderia perturbar o dormir.

É claro que sobre o dormir não sabemos grande coisa. Não sabemos grande coisa precisamente porque quem estuda os sonhos, como fatos, com dois pequenos encefalogramas, cefalópodes, céfalo-tudo--o-que-vocês-podem... bem, eles amarram tudo junto, mas ... é pelo menos curioso que uma coisa tão generalizada na vida como esta, o dormir... em suma, eu não sustento nada, apenas comprovo o seguinte: que nunca se fez a questão de saber o que isso tinha a ver com o gozo. Pois há que se dizer que não se fez do gozo um recurso da concepção de mundo, como dizemos.

O que é o dormir? Talvez aqui a fórmula de Freud poderia obter o seu sentido e alcançar a ideia de prazer: se eu recém falei dos porcos, é porque eles dormem com freqüência. Eles têm o menos de gozo possível, na medida em que quanto mais se dorme mais isso vale. Em todo caso, na cifração que é gozo, podemos ver, enfim, podemos ver lá algo: a cifração do sonho, depois de tudo, não chega tão longe, tão longe como se diz. É... já expliquei a condensação, o deslocamento, é ... é a metáfora, a metonímia, e, em seguida, são todos os tipos de pequenas manipulações que ampliam a coisa no imaginário. Nessa direção será preciso ver o gozo. Então, talvez se poderia elevar à estrutura, de acordo com a história da cifração, se é no sentido desse algo que chega... a quê? ...*Die Grenzen*, os limites, este é o erro. Os limites *der Deutbarkeit*. Se vocês lerem bem essas quatro páginas, notarão que o que assinala esse limite é exatamente o momento em que se chega ao sentido. A saber: que o sentido é, em suma, muito curto. Não são trinta e seis sentidos o que se descobre na dobradura final (*bi-du-bout*) do inconsciente: é o sentido sexual. Quer dizer, muito precisamente, o sentido não-sentido. O sentido onde isso falha. As*Beziehung*, as relações, nelas, não há *Verhältnisse*sexual, Verhältnisse como está escrito, enquanto ele se inscreve ao que é matema, isso, isso falha sempre.E é por isso que há um momento em que o sonho se desinfla, ou seja, deixamos de sonhar e o dormir fica protegido do gozo. Isso ocorre porque, no extremo, isso se esvazia (*voit le bout*).

Mas o importante, para nós, se é verdade que o sentido sexual não se define senão por não poder se escrever, é ver justamente o que, na cifração - não no deciframento - o que na cifração necessita *die Grenzen*; a mesma palavra usada aqui no título, a mesma palavra usada para o que em matemática se designa como limite. Como limite de uma função, como limite de um número real. A variável pode aumentar tanto quanto se queira, mas a função não excederá certos limites.A linguagem é feita assim. É algo que, por mais que vocês ampliem sua cifração, nunca se chegará a liberar o que tem a ver com o sentido, porque a cifração está no lugar do sentido, porque ele está lá, nesse lugar. E o que faz com que a relação sexual não possa escrever-se é precisamente esse furo ali, que abocanha toda a linguagem como tal, o acesso, o acesso do ser falante a algo que se apresenta,efetivamente, como certo ponto que toca o real, ali, nesse ponto, nesse ponto ali, se justifica que eu defina o real como impossível, porque ali, justamente, não ocorre nunca, é a natureza da linguagem, não ocorre nunca que a relação sexual possa se inscrever.Então, continuemos nossas histórias de Freud com seu oculto.

A história do oculto ... é muito curioso, não é?. Lhes falei da oitava edição, mas não da sétima. A sétima é impossível colocar-lhe a mão, não por causa dos nazistas, desta vez, mas porque provavelmente apareceu muito poucos exemplares, enfim, saiu em 1919 - se dão conta? O que é fabuloso é que, porém, graças a uma outra amiga - vocês vêem, só tenho amigas -,*Nanie Bridgman*, que está na B.N., consegui a sétima. E bem, me consolei. Porque a maneira como Freud é traduzido - é verdade que isso começou especialmente com Marie Bonaparte - bem ... mas antes estava *Isaac Moierson*, cheguei a pensar, e lhe peço perdão, que com ele acontecia o mesmo, a saber, que escrevia qualquer coisa...então eu me ergui, por quê?Porque - eu não trouxe aqui, é uma pena, a verdade é que eu esqueci - há uma pequena frase, há uma pequena frase no momento em que Freud levanta a questão, é assim que termina esse último parágrafo de que lhes falei, no momento em que Freud levanta a questão da ordem da realidade desse sonho, o que é que esta ordem... ele se vê forçado a chamar-lhe de psíquica, mas, ao mesmo tempo o incomoda chamar-lhe psíquica, porque ele sente que a alma, enfim, não lhe cola essa história de que a alma é diferente do corpo.

Então Freud evoca ali a realidade material, nesse momento a única que vai bem é a material, e lá estava... era todo seu livro, simplesmente, ou seja, a maneira como ele tratou o sonho, ao tratá-lo por meio do manejo do deciframento, quer dizer, depois de tudo, simplesmente com o que a linguagem comporta de dimensão, cifrada.

Freud, em seguida, aborda a questão do que acontece, no final das contas, com essa realidade, e só lá ele a apreende, se trata da única edição onde há uma frase assim, uma frase que, de repente, Freud repudia: um estudioso, um estudioso certamente modesto, assim o descreve, pelo menos há duas coisas que de todas as maneiras - Freud põe ali uma barreira –ele não pode sacar:

- A subsistência do que está morto.Isto aponta para a imortalidade da alma.

- O fato de que todos os elementos do futuro sejam calculáveis.

O que, evidentemente, alcança o sólido solo de Aristóteles. A alma, em Aristóteles, é definida de tal forma que de nenhuma maneira implica sua imortalidade, e é graças a isso que pode estar aqui um progresso da ciência, a partir do momento em que, de fato, um se interessa pelo corpo, e, em seguida, em segundo lugar, isto: a manutenção do contingente como essencial. Afinal, por que não podemos predizer o contingente, quer dizer, o que vai acontecer amanhã?Em muitas coisas podemos predizê-lo. De que se serve Aristóteles em sua definição do contingente? De saber quem, amanhã, conseguirá a vitória... hoje sabemos, em nome disto, que amanhã uma coisa se chamará, Victoire de

Mantinée... hoje podemos escrever Victoire de Mantinée. Somente disto trata a argumentação de Aristóteles, sobre aquilo que é contingente. O qual, mesmo assim, é uma boa oportunidade para que nos interroguemos sobre aquilo pelo qual acontecimentos, que de outra forma não são acontecimentos quaisquer, senão acontecimentos, digamos, humanos - não vejo por que nos repugnaria enunciá-los assim - porque é isto o contingente? Porque, depois de tudo, pelo menos, há acontecimentos humanos que são tanto mais previsíveis quanto são constantes.Por exemplo: eu tinha certeza de que hoje vocês seriam tão numerosos quanto da última vez, por razões igualmente obscuras, também - mas de qualquer maneira, isso era calculável. Por que não é calculável uma vitória? Quem me responde...? Ouçam: a vitória não é calculável...

Alguém na sala diz: porque é necessário haver dois ou três!

Há ideia...Há ideia. Há ideia, é evidente, em suma, é verdade, como você diz, é preciso ser 2, e às vezes até um pouco mais.

Mas indo nesta direção, vocês vêem que, apesar de tudo, se desliza muito suavemente de lado, do lado onde esse 2 fala, a saber, do lado da relação sexual. É todo um problema, não?, ser dois. Sim. Quando penso que não vou ter tempo hoje para lhes contar todas as belas coisas que havia preparado sobre o amor, e bem, me sinto um pouco decepcionado, mas é porque eu me demorei, e me demorei porquê . porque quis fazer ao menos uma cifração cuidadosa, ou seja, não errar demasiado- não é? -... mas, talvez, vocês possam esperar um pouco.

Mas para me referir a algo que já adiantei - o disse que de mil maneiras, com muita freqüência, mas um dia o disse duramente, claramente: o efeito da interpretação - para me limitar a aquilo que, não é certo? devo permanecer colado, devo permanecer tolo, e mais ainda tolo sem me esforçar, porque, se eu sou tolo é fazendo força..., e bem, escreverei o Discurso sobre as paixões do amor, quer dizer, precisamente o que Pascal escreveu, e vê-se que ele se esforça, certo? Depois, naturalmente, isso afrouxa, vai à pique, ele pode nunca chegar, mas, no final, é bastante provável, não estou seguro disso, que tenha se esforçado, quando escreveu isso, ao menos isso dá resultados estupefacientes, não é? É absolutamente magnífico: ao esforçar-se, chega a dizer ... se chega, se chega verdadeiramente a não errar. Leiam-no, enfim, isso vale, o amor é assim. Absolutamente desconcertante, mas é assim. Bom.

O que quer dizer que a interpretação é incalculável em seus efeitos? Quer dizer que seu único sentido é o gozo.Além disso, o gozo é o que faz obstáculo para que a relação sexual possa se inscrever de alguma maneira e, em última análise, isso permite estender ao gozo a fórmula de que o efeito da interpretação é incalculável. Na verdade, se vocês pensam bem o que acontece quando se produz reunião entre duas tropas chamadas armadas, e que também são discursos, discursos ambulantes, enfim, quero dizer que cada um se detém apenas porque se acredita que o capitão é S_1. Bem ... É também bastante claro que, se a vitória de um exército em detrimento de outro é estritamente imprevisível, é porque não é possível calcular o gozo do combatente. De qualquer forma, tudo está aqui: se há aqueles que gozam com fazer-se matar, eles têm vantagem.Esta é uma breve passada de olhos ao que pode ocorrer com o contingente, quer dizer, com o que se define pelo incalculável ...

Não lhes deixarei sem dizer-lhes, por fim, algumas palavrinhas acerca do que se trata em frente da linha onde nos temos exercitado, ao menos eu tenho me exercitado antes de vocês... de qualquer modo, vocês ao menos, tem me seguido um pouco, ao menos com vosso silêncio, não é?

O oculto, contudo, não pode ser definido por aquilo que é rejeitado pela ciência.Porque, como acabei de lhes dizer, é louco tudo o que a ciência rejeita. Em princípio, tudo aquilo que dissemos até agora, existe, apesar de tudo. Por exemplo, a guerra. Aí estão, todos os cientistas, quebrando a cabeça: *Warum Krieg*? Ah ... ah! Por que a guerra? Eles não conseguem compreender, os pobres ... Se põe em pares para isso, Freud e Einstein. Não é em seu favor.

Mas de qualquer maneira, o oculto é seguramente isso: essa ausência da relação. Até lhes diria um pouco mais, se não fosse também necessário que eu fizesse a precisão de como se apresentava a questão na época de Freud. Porque aqui tudo está claro. Tudo o que ele escreveu, *Psicanálise e Telepatia*, *Sonho e Telepatia*, e aqueles que fizeram Deus sabe, Deus sabe que mau uso, e que isolaram sob o nome de fenômeno psi, esses golpistas, não é? Pelo menos precisamos ver que Freud, então, - leiam os seus textos, pelo menos os que acabei de nomear uma vez que estes se encontram, ao contrário dos *Grenzen der Deutbarkeit*.É bastante claro: ele diz que o sonho e a telepatia, por exemplo, estritamente, nada têm a ver entre si. E chega ao ponto de dizer que a telepatia é algo semelhante, em suma, eu admito, por que não? a telepatia é da ordem de uma comunicação. No sonho, ela é tratada como qualquer outra coisa, a saber, a primeira parte do que recém lhes enunciava, ou seja, *etwas nützliches*, algo serve para as maquinações da jornada. E isso é retomado da mesma forma no sonho. Freud não só prefere admitir isso, senão que precisamente demonstra que todos os casos em que houve telepatia supostamente sonhada, são casos em que se pode admitir, de fato e de direito, que houve mensagem, quer dizer, me exprimo assim, a linha especial, se se me permite a expressão, porque a telepatia é isso, - não é? -, a linha especial.

É possível - não há mais que tratar o caso, não há mais que considerá-lo,que operar com ele - é possível pensar que, como qualquer outro resíduo do dia, houve um aviso telepático. Que seja telepático ou não, em outras palavras, pouco importa, o que importa é que ele é retomado no sonho. Eu não posso lhes ler, porque é tarde demais, mas isso está enunciado em Freud: para conceber algo das relações entre a telepatia e o sonho, é preciso considerar que a telepatia se produziu como um resto, como um resíduo da jornada precedente.Freud prefere admitir isso, ainda que certamente... naturalmente, prefira admitir o fenômeno telepático - esta é a essência de sua posição - antes de fazê-lo entrar no sonho. E ele destaca, destaca porquê: porque o sonho se faz - e dá toda a lista - com toda uma série de cifrações, e estas cifrações não podem se referir senão a um material que é composto pelos resíduos diurnos. E ele prefere colocar a telepatia entre os eventos atuais, em vez de ligá-la a quaisquer mecanismos do inconsciente.É tão fácil de confirmar isso. Basta que se remetam - ao francês nunca foi traduzido, mas ao menos alguns de vocês lêem em Inglês, espero que muitos... e também alguns que lêem alemão -

remetam-se aos textos de Freud sobre o inconsciente e a telepatia: nunca há qualquer ambigüidade. Ele prefere tudo, em suma, não apenas o que põe em dúvida, senão aquilo sobre o qual ele lava as mãos, aquilo sobre o que ele diz: não tenho nenhuma competência sobre o assunto. Mas ele prefere admitir que a telepatia existe à simplesmente aproximá-la ao que tem a ver com o inconsciente.

Dito de outro modo, tudo o que ele emite, tudo o que ele avança de forma tão notável, considerando certos sonhos, tudo o que se avança como notável nisso, consiste sempre em dizer: nada há, na relação entre sonho e telepatia, nenhuma outra coisa senão cifração. Ou ainda que a relação do inconsciente do ocultista com o da cartomante, é relação com o sujeito do inconsciente.Em outras palavras, ele nega todo fenômeno telepático em relação a isto, o nega com respeito a isto: que não há senão identificação do desejo. Ele considera que a localização do desejo, é sempre possível, o que quer dizer... o que quer dizer, em relação com a minha inscrição do outro dia, da vida como viagem e a estrutura que se move ao mesmo tempo que a viagem, desenhada, desenhada linearmente.

Pode se calcar a pergunta - e como não se calcaria? - se de fato a estrutura é pontuada pelo desejo do Outro, como tal, se já o sujeito nasce incluído na linguagem, incluído na linguagem e já determinado em seu inconsciente pelo desejo do Outro, por que não haveria entre tudo isso uma certa solidariedade? O inconsciente não exclui - se o inconsciente é essa estrutura, essa estrutura de linguagem - o inconsciente não exclui, e é muito óbvio, o inconsciente não exclui o reconhecimento do desejo do Outro, como tal. Em outros termos, a rede, a rede de estrutura da qual o sujeito é um determinado particular, é concebível que se comunique com outras estruturas... as estruturas dos pais, certamente, e porque não?e, de vez em quando, com essas estruturas que são as de um estranho, por pouco, enfatiza Freud, que sua atenção esteja, assim, um pouco alhures.

E o mais importante, ele enfatiza, - não é? - ... é que o desvio da atenção é obtido justamente pelo modo como a cartomante agita ela mesma todos os tipos de objetos míticos. Isso desvia a sua atenção o suficiente para que ela possa, finalmente, apreender algo que lhe permite fazer a predição seguinte a determinada jovem, que retirou seu anel de casamento, para fazê-la acreditar que ..., a fim de manter o anonimato. A cartomante diz a ela que ela vai se casar e ter dois filhos aos trinta e dois anos. Não há explicação para esta previsão, que não se realiza em absoluto, mas apesar de não ter-se realizado deixa o sujeito, que foi seu destinatário, absolutamente encantado.Sempre que Freud sublinha um feito de telepatia, é sempre um feito dessa ordem, a saber, onde a previsão não foi realizada de nenhuma maneira. Não se realizou de nenhuma maneira, mas, pelo contrário, deixa o sujeito em um estado de satisfação absolutamente florescente. Ele não podia ser dito de maneira melhor. E, de fato, essa cifra, trinta e dois anos, neste caso, estava inscrita em seu desejo. Se o inconsciente é o que Freud nos diz, se essas cifras escolhidas ao acaso, na verdade, é precisamente por sua relação com o desejo do sujeito. É o que se desenrola ao longo da *Psicopatologia da Vida Cotidiana*.

O interesse... o interesse é o que Freud, eventualmente, sabe enfatizar muito bem: o único ponto notável dos feitos chamados de ocultismo é que sempre dizem respeito a uma pessoa por quem se está interessado, a quem se ama. Mas não há coisa mais concebível que ter, com uma pessoa a quem se ama, algumas relações inconscientes. Mas não porque se a ama. Porque enquanto se a ama, é bem conhecido, não se a encontra, não se chega a ela. Então, nestes pretendidas informações telepáticas, se trata também de duas coisas. Está no conteúdo da informação e, depois, está no fato da informação.

- O fato da informação é, falando com a maior propriedade, o que Freud rejeita. Quer admiti-lo como possível, mas em um mundo que não tem rigorosamente nada a ver.

- Em relação ao conteúdo da informação, não tem nada a ver com a pessoa, com a pessoa de quem se trataria de obter uma informação.

- Só tem a ver com o desejo do sujeito, enquanto o amor não comporta senão esta parte de desejo. Isso se desejaria ser possível.

Então, antes de deixá-los, quero apenas acentuar isso: há, no entanto, qualquer coisa que se veicula desde a profundeza dos tempos, e que se chama iniciação.A iniciação é aquilo cujos vestígios possuímos a título de ocultismo. Isto prova simplesmente que é a única coisa que, no final da contas, ainda nos interessa na iniciação. Eu não vejo por que não darei a iniciação, conhecida pela Antiguidade, enfim, um certo estatuto. Tudo o que podemos vislumbrar dos famosos mistérios - e tudo o que ainda podemos saber deles em países etnologicamente localizáveis - de algo da ordem da iniciação, está ligado ao que em alguma parte alguém como Mauss tinha chamado de *Técnica do Corpo*, quero dizer, que o que temos e nos concerne nesse discurso, tanto analítico como científico, incluído também o universitário e o do mestre e tudo o que queiram ... é que a iniciação se apresenta a si mesma, quando se a olha de perto, sempre como isto:

- uma abordagem, uma abordagem que não se efetua sem todos os tipos de desvios, de lentidão;

- uma abordagem a algo onde o que se abre, o que se revela, é algo que, estritamente, concerne ao gozo.

Quero dizer que não é impensável que o corpo enquanto que o acreditamos vivo, seja algo muito mais difícil do que aquilo que sabem os anatomo-fisiologistas. Há, talvez, uma ciência do gozo, se podemos exprimir assim. A iniciação, em nenhum caso, pode ser definida de outro modo. O único problema é que, atualmente, não há mais nenhum traço, absolutamente em nenhuma parte, da iniciação. É isso!

JACQUES LACAN
OS NÃO-TOLOS ERRAM/ OS NOMES DO PAI
1973-1974

JACQUES LACAN
OS NÃO-TOLOS ERRAM/ OS NOMES DO PAI
1973-1974

58

AULA 3

11 de Dezembro de 1973

Bem, podem dizer que se falo é porque vocês estão aí. Não me fatiguem, pois, porque se não, eu me vou!

Aqui está uma pequena coisa que me dei ao trabalho de construir, para mostrar a vocês. É um nó borromeu. Lhes advirto de que hoje não falarei sobre outra coisa. Então, se alguém se incomoda com isso, que saia, me parecerá melhor.

É um nó borromeu. Isso quer dizer que - em seguida, se retirarmos um desses, o azul - que vocês vêem aqui, se o azul é removido, o resultado,é que os outros dois ficam livres. Vocês viram que eu não precisei desmontá-lo para que se liberarem. É isso!

Daqui a pouco Glória pode lhes entregar um. Mas, enfim, eu penso que isso já é suficientemente demonstrativo. Às vezes, isso é feito com cubos e se nos adverte que é preciso que haja três de largura e cinco de comprimento para um nó borromeu mínimo. Bem.

Evidentemente, a ideia é fazer algo que responda à três planos. Quer dizer, que esteja fabricado como as coordenadas cartesianas. Quando querem fabricar isso, vocês vão se aperceber, bem, vocês ainda têm dificuldades. Têm dificuldades, não é de todo verdade, para darem-se conta,de imediato, de onde terminará isso, quer vocês os ponham primeiro em um sentido e depois em outro. Tentem vocês mesmos. Tentem especialmente.

Havia outra coisa que não lhes trouxe, que respondia não ao nó borromeu, que tem a característica de que cada um dos dois círculos que isso constitui, é como se fosse, os dois círculos que isso constitui, se liberam, se vocês querem, se vocês cortam um deles. Se tem também o conhecido sistema, que não reproduzo no quadro, porque, enfim, o tenho aqui, mas estou cansado, não se tem mais que pensar a não ser nos três círculos que servem de emblema às Olimpíadas.

Podem comprovar que está feito de forma diferente, ou seja, que não somente dois destes círculos estão enodados, senão que o terceiro os amarra, não com um só dos dois, isso não faz três que formam cadeia, senão com os dois. Bem, tentem. Tentem fazer uma montagem de cubos de tal forma que a sua continuidade, tomando o amarelo, o vermelho e o azul, seja possível montá-los em três planos. A segurança de que se trata de planos é dada pela forma cúbica, precisamente, vocês estão obrigados a fazê-los em três planos. Experimentem.

Certamente não verão, em seguida, neste caso, é necessário que o lado, por assim dizer, o lado que se vai montar, seja de quatro cubos, pelo menos. Mas esses quatro cubos são também encontrados na outra dimensão. Quer dizer, no lugar de ter duas vezes cinco mais dois, como neste caso, que dá doze, vocês tem duas vezes quatro mais duas vezes, o que também dá doze, o que é curioso.Mas vejam a dificuldade que terão para fazer esta pequena construção. Será para vocês uma boa experiência disto pelo que começo. Ficarão advertidos até que ponto não conseguimos perceber o volume, uma vez que, por exemplo, a partir de 3 séries simples de 4, quando as tenham compostas de maneira tal que isso possa constituir os famosos 3 eixos que servem para a construção cartesiana, não verão senão quatro, por um momento. Terão a sensação de que isto poderia se afivelar, por exemplo, como aqui, como se houvesse apenas 4, e depois de 3 de largura. Vocês terão essa sensação.É uma maneira de fazê-los experimentar o seguinte: não temos o sentido de volume, seja como for o que nós conseguimos imaginar como três dimensões do espaço.

O sentido de profundidade, de espessura, é algo que nos falta (*manque*), muito mais do que pensamos. O que eu quero lhes dizer, já no início, é que, vocês e eu, somos seres de duas dimensões, apesar da aparência. Habitamos a *flatland*, como se expressam os autores que fizeram um pequeno volume sobre o assunto, que parecem ter muita dificuldade, enfim, de imaginarem-se como seres de duas dimensões. Não é preciso procurar muito longe. Todos nós somos.

É pelo menos assim, na verdade, o de que se trata. O melhor que podemos chegar a fazer, é, realmente, aquilo ao qual nos limitamos. Seria igualmente surpreendente que em uma assembléia, aqui, que está ... garatujando, eu não consigo fazê-los sentir: garatujar é isso, é o melhor que podemos fazer. O que foi muito bem articulado, com o fato de que se encontrou, de que havia pessoas capazes de proclamar em outra área, á-r-e-a, que não era a nossa, que "a tinta dos sábios é muito maior do que o sangue dos mártires ". Há aqueles que se atreveram a dizer isso! Se atreveram a dizer esta evidência. É preciso dizer, este último, o sangue dos mártires: o que temos disso? Temos pinturas. E isto, com a estrutura obsessiva que Freud supõe reconhecer, no que faz senão um: a religião e arte. Peço desculpas aos artistas. Talvez haja alguns, aqui, perdidos na platéia, o que custa acreditar. Peço desculpas aos artistas se a coisa lhes chega assim: eles não valem mais do que religião.

Não é ... não é muito a dizer. A estupidez, - não é a primeira vez que a evoco aqui, de modo que, espero, não vão lá vocês se sentirem visados - a estupidez é a nossa essência, que é parte de vossa demanda. Por um longo tempo eu quebrei minha cabeça tentando descobrir por que vocês eram excessivamente numerosos... enfim, quebrando-a com força, alguma luz sobre o assunto foi jogada? Precisamente, sua demanda, a que os aglomera aqui, é esta: como ter alguma possibilidade de deixar a estupidez. É inclusive para isso que contam comigo Com a ressalva de que, tal demanda, faz parte da estupidez.

Portanto, mais uma vez cedo a essa demanda. E saibam que não é porque vosso número é grande que vou pôr-me a fazer semblante. Não é porque seja grande, senão porque é número. Com o que me entrego a abjeção, devo dizer, com a qual, neste lugar, eu me confundi. Há uma coisa que chamei de passe (*la passe*), que é praticado em minha escola, só porque eu queria tentar obter alguma demonstração. É preciso estar onde estou, para saber hoje, para que eu veja bem o que é dedicar-se a responder a não importa quem, a não importa o que, mas responder a quê? O que responde ao discurso analítico é isso, que vocês fazem tudo o que vocês fazem por sua natureza, pode-se dizer, pela sua estrutura, para ser mais preciso, contrariamente a tudo o que se pensou até agora entre os especialistas - eles se chamam filósofos - não por ignorância, a ignorância natural, como Pascal se expressa. Agradeço a alguém que, enquanto eu trabalhava no último domingo, enfim, teve o cuidado de me chamar a atenção, também, que me fez esse serviço ... mas, voltarei a isso daqui à pouco... sob a forma de uma pequena sugestão, sua, relativa a Pascal.Eu lhe havia encarregado de verificar em Pascal todo esse escalonamento que vai da ignorância natural para a verdadeira ciência, como ele a designa, na sua garatuja, como os semi-qualificados. Esta é pessoa que me fez este serviço. Enfim, que tem esmerilhado um pouco com Pascal me evitando de ter de fazê-lo, porque eu estava me batendo: ele pensou que poderia identificar os semi-habilitados com os não-tolos. Espero que com este esforço poderei começar a fazer-lhes sentir que ... não é isso, não é isso, não é nada disso o que quero dizer. Não que os semi-habilitados não sejam, talvez, e certamente, não-tolos, acho que são tão tolos como os outros, mas, ao contrário do que vocês podem imaginar, não basta ser tolo para não errar!

Eu disse: os não-tolos erram, mais ainda, faz falta não ser tolo de não importa o quê. E é ainda necessário ser tolo, especialmente de algo que hoje vou tentar fazer-lhes alcançar.

Então, o que encontra o discurso analítico é isto: o que vocês fazem, longe de ser obra de ignorância, é sempre determinado, determinado por alguma coisa que é saber e que chamamos de inconsciente. O que vocês fazem, sabe, sabe, s-a-b-e, o que vocês são, sabe vocês. O que ... vocês ... não sentem o suficiente - não posso crer em uma assembléia tão numerosa - é até que ponto este enunciado é novo. Nunca os... os *grands guignols* se ocuparam da questão do saber. E Deus sabe que não é sem desconforto que coloco Pascal entre eles, pois ele é ... é o maior de todos, de todos os *grands guignols*. Ninguém jamais ousou este veredicto, e, portanto, observem o seguinte: a resposta do inconsciente não implica o perdão e nem mesmo circunstâncias atenuantes.

O que vocês fazem é saber, saber perfeitamente determinado. E o fato de que esteja determinado por uma articulação suportada pela geração anterior não os desculpa de nada, pois o dizer, o dizer desse saber, não é mais que fazer saber mais endurecido. Saber de sempre, até o limite. Extraí de Freud este sentido, porque ele o disse, o disse com toda a sua obra.Mas eu não posso fazer que ouçam o dizer de Freud, porque não há nada, nada a fazer senão deixar que isso siga. Quando eu rezo para que vocês não me entendam,vocês vêem que não é o suficiente! Uma vez enunciado, isto funda um novo discurso. Quer dizer, uma estrutura conjunta que se confirma ser tudo o que existe de ligação entre os seres falantes. Não há outras ligações senão o vínculo do discurso. Naturalmente, isso não significa que possamos imaginar senão outra coisa.

Recentemente lhes disse que ... se não temos o volume, ao menos, somos de duas dimensões, não é? Portanto há perfil, projeção, silhueta, enfim, tudo o que se adora no ser amado. Nunca se adora outra coisa. E, como parti dali, da famosa história do espelho, se imagina que eu depreciei isso. Não o depreciei absolutamente, porque, como todo o mundo, eu me contento!

Do volume, da espessura, só o manejo do que recém lhes aconselhei os informará até que ponto estamos ausentes.Mas há assim mesmo outra coisa que nós tomamos, hein? pelo volume. Com ele se fazem metáforas, não infundadas: 105 nós de amizade, os nós de amor. E bem, é por isso: é a nossa única maneira de lidar com o volume. Ao apertar alguém contra nós - a mim também acontece - mas ... é o que esses nós nos seguram tanto? Enquanto nós ficamos na cultuação daquilo que recém chamei de duas dimensões.E o que eu chamei agora mesmo de duas dimensões, as dimensões bonitas, bonitas ... é o que um escritor recente, peço desculpas a ele, não tive ainda tempo de lê-lo, é o que ele chama *Le Singe d'or*.

Como ele me fez homenagem de seu livro, eu acho que pode ser porque o que eu digo ecoa, e talvez - quem sabe? - ele me leu, pois para falar dessa forma, enfim, do macaco dourado, ele deve fazer eco do que eu tenho que empurrar para a frente, o que nos liga à imagem, a imagem de duas dimensões.Estou longe de ter depreciado isto. Não só estou longe de ter depreciado, mas seria bastante absurdo dizer, porque os próprios significantes, eles mesmos, são obrigados a passar pela mesma imagem, a imagem do *flatland*, a imagem de duas dimensões, heim, para mostrar que eles giram.

No começo lhes mostrei o nó borromeu na horizontal. Naturalmente, graças a artifícios, há lugares aonde vocês vêm aparecer a fratura, por mais que seja um nó, um nó que eu tentei colocar para vocês em termos de volume, de modo que vocês viram bem que não só de forma plana se o pode abordar. Além de que, quando vocês mesmos manuseiam esse volume, vão perceber que... o volume, lá, realizado como volume, não permite distinguir em nada esse nó de sua imagem especular. Não é mais levógiro que dextrogiro. Não só é perfeitamente simétrico, senão que o é sobre os três eixos, o que torna estritamente impossível que sua imagem especular difira dele.

A escrita, ela não se efetua num espaço menos especular do que os outros. Este é o mesmo princípio desse belo exercício chamado palíndromo. Não é menos certo que a miscelânea que acabo de fazer entre o imaginário e o simbólico nada esclarece, não esclarece a diferença que há entre o imaginário e o simbólico e, embora pareça impossível, é a mesma coisa, uma vez imaginado, é nossa noção comum de espaço, deste que nós imaginamos que não tem fim. Sobre este assunto há que se ler Leibniz discutindo com Newton, a pretendida suposição, enfim, de um limite do espaço, que se tornaria impensável, como diz Leibniz, porque tinha um limite, então, fora dele, com um prego, se poderia fazer um pequeno furo.

É gigantesco o que se pode ler da imaginação. E, especialmente, o fato de que para imaginar o espaço... porque isso não havia sido menos uma imaginação, mas, talvez, uma imaginação que abriria qualquer outra coisa... não se partiu de que no espaço há nós. Seria benéfico ver que, se cabe dizer, imaginário e simbólico não são senão modos de acesso?

Mas, enfim, faço-os notar, de passagem, que a palavra modo deve tomar o sentido que este termo tem no par de palavras lógica modal, quer dizer, ela só faz sentido no simbólico, ou seja, em sua articulação gramatical.

Ao vocês se aproximarem de algumas línguas ... eu tenho o sentimento de que é errado dizer a língua chinesa ... vocês percebem que, menos imaginária do que as nossa línguas indo-européias, é no nó que ela joga. Este não é um campo aonde vou me arriscar hoje, porque eu tenho o suficiente para dizer... mas talvez ... talvez eu venha a pedir, eu venha a sugerir a um chinês que leve as coisas por esse ângulo, e para vir e dizer-lhe o que ele pensa, se por acaso o que eu disse sobre ela parece compreensível, porque não é suficiente para quem habita uma língua ter uma ideia de sua estrutura, especialmente se, como é necessariamente o caso, o chinês que ponho em causa, bem, eu não posso falar com ele na minha língua, ou seja, se ele me compreende, é que já na sua, ele está fodido.

O que é terrível é que, quando distinguimos uma ordem, fazemos dela um ser. O termo modo, neste caso. Isso fica claro se damos verdadeiro alcance a expressão modo de ser. Entretanto, não há nenhum outro ser senão de modo, justamente. E o modo imaginário tem dado suas provas, naquilo que concerne ao ser do simbólico. Tanto que bem poderíamos arriscara... a tratar de ver se o modo simbólico não alcançaria o ser do imaginário. Foi isso o que eu tentei fazer, sintam vocês ou não. Tentei fazer, eu diria, nesta terceira aula do ano, em que consiste seu lugar no seminário e em seu programa. E é por isso que, desde o início, o enunciei a partir do nó borromeu. O nó borromeu que eu vi surgir, - enfim, quero dizer, que de certa forma me invadiu – o nó borromeu não tem nenhuma espécie de ser.

- Não tem a consistência do espaço geométrico, de que se sabe sem limites para cortes;

- Para sua projeção... para tudo o que vocês queiram...

E ele vai mais longe, pois invade - e na verdade é por isso que é instrutivo - invade outra ordem.Estamos tão capturados por esse modo imaginário que quando nós tentamos manipular a ordem simbólica acabamos nele. Enfim, lembrem-se a forma como se abordam os conjuntos. Se fala de bijeção, de sobrejeção, de injeção ... tudo isso não é sem imagens. Em todo caso, é com imagens que vocês o suportam, ainda que se os tenha feito para vos liberar do imaginário.

É com pequenos pontos que vocês notarão que, entre um domínio e um co-domínio há injeção ou bijeção ou sobrejeção. Mas ao se suportar com pontos vocês não fazem nada além de uma elucubração imaginária. Por que o achatamento do nó borromeu falha ao procuramos um outro ponto de partida... o ponto em que estamos, que, mesmo no melhor dos casos, é o que vemos. Sobre isso, aqui encarnado, por assim dizer, no coração deste pequeno edifício que vocês têm, que vocês fazem, uma célula vazia.

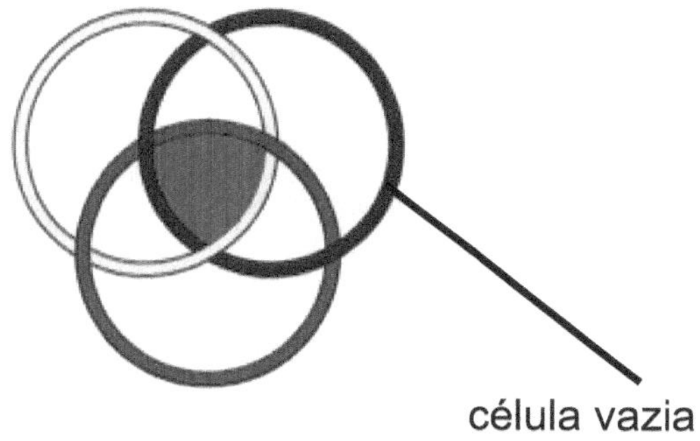

Isto não é menos verdade para outro nó, não borromeu, o nó que eu chamei à pouco de Olímpico. Exceto deque nele as conseqüências são mais complicadas. Mas já temos o suficiente aqui.

Até agora não lhes falei mais que do imaginário e do simbólico, mas, justamente, meu discurso tende a mostrar-lhes que é necessário que essas duas dimensões se completem com a do real. Em outras palavras, é preciso que haja 3.3 para que exista esse ponto, que talvez poderia ter sido igualmente, se não fosse o que se chama absurdamente de geômetra, porque, pensem, o que tem a ver nossa geometria coma Terra? Já que a terra não é de modo algum algo plano. Se não tivéssemos nenhuma vocação para o *mapping*, para o cadastro, em que a terra nos sugeriria algo plano? Por que, à condição de partir do nó, não iniciamos a partir da ideia de que um ponto fende? Fratura desde o início, em sua definição, por exemplo, de ponto de tensão. Isto não lhes diz nada? Entre o vosso simbólico, vosso imaginário e vosso real, desde a época em que os venho macerando, acaso não sentem que vosso tempo se gasta tensionando? Isso também tem uma vantagem, isso sugere que ... que o espaço implica o tempo, e que o tempo não é talvez outra coisa, justamente, que uma sucessão de momentos de tensão. Isto, em todo caso, expressaria bastante bem a relação do tempo com essa escroqueria designada sob o nome de eternidade.O tempo é, pode ser, a eternidade do espaço, que nasce de uma interferência irremediável.

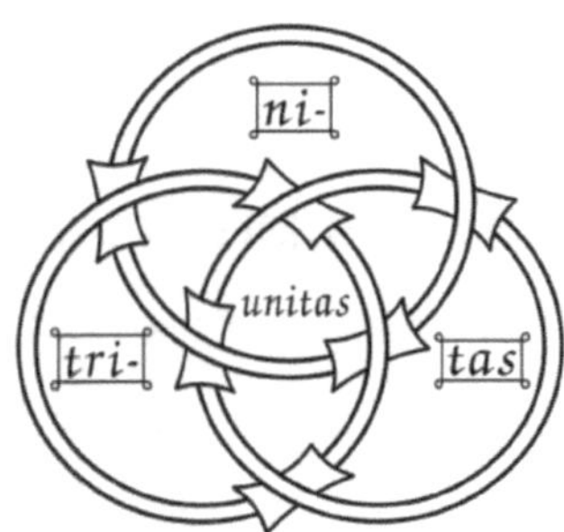

Decididamente, o nó borromeu não é um algo desprezível. Se o põem no plano, notem tudo o que se pode sacar dele. Por exemplo - lhes darei um assim, para ver como o manejam - vejam um pouco o que se pode discorrer acerca disso: quando estabelecido, para transformá-lo de dextrogiro em levógiro, desde a primeira posição que acabam de ver... vejam como fazer isso, com qualquer um deles. Em seguida, o fazem ao outro, em seguida ao terceiro, investindo em cada um por vez. Ou seja, o primeiro levógiro vocês transformam em dextrogiro, e quando vocês tenham dado a volta toda o terceiro é de novo levógiro. Não é sem interesse. E, além disso, esclarece também a famosa questão da história de que o universo seria ambidestro, o que, em todo caso, lança alguma luz sobre ele. Vale a pena se deter sobre esse assunto pois ele nos dá uma outra ideia da espacialização. É, em todo caso, de uma estrutura que ... que muda, completamente, o alcance da palavra espaço, no sentido em que é usada na *Estética Transcendental*.

Ou seja, não podemos perceber as coisas, senão sob o ângulo de um espaço, que em Kant é, simplesmente, imaginário. Se há 3 dimensões do espaço, e se começamos enumerando essas 3 dimensões como o simbólico e o imaginário, há que se fazer a experiência disto que leva para a terceira, ou seja, para o Real. Por agora, é só uma coisa a dizer. Eu não posso dizer que é a data de batismo desse Real: " Eu batizo, Real, a ti, enquanto terceira dimensão ... ""; eu já fiz isso, há muito tempo, inclusive aqui, no começo de meu ensino. Só que adicionei, do fundo do meu coração: "Eu te batizo, real, porque se você não existisse, teria que te inventar". Por isso, o inventei. Não, por certo, em virtude do que desde muitíssimo tempo não haja sido denominado... o que a língua tem de notável é que, hein?, o *namimg* - sorte que temos o inglês para distinguir *naming* de *nomination*. *Naming* quer dizer *to name*, dar o nome próprio. Obviamente, não por nada eu disse: "Eu te batizo". Eu não tenho medo das palavras suspeitas de heresia, nenhum cheiro de batina ou qualquer coisa que ela propague é tabu para mim.

É um fato que o *nanimg*, enquanto nome próprio, precede a necessidade pela qual este não cessará de se escrever. Contanto que vocês não tomem - e aqui o sentido do que mantive com aparente modo subestimado, o imaginário - enquanto vocês não tomem o simbólico corpo a corpo, não chegarão ao fim. Nem com o quê, meu Deus, eu chamo em meu artigo Igreja, mas que é o cristianismo. Porque é onde o cristianismo, ele os possui. É a verdadeira religião. Teríamos que olhá-la duas vezes. O cristianismo é a verdadeira religião.

No mínimo, vale a pena se interessar por isto, talvez, só para ver no que dá. Mas nada do que eu diga o fará. Eu digo: a verdade só pode ser semi-dita. Isto significa que só há verdade matematizada:

- Isto é, escrita

- Isto é, que ela não é suspensível, como verdade, senão de axiomas.

- Isto é, que não há verdade senão naquilo que não possui nenhum sentido

- Isto é, daquilo que não há que sacar outras conseqüências que as de seu registro, o registro da dedução matemática.

Depois disso, como pode a psicanálise imaginar-se que procede da verdade?

Não há ali mais do que um efeito - efeito necessário, sem dúvida, ainda que esta necessidade não se manifeste em nenhuma parte fora de meu ofício, no ofício que estou desempenhando, não é? - não há mais do que um efeito, essa espécie ... de cheiro da verdade na análise, um efeito de que não se empregue outro meio que não seja o da palavra. Estritamente não. Que ninguém me diga, hein, que a análise emprega a transferência.Porque a transferência não é um meio, é um resultado. Um resultado que reside em que a palavra, por meio dela, meio de palavra, se revela algo que não tem nada a ver com ela, e muito precisamente o saber, que existe na linguagem. Além disso, eu nunca disse que a linguagem era saber. Se aceitarem recordar algumas das coisas que eu escrevi no quadro na época em tinha a força para ele, a linguagem é um efeito do seguinte: de que há significante 1.

Mas saber, não é a mesma coisa. O saber é a consequência de que não há um outro. Com o qual se faz 2, aparentemente. Porque este segundo obtém seu estatuto, justamente, do fato de que:

- Não tem nenhuma relação com o primeiro,

- De que não formam cadeia

Ainda que eu tenha dito, em alguma parte de minhas garatujas, as primeiras, *Função e Campo*, isso não era, lá, tão estup...Disse em *Função e Campo* que formavam cadeia. É um erro, porque para decifrar, foi preciso que eu fizesse algumas tentativas, daí essa estupidez. Mesmo quando o deciframento é adequado. Quando se decifra, se embaralha. E também é assim que eu cheguei lá, afinal, a saber o que fazia. Decifrar.Quer dizer, substituir o significante 1 pelo... pelo outro o significante. Aquele não dá dois senão porque vocês lhe agregam o decifrado. O que, em seguida, permite contar três. Isto não impede escrever - o disse - S, índice 2, porque é assim como se deve ler a fórmula do vínculo de S_1 e S_2. É puro forçamento, mas não forçamento de uma noção. É o que nos põe sob o jogo do saber. Pois, já que estou falando de psicanálise, agrego: o jogo do saber, no lugar mesmo da verdade.

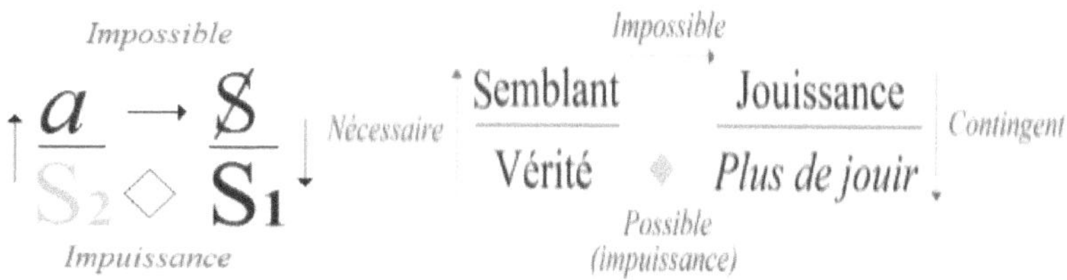

No lugar, também, da religião, desta que acabo de lhes dizer que é a verdadeira.Este é um dos pilares do discurso psicanalítico.Inclusive qualifiquei esse discurso, como todos os outros, de quadrípodo. Talvez o qualifiquei, como acabo de lhes dizer, justamente, pois considero que é uma qualificação, quadrípodo, e não uma quantificação, porque quanto mais ando, mais me convenço de que não contamos mais que até 3. Inclusive só porque contamos três podemos chegar a contar dois, também, a verdadeira religião, pois falo do cristianismo, mirou ali duas vezes.

Especialmente a ortodoxa, que não quer *filioque*, e não por causalidade, não quer que haja dois para que se adéqüe ao terceiro. Pois, ao contrário, é do terceiro que surge o dois. De forma que não por nada se denomina, a si mesma, de ortodoxa, hein? e tem razão. Isto não quer dizer, em absoluto, que o alcance. Alcançar, como se nos assinala a perder de vista, é signo de nada. Mas justamente isto falha (*rate*)...

Posso bem dizer que para nós, analistas, é em seu favor, o que não impede que se o deva eliminar. O ecumenismo não está aí a toa. Bem. Enfim, me estendo e tagarelo, faço sofismas (*bateau*), hein?... e vocês se divertem com isso, claro, ao menos sou eu que flutuo, não? Tudo isso aponta ... o que me faz suar um pouco ao responder-me sempre com um eterno 2. Enquanto que nunca se o produz como outra coisa senão como índice, quer dizer, como sintoma. Além disso, a mesma palavra o confirma. O que cai conjuntamente: é isto o que disse. Não quero dizê-lo expressamente mas, o disse. O 2 não pode ser nenhuma outra coisa senão aquilo que cai conjuntamente do 3. E foi por isso que este ano elegi como tema, isso quer dizer, isso quer dizer em todo caso, hoje, o que insisto sobre, sobre o nó borromeu.

Obviamente este é um esforço pedagógico. No entanto, em razão da ordem dessa debilidade que se chama amor... onde quase não se pode fazer coisa melhor que, meu Deus, o texto de Kant sobre a pedagogia me... o reabri, pois o adquiri na edição original - tenho meus pequenos prazeres - mas vocês podem encontrá-la, foi editada, creio que reeditada pela *Presses Universitaires*, enfim, alguém aqui me fez uma doação. É... é apaixonante.Não há nada de melhor sobre esse tema do... do que ocorre com os débeis, nem sequer o que escreveu Maud Mannoni. Bem! A criança é feita para aprender algo. E é aqui o que nos enuncia Freud, o nos enuncia Kant...

(Risos)

...é extraordinário que ele o tenha pressentido, pois, como ele poderia tê-lo justificado?

Estar feito para aprender algo, quer dizer, para que o nó se faça bem. Porque não há nada mais fácil falhar nisto, sobretudo se vocês o põe sob esta forma, a saber, a mesma que aquela. Vejam: aqui está o círculo verde e o círculo vermelho, enfim, os barbantes.

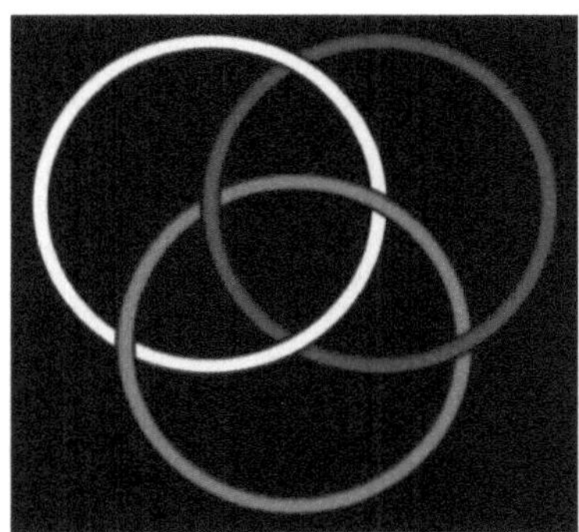

Suponham que para construir o terceiro eu parta do interior do vermelho, que está no exterior. Para construí-lo é preciso que eu o trance, e que ele passe a alguma parte, seja abaixo, seja acima do verde.

Mas se parto debaixo do vermelho, que eu o faça passar por baixo do verde, o resultado será o mesmo: não haverá nó. Em outras palavras, se eu parto de cima do vermelho, o que me obriga a ir por debaixo do verde, não haverá nó borromeu. Kant não pode saber, porque não é disso que ele fala, porque a criança deve aprender algo. A criança deve aprender algo para que o nó se faça.Para que ele não seja, se vale dizer isso, não-tolo, quer dizer, tolo do possível. Tolo, tolo, é um pouco demais. Os não-tolos são duas vezes tolos. Justamente, são tolos por ser dois. E esta é, em suma, a única objeção da qual pensei partir, porque eu me enfrentava com orelhas que não estavam, precisamente, despertas, objeção, única objeção que tenho a fazer a mitada (*moi-ïté*).

Esta é uma expressão que tem sido atribuída a mim, com ou sem razão, talvez porque aquilo que eu já disse em algum momento, um dos meus analisantes recentemente, e desde muito tempo, vem a meus seminários. A mitada (*moi-ïté*), como ele se expressa, é evidentemente cair de imediato nos 2, já que a mitada (*moi-ïté*), está forçosamente feita de duas metades (*moitiés*).

E se eu disse que a religião é, é isso o que podemos fazer de mais verdadeiro, na religião, gostaria de fazer uma observação sobre a qual eu já palavreei um bom tempo, hein?

que "amar o próximo como a si mesmo" quer dizer que você vai ser 3...sim ou não? Sim...

O nó borromeu não pode ser feito senão de três. O imaginário, o simbólico não bastam. Faz falta um elemento terceiro, e eu o designo como o Real. É preciso que exista essa solidariedade determinante de que haja sujeito, sujeito falado, em todo caso: a perda de qualquer uma das três dimensões, a condição fundamental para que o nó se sustente, é que a perda de qualquer uma dessas três dimensões as faz enlouquecer, quer dizer, elas ficam livres uma da outra, das duas outras.

Estas três dimensões, como as represento? Como anéis de barbante, como se quis, e a justo título, de maneira pertinente, intitular meu penúltimo seminário do ano passado. O que é, como dimensão, um anel de fio? Lhes faço observar que um anel de fio não é um nó, porque um nó, um nó se vê, se faz, pode-se desenhá-lo no quadro... com a condição de fazer pequenas interrupções necessárias, e Deus sabe o que é preciso fazer, já que temos tão pouca imaginação, hein.

Aqui está! Você vêm, mas eu ainda devo corrigir: um nó é isto. Em outras palavras, um nó se desata. Se vocês o desatam, estão perdidos, porque não podem mais senão fazer outro, e nunca chegam a distinguir um nó de outro. Porque esses nós não são todos parecidos. Por isso é necessário um anel de fio. O barbante não é um nó, mas é necessário para a teoria dos nós.

Com efeito, para que um nó possa ser distinguido de outro, em nenhum caso se poderia desatá-lo, porque se o desatam e fazem um outro nó, terão a sensação de que é o mesmo nó. Por isso é que não há mais que duas coisas:

- Ou bem se estende até o infinito o barbante em forma de nós - e, então, não poderão desatá-la

- Ou bem se une suas extremidades, o que é exatamente a mesma coisa.

O anel de fio é algo que lhes permite a teoria do nó. Para que se o rompa, é preciso que se o corte. A culpa. É o que se distingue - talvez haja ocorrido isso a alguns aqui - é uma topologia. Uma anel de fio, é um toro. E é o único que permite elaborar o nó. Não se atam juntas duas esferas. Mas o interessante deste assunto é que não se atam dois anéis de barbante, se atam três, mas de tal forma que o terceiro só enoda os outros dois.

Há em algum lugar um artigo que diz, *Da Causalidade Psíquica*, um lugar em torno do qual algumas pessoas tem se esgrimido, um lugar onde eu ato, já que é disto que se trata, a liberdade e a loucura, onde digo que uma não se concebe sem a outra... o que, desde sempre, perturba porque pensam que eu digo que a liberdade é a loucura... tenho que não me fazer compreender, porque não, eu me entendo... Nesta ocasião desejo que observem que o interesse de juntar, assim, no nó borromeu, o simbólico, o imaginário e o real, é que disso resulta, não apenas resulta disso senão que deve resultar disso, quer dizer que se o caso é bom, me permitam essa abreviação dada a hora, se o caso é bom, basta que, bastam dois, basta que cortem qualquer um desses anéis de barbante para que os outros fiquem livres, um do outro.

Em outras palavras, se o caso é bom - deixem-me re-enfatizar que este é o resultado de uma boa pedagogia, a saber, que não se tenha falhado em seu enodamento primitivo - se o caso é bom, quando a vocês falta um desses anéis de barbante, vocês devem estar loucos. E é nisto, é nisto que o caso é bom, é quando se o chama liberdade, o bom caso consiste em saber se há algo aí de normal. E que, quando uma das dimensões lhes arrebenta, por qualquer razão, vocês devem ter, verdadeiramente, enlouquecido.E é aqui queria terminar, para lhes mostrar seu interesse.

Suponham o caso do outro nó, que antes chamei de olímpico. Se um desses anéis de barbante lhes arrebenta, por assim dizer, devido a algo que os concerne, vocês não ficarão loucos. E isto porque, saibam ou não, os outros dois se sustêm juntos, e isso quer dizer que vocês estão neuróticos. Com base nisto, sempre afirmei que não se conhece o suficiente, quer dizer, que os neuróticos são indestrutíveis.

(Risos)

As únicas pessoas que eu vi se comportando de forma admirável durante a última guerra - Deus sabe que não me causa prazer evocá-la - são meus neuróticos, aqueles a quem ainda não havia curado. Eram absolutamente sublimes. Nada os afetava. Assim, se o real, o imaginário ou simbólico, lhes falta... eles mantêm-se. Eu não sei se alguém de vocês se lembra. Em uma época escrevi algo sobre a fobia do pequeno Hans. É muito curioso, mas nunca vi ninguém desenvolver isso, que não somente escrevi, mas repeti, requentei, - não é? -... não vi ninguém mais buscando o que era essa sagrada história do cavalo, porque, desde cedo, eu me perguntava, como todo mundo: porque o cavalo, porque lhe davam medo os cavalos?A explicação que eu encontrei, pois tenho trabalhado, tenho insistido, é que o cavalo era o representante, se posso dizer... de três circuitos. Não apontei,na verdade,quais eram esses três esses circuitos, mas o cavalo representava certo número de circuitos, inclusive fui buscar um mapa de Viena para os marcar bem, porque frente a tudo isso, está no texto de Freud: como os teria encontrado de outra maneira?Isto na medida em que a fobia, a fobia do pequeno Hans, está muito, está precisamente nesse nó triplo cujo os três anéis de barbante se mantêm juntos. E é nisto que é neurótico, posto que, cortem vocês um, os outros dois se mantêm, sempre.

Não é, certamente, apenas uma questão de como lidar com isso, existem outros acoplamentos onde as neuroses são mais simples do que a fobia. Já chegaremos a eles. O importante, o importante não está nisso, nessa bela imagem, hein. Vocês poderiam dizer, em suma, que se define o normal no sentido de que está feito de tal maneira que quando um dos três anéis arrebenta, isso não pode senão produzir loucura. Mas o importante não é isto, de maneira nenhuma.

O importante é que, ainda que estejam pintados de cores diferentes, um com relação ao outro, esses três anéis, esses anéis de barbante são estritamente equivalentes. Quero dizer que o importante é que tanto o real, como o imaginário e como o simbólico podem jogar exatamente a mesma função com relação aos outros dois. Isto não é óbvio. Se eu lhes apresento o nó assim, o vermelho por cima do verde que se lhe cunha, e o negro - a esse chamo provisoriamente negro, porque tem pontos negros - e o negro em boa posição, não é óbvio que eu possa muito facilmente colocar os outros dois em uma posição diferente, quer dizer, fazer com que o verde fique por cima do vermelho, sendo o nó borromeu igualmente correto, a saber, sem em nenhum sofrer corte.

Se pode acreditar que há um obstáculo para que eu ponha o verde no lugar do vermelho, a partir da posição fixa do negro, e este é o caso. Este é o caso, e é também o que há para dizer a propósito das três dimensões de nosso real. Esse real acerca do qual se interroga no final da *Interpretação dos Sonhos*, e o que há para dizer, o que há para dizer é isto: que se na vez passada os aborreci com essa história do oculto, é justamente por isto, porque para Freud é de certo modo a confirmação patente: sobre essas 3 dimensões, das quais ele nos denuncia tão bem duas, o que é para Freud o real?Bem, pois lhes direi hoje: é o oculto. E é o oculto precisamente porque Freud o considera como o impossível. Pois, acerca da história do ocultismo e da telepatia, ele nos previne e insiste, que não crê nela de jeito nenhum.

Como é possível que alguém como Freud tenha perseguido, enfim, com tal obstinação, a sombra desse oculto que ele considera como, falando propriamente, uma cogitação de imbecis. O leiam bem e o verão.E bem, o interesse daquilo que na vez passada quis antecipar e lhes disse por meio da frase final - que não há iniciação - frase que aqueles que tem orelhas souberam localizar como a única interessante, é justamente que Freud - e isto merece ser visto duas vezes - era tolo do Real.Era tolo do Real ainda que não acreditasse nele. E é disto que se trata. Para o bom tolo, ele, que não era, é preciso que haja em alguma parte um Real de que se seja tolo.

AULA 4

18 de Dezembro de 1973

É certo que... é certo que ao pretender levantar a voz, ao me fazer importunar, ao querer me adular antes de começar hoje, certamente não melhoramos a coisa, enfim, não se melhorará nada, é ao menos o que eu suponho. Vamos ver. Porque também, na última vez, fiz um esforço e hoje só quero, enfim, estender suas margens, por assim dizer, enfim, dizer as coisas em *mezzo voce*. Talvez para tratar de aclarar para vocês, digo, por vocês mesmos, sua ressonância?

Afinal de contas, essa ressonância a presumo, posto que disse que estava feito para a obter. Minha fala foi sobre esse nó, que não é de ontem que o introduzi, e cujo alcance mereceria que se insistisse nele, quer dizer, isso não podia aparecer imediatamente. O Importante não é apenas esse nó, é seu dizer. Seu dizer que, em suma, a vez passada intentei suportar assim, suficientemente. O que esse nó tem de bom é que põe inteiramente em evidência que esse dizer, enquanto é o meu, nele está implicado. Isto quer dizer que desse lado, por onde... observem que não disse, a palavra, disse, o dizer. Nem toda palavra é um dizer, sem o qual toda palavra seria um acontecimento, o que não é o caso. Se não fosse isso não se falaria de palavras vazias.

Um dizer é da ordem do acontecimento. Não um acontecimento superficial, não um momento de conhecer. Para dizê-lo de chofre, não é filosofia. É algo que se dá instantaneamente dentro dele. Instantaneamente dentro daquilo que nos determina enquanto não é, inteiramente, o que se crê. Não é qualquer tipo de condição, do Real, local, disto, daquilo, depois do qual alguém boceja, não é o que, como seres falantes, nos determina. E isto reside muito precisamente nesse pedículo de saber, que se chama nosso inconsciente, enquanto que, para cada um de nós este nó tem suportes muito particulares.

É assim que, blam!, eu pude ... eu construí esta topologia por onde me atrevo a clivar de outra maneira o que Freud sustentava destes termos: a realidade psíquica. Pois, enfim, minha topologia não é a mesma.Alguém, qualquer um que, assim, vêm falar comigo, vem colocar em causa o meu nó borromeu, colocá-lo na mesma fase, por assim dizer, do famoso ovo podre - vocês sabem que foi Freud que disse isso? - obviamente, poderia fazer a metáfora da reserva nutritiva com o que se considera que ela alimenta, com o gozo por uma lado e o que vocês queiram, por outro, a... a embriologia da alma.

Bem. Eu gostaria de fazer um comentário sobre o que chamam amor. Porque é isso, o que recém chamei a ressonância, a ressonância em vocês, saibam disso ou não, daquilo que na vez passa sustentei de meu nó borromeu, de meu dizer.O amor, por tudo aquilo em que já se gastou tinta, é, assim mesmo, algo que enfrenta a objeção de que não se concebe de que modo o ser - pois desde sempre vocês tem ouvido falar disso, enfim, estão fartos de ouvi-lo na metafísica... inclusive nos sermões não se fala de outra coisa - de que maneira o ser seria manipulável à partir de nenhum sendo.

Isso apresenta uma grande dificuldade lógica. Posto que o ser, quando se lhes fala dele, não é nada, e isto desemboca na aspiração de que estaria feito, à partir de Deus, do amor. Bem sei que vocês não são crentes, não é? Mas vocês são todavia mais imbecis, como já tive a ocasião de lhes dizer porque, ainda que não sejam crentes, nessa aspiração - vou lhes dizer, lhes mostrar, isso tudo ao longo do dia de hoje - nessa aspiração, vocês crêem.Não vou dizer que vocês a supõe: ela supões vocês. Se tenta esvaziar tudo isso, ou encher, não importa, esquematizando-o na velha metáfora do conhecer. Se conhece a quem se tem em frente, a aquele com quem se tem que ver, se o conhece no amor... Só que eu faço objeção a isso: que é o ser senão a questão esterilizada das perfeições imaginária com as quais sonha, das quais vocês mesmos, acabo de o dizer, ainda que o saibam, vocês sonham, sonham em larga escala? Em escala cujo último escalão será ou não esse Deus de quem recém falei... mas se não for este, será outro. É o que se chama devaneio.

O estudo do sono, o verdadeiro, desse que se tem quando se dorme e de que vocês são o sino, seja lá o que se diga, demonstra que isso não tem nada a ver com vosso sonho, desperto ou não. Inclusive é o que os distingue como seres falantes: que há um saber que vocês ouvem no sonho, e que nada tem a ver com o que dele fica quando estão, pretensamente, em vigília. Por isso é tão importante decifrar esse sonho, esse sonho que vocês somente sonham durante algum tempo.

Até aí, vocês chegaram. Isso durou um certo tempo, mas vocês não estão tão longe, creiam-no, do tempo da *signatura rerum*, da leitura do sonho desperto, da legibilidade do mundo. De nenhuma maneira creiam que, porque não são mais os padres que os ditam, não creiam que vocês não se encontram no mesmo ponto. O amor, se é efetivamente a metáfora de algo, se trata de saber a que se refere. Se deve partir daquilo que antes disse sobre o acontecimento. Ele se refere, nada de mais, digamos que - em todo caso, hoje me limitarei a isso, simplesmente para compensar o que acabo de traçar acerca da tradição, da metáfora do conhecer - digamos que antes de tudo ele se refere ao acontecimento. A essas coisas que ocorrem, digamos, quando um homem encontra uma mulher. E, porque não? porque é em geral o peixe que se tenta afogar, quando digo: quando um homem encontra uma mulher, hein?sou modesto, quero dizer que não pretendo chegar a falar daquilo que ocorre quando uma mulher encontra um homem... porque a minha experiência é limitada.

Gostaria de lhes sugerir isso: já que partimos de dois pontos extremos, lhes proponho, a propósito do mandamento do amor divino, que evoquei da vez passada interpelando-os para dizer sim ou não, isso dá 2 ou 3? Talvez aqueles que estiveram aqui se recordem, então o modifico, ligeiramente: qual efeito vocês sentem se enuncio: amarás a teu próximo como a ti mesmo? Isto faz sentir qualquer coisa, hein? este preceito funda a abolição da diferença entre os sexos.

Quando lhes digo que não há relação sexual, não disse que os sexos estão confusos. Muito longe disso! Sem isso, no entanto, como eu poderia dizer que não há relação sexual? O que isso significa? É importante situar isso. Certamente, contudo, ninguém o fez. Para situá-lo de uma maneira exata, faço uma pequena observação, pois hoje eu me comento: não há relação sexual, e bem, é da mesma ordem, hein, do que concluí de minha segunda conferência, aquela que não foi tão compreendida: falei muito do oculto - e creiam, eu me ponho no mesmo lugar, hein - falei muito do oculto, mas o ponto importante, há um ou dois para remarcar, é que disse que não há iniciação. É o mesmo que dizer que não há relação sexual. O que não quer dizer que seja a relação sexual, porque não basta que duas coisas existam para que sejam as mesmas. Sim...

É claro que o amor é, assim mesmo, um feito. Assim é chamada a relação complexa. E é o mínimo que se pode dizer da relação entre um homem e uma mulher. Então, talvez, eu possa pinçar isto que se encontra no coração de meu título, sobre o qual havia antecipado num primeiro delineamento no meu primeiro seminário, hein. É que a relação, dita complexa a justo título, entre um homem e uma mulher, vamos colocá-la simplesmente na conta de termos feito isso juntos, o que eu chamei, o remarco, não erro, mas errância,*viator*– articulei- a viagem sobre esta terra, a categoria, a categoria – comicamente! - que justamente nos exclui do mundo, é que o amor seria haver percorrido um trecho juntos?Vocês vêem para onde estamos indo, não é? Nos ajudaremos mutuamente. Haveria no horizonte, enfim, essa promessa. E então, é verdade que não há verdade nele.

Quando esse é um bom homem e uma boa mulher, como em outra época diziam os existencialista, eu falo da boa mulher, não lhes ocorria falar do bom homem, sabe-se Deus porque, mas é o melhor... ... um bom homem e uma mulher teriam um longo caminho juntos.

No horizonte do amor, estariam o avô e a avó. Há isto no inconsciente. Há isto, também. No entanto eu gostaria de sugerir que talvez não seja tudo. A questão que levanto é: por qual caminho se ama a uma mulher? . . . se eu levanto a questão, isto é um sofisma (*bateau*) lacaniano, sem dúvida, pois tenho a resposta. Mas elas são muitas. Inclusive não há questão que tenha mais respostas. Naturalmente vocês não conhecem nenhuma, porque se deixam levar pela coisa, pelo turbilhão. Se alguém tem o caminho das respostas, o primeiro que deve fazer é contá-las. E há uma dela que acho muito boa: como um homem ama uma mulher? Por azar!

Sim, isto já lhes dei, hein?, é a sorte, esta de que falo há muito tempo, quando digo que a boa sorte (*bonheur*) escorre livremente. Está por toda parte, inclusive vocês não conhecem mais que isso.

X na sala - Eu acho que sim!

Isso só teria um pouco mais de sentido ... se vocês se entregassem à felicidade *(bonheur)*. Porque, enfim, é preciso dizê-lo, para retomar minha referência anterior, as circunstâncias nem sempre se ajudam mutuamente, quando ocorre que se produza, entre um homem e uma mulher, o amor. E depois, já que recém ouvi por aí uma pequena voz elevando sua cançoneta, gostaria igualmente de fazer observar, à margem, que seu companheiro de viagem - isto deveria despertar mais ecos daqueles que crêem em nas suas queridas pequenas almas - forma parte de certo vocabulário, o vocabulário de um canto onde se fala da imaginação do poder.Devo dizer que o esquerdismo me parece o mais tradicional que há. E a metáfora do companheiro de viagem não me parece bastar, salvo no registro, precisamente cristão, do *viator*.

A imaginação de poder, não sou eu quem os faz dizer! Nem lhes faço dizer nada a ninguém. Minha boa função é escutar. Naturalmente, devolvo, mas o faço porque o que escuto me sai pelas orelhas. Bom. O que eu faço agora, hein? Lhes dou um *flash* de uma outra resposta.Uma outra resposta, que é que motiva a minha pergunta. Obviamente, eu gostaria que, enfim, há que olhar duas vezes.Porque se o dizer é um evento, Deus sabe o que pode ter de conseqüências! Bem, eu vou dá-la a vocês.

O amor não é outra coisa que um dizer enquanto um acontecimento. Um dizer de rebarba. E que o amor não tem nada a ver com a verdade. Isto é dizer muito, porque também o que ele demonstra é que esta não se a pode dizer toda.

Esse dizer, esse dizer do amor, se endereça ao saber que é este que está aqui, no que é preciso chamá-lo de inconsciente.

Digamos que ... nesse nó de ser, se vocês quiserem, mas em outro sentido, diferente daquele de onde iniciamos, vale dizer, da confusão... esse nó, eu disse - é a palavra nó o importante - não é ser... o ser desse nó, que desenhei na vez passada e que só motiva o inconsciente. Isto implica pois, inteiramente incluído nele, justamente esse dizer da vez passada, enquanto que nele se dá conta do lugar desse saber.

O que distingue esse dizer não é o conhecimento, de nenhuma maneira. Esse nó não é um conhecimento de qualquer coisa que seja. Este nó implica meu dizer como acontecimento naquilo que ele é, com suas três faces:

- Que é imaginável, já que está feito de imagem efetiva

- Que é simbólico, já que posso defini-lo como nó

- E o que é totalmente real, pelo acontecimento mesmo desse dizer, acontecimento consistente em que, qualquer que seja, cada um de vocês pode lhe dar o sentido que tem.

E por isso, como sempre, peço que não compreendam muito rápido. Porque, evidentemente devo preveni-los, como se diz, contra toda sorte de precipitação. O que, neste caso, explica minha lentidão. Eu sou aqui o Mestre Jacques, pois é preciso prevenir contra toda interpretação precipitada, nada mais que nisto consiste o que pode haver, nesse dizer, a explorar.

Por isso devo cortar, o que significa que abrevio. O âmbito de aplicação do nó borromeu é que qualquer ruptura de um de seus anéis de barbante se segue o desenodamento. Enquanto em uma cadeia simples... a porei no quadro. Desenhe, Glória, lhe peço, uma cadeia, uma cadeia com três anéis, simplesmente... e a faça corretamente, hein? Sim, mas preciso que vocês se detenham, assim, e também que se detenham para fazê-lo, dessa maneira:

Em uma cadeia simples de três, é apenas nesse anel médio que vocês podem romper os extremos. Se vocês tomam primeiro um do extremos, os outros dois continuam enodados. Nisso consiste, justamente, a diferença do nó borromeu. E a diferença do nó borromeu com o nó olímpico. No nó olímpico, por mais paradoxal que pareça, se arrancarmos qualquer um dos três anéis, os outros dois continuam enodados. Mas o desenodamento só é simétrico naquilo que se passa com o anel do meio. A consistência de tudo isso é imaginária, claro, salvo que ao imaginá-lo como nó, o duplicamos com o simbólico. O que é imaginá-lo, por uma parte mas, por outra, formulá-lo como nó. Isso nos leva às fórmulas matemáticas.As fórmulas do que está apenas esboçado, ou seja, a teoria dos nós. Com a diferença que este é também o representante da linguagem e que a lalíngua, escrita da forma que faço, reflete sua própria formação. Para dizer de uma vez: quanto mais adentrarmos na tarefa de falar dele, mais confirmamos o que é óbvio: que também estamos no simbólico. E depois disto, como não admitir o real, real porque neste caso colocamos nossa pele? Quer dizer, o mais eficaz que pode haver, por mais longe que se vá, de nossa presença real. Desta presença real, digamos apenas que, depois de tudo, não há necessidade de *hasch* para transformá-la em uma substância leve. Já estamos nisso o suficiente para que se possamos dizer que o importante daquilo que aqui constitui nó, é o anel de fio, o consistente em cada um dos termos que eu distingo em três categorias, o consistente é estritamente equivalente.

Pois - me alcance esses pequenos utensílios, vou lhes dar um presente

(Lacan lança os anéis de barbante para a assembléia)

Pois se digo que, como lhes mostrei na vez passada - alguém me fez a gentileza de me escrever uma pequena nota sobre estes temas, demonstrando que não havia compreendido grande coisa. Ao menos me fez notar, incidentalmente, que eu havia manipulado esses utensílios não sem pouco jeito –bem, se é certo o que digo, a saber, que o nó borromeu tem a curiosa propriedade de que nesta construção se pode colocar cada um dos anéis estritamente no mesmo lugar que qualquer um dos outros dois, ainda que de entrada isto não salte a vista, se cada um pode, nesta função, ser qualificado por sua consistência que é estritamente equivalente, seja considerado como real ou como imaginário ou como simbólico, então com esse anel, que consiste justamente em um nó borromeu, posso fazer um nó borromeu encadeando, simplesmente, se tenho tempo, os três nós borromeu.

Gostaria que os olhassem um pouco mais de perto, assim, que fizessem algo com isso ... O importante, a saber, que sejam distintos, isso justamente não tem importância, senão que é preciso que sejam 3. Eles consistem, em primeiro lugar e antes de tudo, na sua diferença. Por exemplo: se uma mosca me picar, lhes escreveria no quadro algo que, dado o meu humor de hoje, não tinha tanta vontade de dar um estatuto especial, quer dizer, dar-lhes isso que ... que é uma significância mais que esboçada. Vejamos: 2. Não lhe vou a colocar ao redor algo que o asile, que o esterilize por precaução, o ponho cruamente: 2, cifra de amor, não?

Eles estão fora de si, fora dois (*hors d'eux, hors d'eux*) - se lhes disse, é a lalíngua que expressa a matemática, certo? 2 igual a 1 ou 3 2 = 1 v 3. Ah! Isto é sensivelmente idiota. Mas não é idiota, se se põe ... aqui devo colocar alguns signos utilizados em lógica, como os parênteses, e servir-me do signo da implicação equivalente, que é justamente, como vocês sabem, o que funda a equivalência. E em que é equivalente? Isso é equivalente a 2 ou 1 é igual a 2 ou 3.

$$2 = 1 \text{ v } 3 \Leftrightarrow 2 \text{ v } 1 = 2 \text{ v } 3$$

Que é uma fórmula que vocês ... bem, vocês podem utilizar assim, que é dada pelas premissas da lógica proposicional.

Façam com isto o que quiserem, a deixo a vosso cuidado. A deixo a vosso cuidado porque é preciso que eu avence, nas... nas propriedades, nas propriedades do triplo, do triplo com que acabamos por nos enfrentar. Sim, nessas propriedades do triplo há isso: posto que cada um dos termos dos três do nó borromeu libera os outros dois, se bem que há uma relação, uma relação real - em todo caso, simbolizável - com esse meio, esse meio que deixa os extremos bem esvaziados de toda sua potência. Mas no caso do nó borromeu, os dois extremos tem a mesma potência. Então, podemos considerar sob esse ângulo, sob esse angulo de fazer, de cada um deles, um meio...

X na sala - O que significa o "v", senhor?

O que ele disse? É um vel!

X na sala - O que significa isso?

É um "ou ", ou "Um ou outro! É usado na lógica, na lógica assim escrita, se põe um pequeno "v" para dizer "ou". E se lê: 2 igual a 1 ou 3. Isto implica a igualdade de 2 ou 1 com 2 ou 3.

... um meio para mostrar-lhes o interesse, quer dizer, o interesse deste nó borromeu que estamos a apreciar. Eu ainda vou designá-lo, já que há pessoas que parecem ter um interesse naquilo que digo... bom, eu vou designar-lhe assim, eu não sei se vocês se lembram, que, é isso...

Estou bastante tranqüilo, muito tranqüilo sobre isso, quer dizer, em tomar cuidado para que vocês não dêem demasiado sentido e demasiadamente rápido ao que digo. Há também um bom meio para se obter o mesmo resultado, que é oferecer-lhes bastante disso para que vocês o vomitem, hein. Quer dizer, procederei sem moderação. Lhes direi coisas para vomitar, e logo, hein, vocês terão tempo de voltar a engoli-las, como o cachorro das Escrituras. Não se deve retroceder frente a isso. Se quero dar a isso seu alcance exato, enfim, é preciso ir diretamente.

Tomemos este pelo simbólico, este pelo Real e aquele pelo Imaginário. Se tomamos o Simbólico como fazendo o papel de meio entre o Real e o Imaginário... e aqui estamos, no coração do que é esse amor de que, em seu momento, nomeei como amor divino. Basta para ele que este Simbólico, tomado como amor, amor divino - isso lhe vai bem - possua a forma de mandamento que põe como pináculo o ser e o amor. Para que se conjugue algo que é ser e amor, essas duas coisas só podem se dizer suportando o Real por uma parte, o Imaginário por outra, respectivamente, começando por este último:

- o corpo,

- e aquele outro, o Real da morte.

Aqui se situa o nervo da religião, uma vez que prega o amor divino. Aqui, por certo, se realiza também essa coisa louca, esse esvaziamento do que ocorre com o amor sexual na viagem. Esta perversão do Outro como tal, que estabelece na história sádica o pecado original, e em tudo o que dela se segue, adotada, por certo, deste mito pré-cristão, porque não?...talvez tão bom quanto qualquer outro. E instaura no Imaginário, no corpo, justamente, esse tipo de levitação, de insensibilização do que o concerne, que depois de tudo - já não tenho necessidade de insistir nisso - é toda a história do que se chamou de arianismo, incluído aí o marcionismo.

Aqui é onde se imperativa a dimensão do: Amarás o teu próximo como a ti mesmo. Seja você tolo disto e não errará, devo dizer.Porque não se pode dizer que semelhante religião não seja nada. Como lhes disse na vez passada, ela é a verdadeira, é a verdadeira pois inventou essa coisa, essa coisa sublime, que se chama a trindade. Ela percebeu que faziam falta três. Que faziam falta três anéis de barbante com consistências estritamente iguais para que algo funcionasse. No entanto, é curioso que, para todos os fins, isso produza o que produz naquilo que concerne ao amor.

Mas leiam *Vida e Reino do Amor*, em Kierkegaard, que acaba de ser publicado pela Aubier - todos vocês, que são muitos, sairão, daqui e se lançarão a Aubier, como acontece sempre que recomendo um livro... isso tem efeitos. Eu já tenho um. Então, podem esgotar a edição, não me importo. Mas leiam-no porquê... porque não há lógica mais implacável, nunca se articulou nada melhor sobre o amor, sobre o amor divino, claro. Não há a menor errância ali, tudo é traçado logicamente.

O amor é caridade mulher (*charitéfemme*) - curioso lapso - é caridade, fé e esperança, e graças a isso a caridade está, vocês o vêem, enfim, lamentavelmente simbolizada na arte por essa mulher de seios inumeráveis, não é isto? de onde pendem inumeráveis fedelhos. Mas há algo ali, no entanto, e justamente aí está a origem do meu lapso, em fazer disso a imagem da mulher.

A finalidade, a finalidade enquanto que há dois extremos e um médio, se os faço notar, todas a especificação de finalidade, ... e, de finalidade sempre articuláveis por reci... não me atrevo a dizer a palavra reciprocidade, não é justa neste caso. Mas quero dizer que, tanto o começo se converte em fim como o fim faz as vezes de começo. A relação do corpo e a morte está articulada pelo amor divino de uma maneira tal que, de uma lado, faz que o corpo se torne morte, e que, de outro, a morte se torna corpo, por meio do amor.

Mas geralmente a déia mesma de finalidade é algo atribuído a intermediação do desejo. O amor de Deus é a suposição de que ele deseja o que sem cumpre para todos os fins, por assim dizer. É a definição da teologia em si mesma. É uma transformação do termo desejo em termo fim. Mas nesta articulação do nó borromeu, há confusão do meio e do fim. Tudo pode servir de meio.

Façamos aqui, justamente, este simples parênteses: o simples parênteses de que, ao tomar este lugar, o amor divino expulsa o que acabo de definir como desejo. Com a ganância de uma verdade, a verdade do três que, por assim dizer, paga a coisa e a compensa, o que propriamente falando é situável nesse lugar, no lugar do Simbólico enquanto que ele não se torne senão meio, é o desejo.Aliás, lhes faço notar que o amor cristão não extinguiu, muito longe disso, o desejo. Essa relação do corpo com a morte, ele a batizou, se me é permitido, ela a batizou amor.

Mas não insistirei mais nisso, por agora. Tomo um outro foco: muito exatamente o que pode resultar ao se tomar, desta vez não o simbólico, mas o Imaginário como meio. Se, como acabo de fazer - é aí que estão o pino do que articulei para vocês vomitarem - continuo dando esse sentido sumário da morte ao Real, como constituindo seu núcleo, e ao Simbólico - pois até agora não consegui avançar - ao Simbólico lhe dou o que se nos revela através de seu emprego na palavra, e especificamente na palavra do amor, que é suportar o que em efeito toda a análise nos faz sentir: suportar o gozo.

Então, o que nos demonstra o anel de fio do Imaginário tomado como meio? Que aquilo que ele suporta é, nada mais, nada menos, o que só pode ser chamado de amor. O amor, por assim dizer, em seu lugar, em seu lugar desde sempre. E se no tempo de minha *Ética* me vali do amor cortês, do amor cortês naquilo que ele faz imagem do gozo e da morte, há ali algo que é - eu ia dizer milagroso - muito surpreendente e adequado para retermos, é o fato de que o feudalismo é o produto, a ordem, do amor cortês. Não que eu creia que ele testemunhe algo de uma retificação, de uma contra-teoria do amor divino, algo de uma compensação, mas sim algo de uma antiga ordem pela qual, justamente, se demonstra mais do que se acreditava essa ordem no feudalismo.

Pois a velha ordem nada tem a ver com aquilo que nós conhecemos. Tal ordem é - caso contrário, não vejo porque algum economista me contradiria, porque para além da idade feudal ele não quer conhecer nada - tal ordem é o que se conserva na área feudal. E para dizer tudo, lhes peço que o verifiquem, não vejo nenhuma distinção quanto a ênfase, quanto ao sentido do amor, naquilo que nos restou: as teorias muito elegantes do amor cortês, e toda o romance que se desenrola ao redor, não vejo nenhuma diferença entre isso e o que nos demonstra a literatura de Cátulo em *A Homenagem a Lesbos*, por mais prostituída que estivesse.

Eu acho que aqui, quer dizer, no Imaginário tomado como meio, está o fundamento do verdadeiro lugar do amor. Como poderia esta mudança ocorrer, fecunda, afinal de contas, de que, no amor cristão se situa o amor, nesse lugar - vocês vão ver no final porque - nesse lugar que me parece ser do desejo?A coisa não era possível - e aqui falo de algo sobre o que tenho pensado um pouco - é o que Cristo ensina. Eu não falo da sua Paixão, que é a Paixão do significante, falo de seu dizer, "Imitai o lírio do campo", profere Cristo. "Não tece nem fia", disse ele.E este é o ponto importante: essa ignorância da presença na natureza, desse saber que levou algum tempo para descobrir, a saber: que coisa há tecido e fiado mais que o lírio do campo? Proferir, articular isso como um modelo é, propriamente, ajuntar à ignorância a denegação... e a denegação de quê, já que tão somente se trata de uma metáfora? A denegação do inconsciente. Quer dizer, de que este tece e fia: esse saber sem o qual não há justa situação do amor, se aquilo no que o amor consiste é precisamente se dizer, se dizer que parte, observem, do Imaginário tomado como meio. O que há no amor cortês é aquilo que em Platão ainda permaneceu suspenso no Imaginário do Belo. É isto o que se cristaliza, o que, no amor como meio, toma corpo, contrariamente, por assim dizer, porque tudo isto pode articular-se, articular-se por uma séria tripla de oposições ao Imaginário do amor tal como ele se articula nO *Banquete*, se opõe a tomá-lo como meio naquilo que tem a ver com o amor cortês.

Coisa que merece ser avançada. Se eu disse que o amor divino tomou o lugar do desejo, não vão acreditar que tudo isso é muito simples, que devemos colocá-los em seu lugar, quer dizer, que cada um retome o seu: não foi isto o que aconteceu.Se o amor cortês foi, por assim dizer, esvaziado de seu lugar para presidir, no lugar do desejo, a ascensão de um amor cristão, isso não significa que o desejo foi trocado: ele foi empurrado para outro lugar. Ele foi empurrado para outro lugar, a saber, para onde o próprio Real é um meio entre o Simbólico e o Imaginário.

E se esse Real - e aqui a ousadia, enfim, de minha interpretação de hoje, enfim, desta noite- se esse Real é a morte - é uma representação grosseira - se esse Real é a morte, ali onde o desejo foi expulso - se me permitem falar em termos de eventos- ali onde o desejo foi expulso - o que temos é o masoquismo.Certamente não é, é claro, tal como seria, em qualquer coisa, o veículo da morte. Nada como os psicanalistas para crer nisso, pobrezinhos, instinto de vida, instinto de morte. La onde estão ocupados com sua interpretação, eles passam ao largo. Mas não cabe dúvida de que o masoquismo que ali se levantou, a junção, o emprego como um meio ...como um meio para unir, para unir o gozo e o corpo... emprego como um meio desta perversão, é certamente o que os une.

O que os une, por assim dizer, por um tempo, inevitavelmente, parte depois de que sua teoria é construída. Não é menos certo que o amor é a relação do Real com o saber. Quanto a psicanálise, é preciso que esta corrija esse deslocamento, deslocamento consistente que, depois de tudo, não fez mais do que seguir a virada centrífuga do lugar do desejo. É preciso que a psicanálise saiba que é um meio, e é no lugar do amor que ela se abanca. É com o imaginário do belo que ela terá de se enfrentar, para franquear o caminho de um reflorescimento do amor enquanto amuro (*l'(a)mur*), como disse um dia, ao escrever o objeto pequeno a entre parênteses mais a palavra muro (*mur*), já que o amuro (*l'(a)mur*) é o que o limita.

O amor é o imaginário específico de cada um, que não une mais que a certo número de pessoas não eleitas, completamente, ao acaso. É aqui que está mola do mais-de-gozar. É a relação do Real com certo saber. E o amor sutura o buraco. Como vocês vêem, hein, é como um pouco de algodão.É um pouco algodão, mas, pelo menos - devo dizer para terminar, porque ele não termina, depois de todas essas coisas - o que tenho para lhes mostrar para terminar é algo que responderá ao que na vez passada lhes disse acerca da estrutura desse nó, do nó borromeu, e que vocês tem agora entre suas mãos, a saber: que a partir de certo ponto mal escolhido, não há nenhum meio de sair dele.

Tudo isso quer dizer que cada um tece seu nó. Há algo que quero lhes mostrar para lhes fazer ver como se produz o fracasso. Porque, igualmente, há um inverso. Eu apareci para você, cantar λόσις de amor, sim...Há um inverso e vocês verão como... Se o amor se torna realmente o meio pelo qual a morte se une ao gozo, o homem à mulher, o ser com o saber, realmente o meio, o amor não se define, já, como fracasso. Porque verdadeiramente ele como meio pode desenodar um do outro.

E isso se produz da maneira que vou lhes mostrar, que é a seguinte. O nó borromeu - uma encantadora pessoa que me escuta me enviou toda uma página sobre isso - o nó borromeu foi abordado pelas vias matemáticas, como vocês bem sabem - já lhes disse, a teoria dos nós ainda está no bê-á-bá - o curioso é que não se descobriu isso tomando as coisas ao nível dos nós, senão ao nível da trança. Mas o que é uma trança?

Ah! O que é uma trança? Em primeiro lugar, ela tem relação com três, sem o que não se chamaria trança ... 1, 2, 3

... Como é que faço uma trança? Quem quer que tenha se ocupado do cabelo de uma mulher pode saber o que é uma trança. Mas, naturalmente, vocês não o sabem porque, atualmente, as mulheres tem cabelo curto. Uma trança se faz assim, não é? a saber, vocês mudam o lugar de 2 no lugar de 1... e o 3 fica no seu canto.

Bem, é necessário marcar o lugar do resultado, porque senão vocês não compreenderão nada. Se eu o revivo demasiadamente rápido, vocês não vão poder ver onde os cortes são feitos. Eu mesmo tropeço nessa confusão, mas lhes poupo disso. Então, agora, troquem o lugar do três com o lugar do dois.Terão, então - já que é 1, 2, 3 - terão, 2, 1, 3. Depois terão 2, 3, 1 e, se continuam a coisa uma vez mais, terão, finalmente, 3, 2, 1.

Bem! Imaginem que estão na ordem, na ordem de partida: entre 1, 2, 3 e 3, 2, 1 é a ordem é inversa. Nada é mais fácil do que conjugá-las, existe aí, em resumo, o suficiente para praticar o procedimento, como notou a adorável pessoa que me escreveu sobre a questão, que se aplica na banda de Moebius.

O engraçado é que quando vocês olham, aqui, o que circula - ao menos eu espero - a saber, meus nós borromeus de há pouco, arrebente-los, verão que a questão dos lugares onde parecem se formar o nó e os lugares onde se pode planificá-lo, é certamente uma questão de escolha, a coisa pode variar ao infinito mas se realiza, naturalmente, em... em três tempos, por assim dizer.

Vocês podem imaginar que o nó borromeu se fez de três trocas, e apenas de três. Bem, não é assim, não é assim. Se vocês fizerem mais que três, quer dizer, se vocês fizerem por meio da colagem 1, 2, 3 a 3, 2, 1, quer dizer, imediatamente, se fazem seis tempos, vocês têm o 1, 2, 3 em um bom sentido, e que é assim que sabiamente se obtêm o nó borromeu. Experimentem.Tentem fazer apenas três tempos da trança, e o que obterão não será o nó borromeu, é isso. Se vê assim até que ponto é fácil tombar para o meio. E que a face, a face equivalente do que situei acerca do amor como sendo esse laço essencial do Real e do Simbólico, é que tomado como meio, tem todas as possibilidades de ser o que é também do nível da finalidade, a saber, o que se chama um puro fracasso.

AULA 5

05 de Janeiro de 1974

Desejo-lhes um bom ano, embora imagine que, aqui, várias pessoas tenham começado mal. Sou um deles, também. Inclusive senti vontade de encontrar uma desculpa, um pretexto de que a terça-feira com que começou o ano não era uma verdadeira terça-feira, e tive vontade de dispensá-los para a seguinte. Teria sido uma boa maneira de desembaraçar-me de meu dever de hoje. Devo dizer que a ideia ainda me tenta. Há apenas uma coisa que me retém, tenho que dizer, e é que hoje vocês são menos numerosos. Estou tão grato por isso que talvez isso me impulsione, assim, blam!, a enunciar algumas das coisas que forçosamente venho cogitando, como é meu hábito.Também o fato de que esta manhã perturbaram muito minha secretária perguntando-lhe se eu o faria, e como eu não lhe havia dito nada, ela respondeu que sim. Entre eles, meu Deus, haviam alguns que estavam entre os melhores, se devo crer em certos nomes que me foram relacionados. Então, como eles, os melhores, perturbaram tanto, eu vou tentar ir.

Então, partamos disto, partamos disto a que me aferro particularmente: que as palavras têm um sentido, e que isto seja um fato, ainda que o problema consista, a partir desse fato, em saber aonde alojá-las. Alojar as palavras e ainda há que mastigar as coisas. Fiz esse esforço, na vez passada, a partir do amor.É um fato de que a parti do seguinte: a palavra existe. E é assim que a coisa deve ser concebida como possível. O que eu meu dizer se traduz como que ela se funda, a coisa, a coisa do amor, que ela se funda - pois que somente se trata de sua possibilidade - como disse, no que cessa de se escrever. Quer dizer, naquilo que resta de que ela cessa de se escrever.O que resta...é isso que eu venho articulando desde um tempo quase infinito, estou me repetindo, a saber, a letra de (a)muro (*lettre d'(a)mur*). A carta de (a)muro (*lettre d'(a)mur*)) enquanto não constitui outra coisa senão um monturo, um pequeno *a*, hábitos, não muito mais. Isso é, ao menos, como tenho traduzido em italiano, o meu famoso objeto pequeno *a* das letras de (a)muro não mantendo, desde sempre, senão a mais fina relação.

Tudo isso não me impede de dizer coisas que seguem um ar de seriedade, o que eu traduzo a partir do serial. É um fato, também, que eu troco a ordem da série que se repete, ou seja, o que se chama o ordinário. Tudo está lá, em meu dizer, a trocar a ordem do ordinário? É sobre isto quero argumentar hoje. Lhes trazer o argumento adequado para dar sentido a funções mais puramente cardinais.É o que eu tento fazer com meu nó borromeu. Vocês o sabem, essa distinção do cardeal e ordinal ... esse passo só foi franqueado graças à teoria dos conjuntos, quer dizer, graças a Cantor. Para que nos pode servir à exploração de um novo discurso? - vocês sabem, é assim como designo o discurso analítico - discurso que se anunciou por uma decantação de sentido.

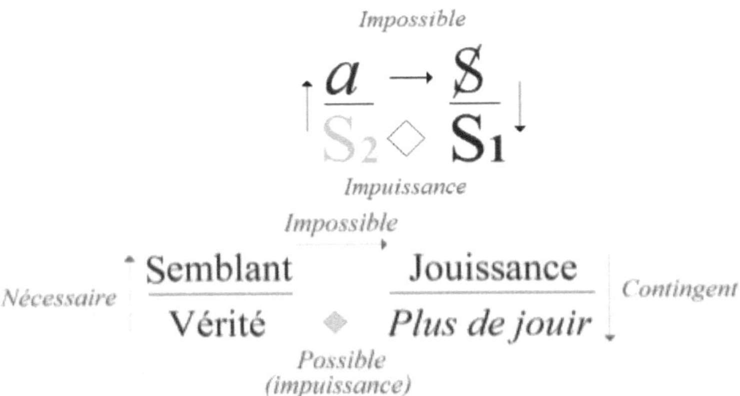

O que quer dizer decantação, neste caso? Isso se diz propriamente - é aqui que se sustenta a metáfora da decantação - da condensação, do que, do sentido, se concentra por meio desse discurso, enfim, de que esse sentido - o sentido das palavras - não constitui senão aparelho para o que chamamos, se vocês aceitam, simplesmente, o coito sexual.

Este é o novo do discurso analítico. E é o que há para dizer, se certamente é o necessário desse discurso, necessário somente por isto - o que justifica que eu flexione o sentido do necessário - que sua característica, neste discurso, é o fato de que esse discurso não cessa de escrevê-lo (*ne cesse pas de l´ecrire*). Isso é verdade para tudo?É verdade desta forma: que a verdade que instaura esse discurso é uma verdade do meio, supondo que lembrem a maneira como, na vez passada, e justamente no que concerne ao amor, distingui, por aquilo que tem a ver com o nó borromeu, a função do meio como tal. O meio, justamente, é o que não constitui nó senão para que haja uma ordem.A saber: que, para tomar esses 1 que constituem, digamos sem delongas, os anéis de barbante, apenas um dos três, cortado, libera a todos os outros dois, vocês o podem observar em uma cadeia de três, de três ligações ordinárias: apenas um dos três liberta os outros dois. A distinção que há entre esta cadeia, essa cadeia de que, segundo parece, é sensível que esteja ali a ordem do simbólico: um sujeito, um verbo e o que vocês queiram, um complemento: 1, 2, 3, pode ser que, tendo essa ordem, haja algo que constitui meio, o mesmo que chamamos, com a ambigüidade desta palavra, o verbo. Pode se começar pelo complemento e terminar pelo sujeito, mas quem faz o meio é o verbo.

Em que se vislumbra, enfim, que a linguagem não é feita de palavras.Ela é esse laço pelo qual, da primeira à última, o meio estabelece essa unidade, única que se poderá romper para que o sentido desapareça, com o que se demonstra que a linguagem, e o que chamamos proposição - porque isto não é outra coisa além daquilo que chamamos proposição - é a rasuração ao menos relativa - digo ao menos relativa para lhes facilitar o acesso as coisas - a rasuração do sentido das palavras.

O que não é verdade para lalíngua - lalíngua como ritornelo, vocês sabem que eu a escrevo em uma palavra, lalíngua - se ela está feita disso, de sentido, quer dizer, de que maneira, pela ambigüidade de cada palavra, ela se presta a essa função: que nela o sentido escorre. Este não escorre em vossos dizeres. É claro que não! Nem nos meus. O que explica que não se alcance tão facilmente o sentido. Como imaginar esse escorrimento de que falo? Devo dizê-lo: como imaginá-lo se é um escorrimento que, finalmente, é detido por potes?Para a língua, é isso.

E esse é o sentido que deve ser dado ao que cessa de se escrever. Seria o sentido mesmo das palavras o que, neste caso, se suspende. Pelo qual emerge dele o modo do possível. Que no fim das contas, algo que se tenha dito, cessa de se escrever. O que demonstra que,enfim, tudo é possível pelas palavras, precisamente por esta condição: que não tenham sentido.

É o que proponho este ano: que vocês não confundam palavras com as letras, já que não é senão de letras que se funda o necessário, como o impossível, em uma articulação que é a da lógica. Se a minha maneira de situar o modo é correta, a saber, que não cessa de não se escrever (*ce qui ne cessa pas de ne pas s'écrire*), o necessário, é o que necessita o encontro do impossível, quer dizer, o que não cessa de não se escrever, o que só pode ser abordado pelas letras. Isto me permite abordar por alguns dizeres a estrutura que designei como a do nó borromeu, na vez passada, e o amor resultou um bom teste da precariedade desses modos.

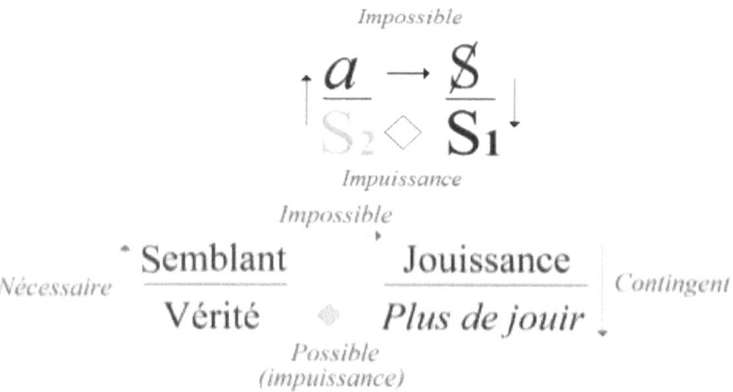

Ele é usado para a ex-sistência deste amor -, que é obra de seu próprio sentido - pelo impossível da relação sexual com o objeto, o objeto, qualquer que seja sua origem, o objeto desta impossibilidade. Lhe é preciso, por assim dizer, essa raiz de impossível. Isto é o que eu disse ao articular este princípio: que o amor é o amor cortês.

É evidente que o a-divertido (*l'(a)musant*), se posso me expressar assim, é que no amor ao próximo se sustenta o esvaziamento do amor de seu sentido sexual. Ao cessar de se escrever o sentido sexual da coisa, ela se torna, como é sensível, se torna possível. Em consequência, é preciso dizer, se cessa de escrevê-lo. Uma vez chegada, a coisa, o amor, é evidente que a partir dali ele se imagina necessário.Este é o sentido da carta (*lettre*) de amor, que não cessa de se escrever mas somente enquanto conserva seu sentido, quer dizer, não por muito tempo.

É bem nisto que intervém a função do Real. Assim, o amor mostra ser contingente em sua origem e, ao mesmo tempo, nisto que se prova a contingência da verdade com uma visada do Real. Porque esses modos [*Possível, impossível, necessário, contingente*] são verdadeiros e inclusive definíveis, de fato, por nossa fixação a escrita.Estes esquartejam, por assim dizer, a verificação do amor, e de maneira tal que, por uma de suas faces, é certo, funda o que chamamos sabedoria. Salvo que a sabedoria não pode ser de nenhuma maneira o que resulta dessas considerações sobre o amor. A sabedoria não existe senão em outra parte. Para o amor, ela não serve para nada.

Quanto ao meu nó, dito borromeu, e o fato de que me esforço para igualar meu dizer àquilo que ele comporta, se o que ele enoda, como eu o enuncio, é propriamente o Imaginário, o Simbólico e o Real, isto não se deve senão àquilo que o nó comanda, o que enuncio por ele ser somente feito daquilo que enodo no nó borromeu, que não se produz senão com uma consistência que é a mesma para os três.A saber, que sob o ângulo em que os tomo este ano em meu dizer, só a escrita os distingue. O que é, aqui, tautologia, pois se não estão escritos os três, acabo de dizer que são os mesmos, só a escrita os faz três. É preciso articular bem que na escrita do nó mesmo - porque pensem, esse nó não é mais que traços escritos no quadro - nesta escrita mesma reside o acontecimento de meu dizer.

Meu dizer enquanto que este ano eu poderia prendê-lo ao que chamaríamos fazer vosso atoleimação (*edupation*[3]), se é certo que se deva pôr o acento sobre o fato de os não-tolos erram, o que não impede que isto não queira dizer que qualquer tolice não erra, senão que há que ceder a essa tolice de uma escrita porquanto ele é correta, podendo se situar com justiça os diversos temas do que surgem, justamente como sentido, do discurso analítico.

Deveria abordar o assunto imediatamente, se algo não me dissesse que, desse dizer, vocês estão tocados (*sonnés*) eu diria assim, tocados, e que primeiro eu devo fazer um filtro, que é modo de escrita especificado pela matemática no

---

[3] Na edição staferla está *education*, o que nos parece um erro próprio da transcrição já que, tendo em conta uma outra versão, que se pode encontrar em https://archive.org/details/LES_NON_DUPES_ERRENT encontramos *edupation* e que, cá entre nós, se encaixa muito melhor naquilo que Lacan desenvolve em seguida.

princípio mesmo da topologia. Um filtro cujos sentidos essas palavras reencontram, quero dizer, aquilo pelo qual funciona a ordem sexual, ordem daquilo que digo que é patente, que é ordinário. Em outros termos, não os termos dessa ordem, senão essa ordem deles. Salvo que, como verão - porque é isto o que hoje tenho a dizer, não sabendo quem me seguirá - o nó tem uma função muito diferente, muito diferente que está de fundar essa ordem, a ordem qualquer na qual vocês poderiam encadear o Simbólico, o Imaginário e o Real.É preciso que encontremos, não a diversidade de sua consistência, senão essa consistência mesma, quer dizer, o que não se pode dizer, essa consistência mesma enquanto que ela não os diversifica, senão que somente os enoda. Para liberar vocês, já que presumo, não sem razão, tê-los tocado, é preciso que os liste, l-i-s-t-e, que eu *listraga* o toque da razão (*raie-sonne*). Quer dizer, que eu recupere.

O imaginário se distingue no sentido naquilo que ele se imagina, por assim dizer - supondo que o digam, talvez, entre vocês - ao menos é preciso que vejam mais de perto, para dizer então que isso é óbvio, e por esta razão que talvez lhes faltaria: que este não é o privilégio do Imaginário. Porque o Simbólico, o que mais eu tenho que tentar para fazê-los imaginar? Deixem-me acreditar que o consigo. Quanto ao Real, bem, é disso que se trata este ano. É para ver exatamente o que há de Real no nó borromeu.E por isso comecei pela minha segunda articulação diante de vocês, no meu segundo seminário, assim o chamam, comecei por dizer que não há iniciação. Não há iniciação, quero dizer:

- Que não há senão véu de sentido

- Que não há sentido senão do que se sela, se posso dizer assim, por uma nuvem: *nuptiae* não se articula, no fim das contas, senão de nuvens. É o véu da luz, que é tudo no que os *nuptiae*, os ritos do casamento, apóiam sua metáfora.

Não há nada mais por detrás senão aquilo ao qual é preciso se ater, o suporte do semblante, certamente, já que esse semblante é semelhante à articulação do que não se pode dizer senão sob a forma de uma verdade enunciada.Quer dizer, senão como desvelamento necessário, ou seja, incessante. A articulação é o nó, já que a luz não ilumina, já que não há nenhum esclarecimento, bem mais: já que ele rejeita toda luz do imaginário.E o que eu enuncio, o que neste ano me proponho, é justamente lhes dizer que o Imaginário é mesmo da ordem do véu, não por que obnubila. A consistência é de uma ordem diferente da evidência. Aquela se constrói por algo que penso, ao apoiá-la pelos anéis de barbante, passará a isso que lhes digo agora: ao que é o evidente.

O círculo, ele, faz intuição, ele irradia. Não se trata de obscurecê-lo. É ele quem faz 1. Se trata de receber, do nó, seu efeito. De receber o efeito como seu Real, a saber, que ele não é Um. O nó Borromeu, seu Real, é não consistir mais que no - não ouso dizer ser, ele não é três - ele faz trança. Ele faz trança e nela é preciso ver ele, porque o que não paro de sustentar toda hora é, a saber, que a ordem não é aqui essencial: este é o ponto importante.

É preciso que sintam bem isso: é que dispondo-os em três, enquanto número cardinal - lhes peço perdão pela aridez do que hoje tenho que lhes dizer - isto, o que é próprio de três, não implica nenhuma ordenação, mesmo que pareça o contrário.A saber, que 1, 2, 3 começa em 1 qualquer coisa que vocês considerem. Não é possível bem ordenar 1, 2, 3, a não ser com a condição de que isto se repita. E isto é o que se produz no nó borromeu. Mas não só por causa do nó borromeu, senão a causa do número cardinal 1, 2, 3, estejam eles enodados ou não.

O que quer dizer o que acabo disser? É que com o três, cardinal, vocês não podem fazer - e com a única condição de que não haja dois dos mesmos em seguida - não se pode fazer, ao escrevê-los, como seriam pensáveis por uma combinatória.Escrevam no quadro 1, 2, 3 - 1, 2, 3. Nada os impede de lê-los, com a única condição de tomá-los na ordem palindrômica, quer dizer a inversa, da esquerda para a direita em vez da direita para a esquerda... em vez da esquerda para a direita. 1, 3, 2. Isso quer dizer, à partir do nó, do nó borromeu, o que vou tratar de colocar no quadro - deem-me um giz - aqui está como simplifico o nó borromeu:

Só para verem que é disto que se trata, se completá-lo assim, a saber, o que se resume nos três traços centrais, porque são eles quem marcam como se sustenta o nó. Contorno este nó.O que dará isso? O próprio de um nó, quando é posto de forma plana, dimensão essencial, porque o nó borromeu, penso tê-los feito notar quando mostrei uma pequena construção em cubo que lhes trouxe nem sei mais quando, na última vez, ou melhor, na penúltima. É feito assim:

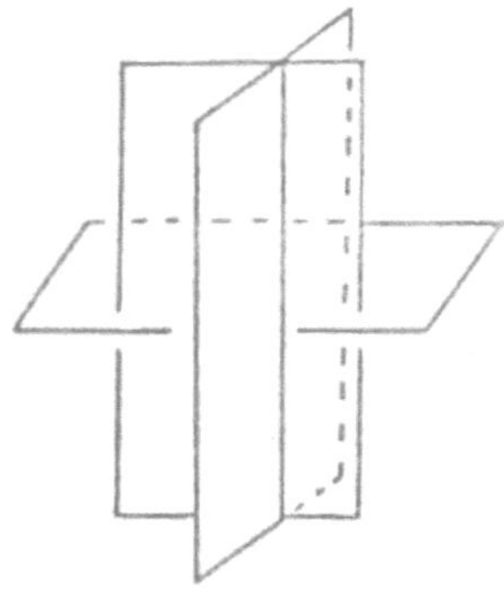

E para me evitar o quebra-cabeça de fazer as pequenas interrupções convenientes, observem que se completa com isto, isso é o que o constitui. Há, digamos, nos três planos, nos quais se situava a minha pequena construção, há nos três planos simetria completa. Observem que aqui, dá para sentir isso, ele está abaixo daquele que o corta. É de uma colocação planificada que procede a outra escrita que dei do nó borromeu.

O que dizer dele à partir do momento em que, de tê-lo estabelecido, lhe contorno? É preciso para o simples fato ligado ao fato de que a estrutura implica o *over-crossing*, o cruzamento em cima, está escrito assim: a saber, que ele corta o que é o *under-crossing*, o cruzamento, por baixo. O que dará isso se lhe contornamos?

O que estava por baixo vem para cima. E bem, penso que não será necessário que eu complete os três traços para verem que, contornando o nó borromeu, o que encontramos, no fim das contas, é algo que se distingue pelo seguinte: que isso não é sua imagem no espelho. O que encontrariam, seguramente, como seria, por exemplo para a orientação de cada um desses círculos, se os orientam - mas não me antecipo a isso - se orientam... um círculo qualquer, se o contornarem, o que teriam seria uma imagem no espelho.

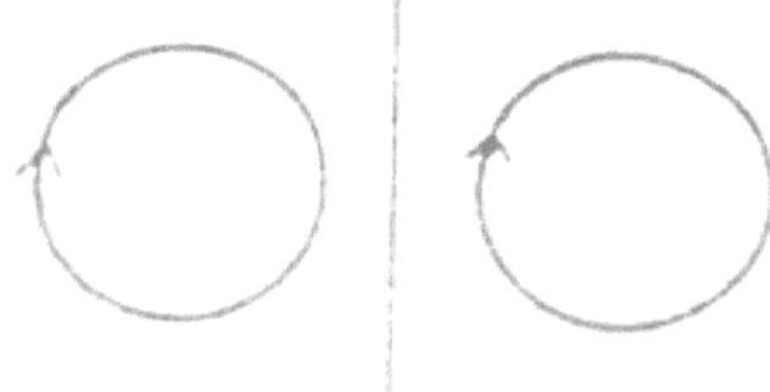

Muito longe disto, quando contornam o no borromeu, vocês encontram um aspecto muito distinto, que em nenhum caso representa a imagem em espelho do primeiro aspecto.

Longe de que o sentido, a orientação tal como ele se define, por exemplo, muito simplesmente, do relógio, o sentido dos ponteiros de um relógio, se vocês contornam o relógio, eles se invertem, tomam o sentido inverso, quer dizer, na imagem em espelho. Ao contrário, o nó borromeu continua sendo o que é, ainda que o tenham contornado: a segunda imagem, a imagem contornada, está exatamente no mesmo sentido que a primeira, quer dizer, no sentido levógiro.

Vejam bem que pode haver outro sentido, este, que seria destro, quer dizer, o sentido dos ponteiros de um relógio.

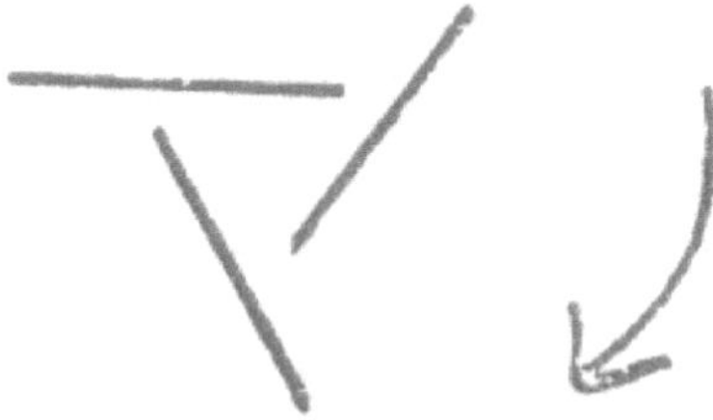

Dado o que recém lhes fiz notar, a saber, que a ordem em três e, justamente devido ao que de 1, 2, 3 basta inverter o sentido, indo no sentido palindrômico para haver ali qualquer ordem, aqui se encontra uma distinção do efeito de ordem, com o que vocês me permitirão chamar de efeito do nó, ou, de outra maneira, o efeito de nodalidade.

Aqui convém que vocês se recordem o que enunciei primeiramente, a saber, que no nó é a ternariedade pura e simples, a saber, que o alcance dessa ternariedade não se sustenta senão disto: não os temos tomado senão sob o ângulo do que não os distingue entre si por nenhuma qualidade, que não há nenhuma diversificação do Imaginário com relação ao Simbólico e ao Real, que sua substância não é diversa, que não fazemos deles qualidades, que simplesmente os consideramos sob a espécie dessa consistência que os faz, a cada um, um.

Pois já que empreguei a palavra qualidade, que é um nome feminino, e que eu diria que qualidade é uma, seria uma boa ocasião de acoplar aqui ao redor do Um o que ocorre com 1, o que é 1 se o tomamos como qualificativo.

- É que a lalíngua enquanto que tem um sentido, é que a lalíngua permite igualar 1 a uma?

- Será que uma não é um modo diferente de 1?

Este seria um viés, devo dizer, bastante cômico, para fazer voltar ao nível do Um a dualidade. Há um (*Yad'lun*)[4], eu disse, mas também disse que é aquilo pelo que se funda o quê? Unicamente - este era o sentido do que antecipei ao

---

[4] Lacan não explicita mas é lícito lembrar que Yadlun (em hebraico ידלן) significa "nós modelamos" e remete diretamente ao *Breshit* bíblico.

final de meu seminário do ano passado - unicamente o enumerável, a saber, o *aleph* zero, e nada mais, quer dizer o que se diz ser um Um, mas enquanto que, ao dizer é um Um, se o corta de toda ordenação. Se o toma - e é o que me permite Cantor - sob seu aspecto puramente cardinal.

Certo, me dirão, ele não pode fazer mais - supondo que vocês me digam algo - ele não pode fazer mais senão alienando sua unidade num conjunto, por meio do qual os elementos não conservam já nada dessa unidade, salvo por estarem abertos a que se faça conta, quer dizer, a computação subjetiva, o que não impede que a objetividade do um, eu diria, não preste atenção mais que a isto: que ele não é certamente sem resposta.E essa resposta é justamente o que enuncio: que ela está em três. Que é o que o 3 faz de 1, que não há 2? É simplesmente para que haja 3 que o $\aleph 0$ está lá?

É certo que se enuncio que 2 não há, porque isso seria inscrever ao mesmo tempo no Real a possibilidade da relação tal como se funda na relação sexual, que não é senão pelo 3, e como o escrevi na vez passada no quadro, pela diferença de 1 a 3 que procede esse 2 e que nos leva a colocar a questão: foi preciso, para que déssemos esse passo, que $\aleph 0$ haja cessado de não se escrever? Dito de outra forma, é a contingência, o acontecimento do dizer de Cantor o único que nos permite ter um enfoque sobre o que ocorre, não com o número, senão com o que constitui, em sua ternariedade, a relação do Simbólico, do Imaginário e do Real?

É preciso que de sua contingência, no dizer de Cantor, passemos ao necessário de que ele não cesse já, este $\aleph 0$, de se escrever, que ele não cesse já de se escrever doravante para que subsista o quê? Nenhuma outra coisa que uma noção de verdade. Na lógica, até agora a verdade nunca pode consistir em outra coisa senão em contradizer.Ela está no dualismo do verdadeiro e do falso. Não sendo o verdadeiro senão suposto ao saber, enquanto que o saber se imagina - esse é seu sentido - como conexão de dois elementos. E é justamente no que ele é imaginário, se ele é 1, se um 1, um 1 terceiro não lhe vem a conectar ao preço de fazer dele adição.Adicionado não do mesmo círculo categórico, não da mesma ordem, eu dizia à pouco, senão proveniente da nodalidade.

E bem, posto que hoje foi preciso que me esforçasse para conduzi-los até aqui, vocês me permitirão que aqui termine, e, depois de tudo, se a alguém ficou desencorajado, não vejo nenhum inconveniente para mim, pois a única razão de eu ter lhes falado hoje, é a de que vocês eram menos numerosos.

JACQUES LACAN
OS NÃO-TOLOS ERRAM/ OS NOMES DO PAI
1973-1974

AULA 6

15 de Janeiro de 1974

Vocês me viram da última vez um pouco sobrecarregado por vosso número. Como tenho a esperança de que se reduza, em seguida, continuo.

O inconveniente desse número é que - eu estava pensando nisso agora - me vejo levado a inclinar-me, enfim, a fazer isto: que se lhes falo, não pode ser senão pela primeira vez. É dizer que se trata de uma noção de ordem. Evidentemente, dita noção de ordem me incomoda, e dela espero sair lhes mostrando outra coisa, a saber: que há nodalidade.

Para dizer, o problema é saber o que é o saber inconsciente ... então, forçosamente, eu vejo que posso encadear, a saber, que o saber inconsciente, eu pergunto,

pergunto como é que ele trabalha. E o que trabalha não pode trabalhar: não há qualquer apreensão do trabalho que não se dê em um discurso. Se trata de fundar o que trabalha no discurso analítico.

Se não houvesse laço social, e vínculo social enquanto que fundado por um discurso, o trabalho seria indescritível. Digamos, com a ironia que isto implica, que na natureza isso não trabalha. Assim, parece que, enfim, isto é também o que a funda - a ideia que temos dela: a natureza é o lugar onde isso não trabalha.

O saber, o saber enquanto inconsciente, enquanto em nós isso trabalha parece, pois, implicar uma suposição. Uma suposição, me dirão vocês, pela qual não temos necessidade de forçarmos, já que, em suma, nós mesmo somos o sujeito, *οl' ὑποχείμενον*, tudo isto quer dizer exatamente o mesmo, ou seja que se supões que exista algo que se chama, que eu designei, enfim, como o ser falante.Que é um pleonasmos, porque não há ser senão por falar. Se não houvesse o verbo ser, não haveria ser em absoluto. No entanto, no entanto, bem sabemos que a palavra existir tomou um certo peso. Um peso em particular, pelo quantificador, o quantificador da existência. Na realidade, o quantificador da existência mudou completamente o sentido da palavra existir, e se eu mesmo posso escrevê-la como já escrevi, ex, travessão, sistir, é justamente nisto que se marca a originalidade desse quantificador.

Só que a originalidade não faz senão deslocar a ordem, a saber, que o que ex-siste, isto seria o originário. É a partir da ex-sistência que nos encontramos re-interrogando o que tem a ver com a suposição. Simples deslocamento, em suma.E o que estou tentando, estou tentando, estou tentando fazer este ano, com meus não-tolos, é ver em que, em suma, é preciso ser tolo para que tudo isso tenha, para que tudo isso tenha uma consistência.E é por isso que introduzo o ternário ou, para ser mais exato, percebo que ao haver partido desse ternário, o do Simbólico, do Imaginário e do Real, eu coloquei uma questão, ou mais exatamente, como para toda questão, é da resposta que ela partiu. Da resposta que, ao manter, ao manter como distinto o Real, nos faz produzir a questão: onde se situa esse saber, esse saber inconsciente pelo qual somos trabalhados no discurso analítico? É certo que este é o discurso que nos faz ficar - o discurso analítico - que nos faz colar a este saber sem precedentes na História.

Porque afinal, não poderíamos considerar esse discurso mesmo como contingente, já que parte de um dizer, de um dizer que constitui acontecimento, ele de que eu trato de... de estender diante de vocês.E a questão da contingência desse dizer, e bem, giramos ao redor dessa contingência do discurso. Se esse dizer não é senão contingente, é também, disto que temos que dar conta: onde se situa o Real? Será que o real nunca é senão suposto?

Neste nó, esse nó que eu profiro, neste nó feito do Simbólico e do Imaginário enquanto é somente algo que, com outro, faz três, que os enoda, é do real que se trata. Que eles sejam três, nisto consiste o Real. Porque o Real é o três?Esta é uma pergunta que eu fundei, e que justifico assim: que não há relação sexual. Em outros termos, que eu preciso assim: que possa se escrever, por meio do qual o que se escreve é, por exemplo, que não existe f tal que entre x e y...que aqui significa o fundamento de tais seres falantes, a se escolher como da parte macho ou fêmea, isso, essa função que faria a relação, essa função de homem com relação a mulher, essa função da mulher com relação ao homem, não existe uma que possa se escrever.

$$\overline{\exists f} \quad f(x,y)$$

Esta é a coisa, a coisa que produzo diante de vocês. Em alguma parte - pois me repito, como todo o mundo, nada como vocês para verificarem isso - já o enunciei sob o nome de *A Coisa Freudiana*. Está lá, de cabo a rabo, e seguramente passou totalmente despercebido, por uma simples razão: é que nós permanecemos nesse imaginário.Neste imaginário que é justamente o que põe em questão a menor experiência do discurso analítico, pois não há nada mais impreciso que a filiação, a filiação a um destes dois lados: o que designo como *x*, o outro *y*, justamente por isto: que ao mesmo tempo é preciso que eu marque que não há nenhuma função que os ligue.Então se trata de saber como, igualmente, isso funciona, a saber: que, igualmente, isso cola lá dentro.

Ao afirmar isso, ao menos é preciso que eu me descole de qualquer coisa uma suposição, uma suposição de que haja um sujeito, macho ou fêmea. Suposição que a experiência torna evidentemente insustentável, e que implica que aquilo que sustento como enunciado, por meio de minha enunciação, pela enunciação de que não sou sujeito senão enquanto que, no discurso analítico, eu trabalho, eu mesmo, é preciso que não ponha um sujeito sob esse *x* nem sob esse *y*. Isso requer que o enunciado - e nada do que já tenha escrito no quadro - isso requer que meu enunciado não implique um sujeito. Se alguma coisa, se alguma coisa está escrita lá é que o sujeito é somente questão na função, e justamente que aquilo que eu escrevo é que, sob essa função, justamente por estar ela negada, não há nenhuma existência. Ele não existe, quer dizer isso: não há função. Se trata, se trata pois, de demonstrar que essa função, se não tem existência, não é somente caso contingente, é caso do impossível.

É um caso do impossível e, para demonstrar isso, que não é um caso pequeno... Não é um caso pequeno simplesmente por isto: que simplesmente por escrevê-lo, simplesmente por enunciá-lo, ainda que apenas por escrito, a coisa não é mantida até que se prove o contrário, a saber: até o momento em que algo contingente se inscreva em falso contra esse dizer, e por boa sorte - se posso dizer - boa sorte (*bon heur*), as duas palavras separadas, se escreva f(x,y): há uma função que ligue o *x* ao *y*, e que isso tenha cessado de não se escrever.

Para que isso cesse de não se escrever seria preciso que isso fosse possível, e até certo ponto segue sendo, já que aquilo que antecipo é que isso cessou de se escrever. Porque não recomeçaria?Não só é possível, é possível escrever f (x, y) senão que também está claro que não nos temos privado disso. Para demonstrar, pois, o impossível, é preciso buscar fundamento em outra parte.Em outra parte que não nessas escritas precárias, já que depois de tudo, elas cessaram, e a partir do momento em que elas cessaram, poderia se crer que isso pode recomeçar. Tal é a relação entre o possível e o contingente.

Ao tomar apoio no nó para que algo do impossível se demonstre, o que é que faço? Tomo apoio - talvez a questão mereça ser suscitada - em uma topologia.Uma vez que, em termos de ordem, e bem, se pode dizer que esta é, em efeito, o que até agora não falhou, a saber, que é ao colocar ordem que se suporta tudo o que se pode adiantar acerca da relação dita sexual.É verdade que nessa ordem, uma trança suas pernas um pouco, e por certo que não é a mesma, não é a mesma ordem, em todo caso, que instaura o que o discurso analítico adianta, ou parece adiantar, naquilo que se refere a relação sexual.

Na ordem 1, 2, 3, bem, há um que vem primeiro, e não por acaso - por outro lado, não se sabe qual vem primeiro - não é por acaso que seja o 1, uma vez que:

- O segundo o secunda;

- E terceiro resulta de sua adição, simplesmente.

Isto constitui uma série de se pode qualificar de natural. Isso faz sonhar. Isso faz sonhar especialmente quando, na vez passada, lhes fiz a observação de que escrevendo a continuação os privilégios destes três primeiros, bem, é que basta tomá-los ao contrário para que todas as ordens sejam possíveis.Em efeito, é suficiente que haja 1, 2, 3, ou 1, 3, 2, - a isso chamo tomá-los ao contrário - para que as outras seis maneiras de compor o 1, 2, 3, sejam possíveis.

A ideia de sucessor, - não é? -, e de que só há um sucessor na sequência natural dos números, é uma ideia que somente surgiu mais tarde, o que é bastante curioso porque bem parecia que esta era a coisa mais tangível, a mais real que poderia existir naquilo que se refere a sequência natural.Por que não haveria sucessores, uma multidão? Isso não vai por si só. Temos muitos exemplos, especialmente o da árvore, da árvore que encontramos em todos os lugares, para nossa descendência como para nossa ascendência. Porque a ideia de sucessor seria inerente a uma sequência privilegiada de sucessores que se fundam nisto: que existe apenas um?

Que neste caso haja três, em determinado caso privilegiado, tem certamente relação com que haja Um. Há Um (*Yad'lun*) como me expressei. Mas é inteiramente imaginável que o três não seja tomado nesta ordem. Isto não é novo - hein? -: o famoso triângulo de que partiram os gregos - partiram, vocês sabem de onde - repousa nisso, e com ele, toda a geometria que extraíram de lá e pela qual, durante muito tempo, a ideia clara foi primeira com respeito ao distinto. A ideia clara e distinta, como se diz. Por meio da qual é ainda *more geométrico* e que se demonstrou durante séculos, e que ela foi um ideal que ainda continua. O vínculo da medida com o fenômeno da sombra - destaco fenômeno - é dizer, com o Imaginário enquanto que este supõe a luz, instaurando essa ordem que se chama harmônica, instaurando, fundando tudo o que tem a ver com a proporção, com uma proporção que era o único fundamento da medida e instaurou uma ordem, ordem esta que serviu para construir uma Física.

Dali partiu a ideia da suposição. Porque ao fundar as coisas sobre esse Imaginário foi preciso que houvesse outra coisa por detrás: uma subs-tância é a mesma coisa, é a mesma palavra que suposição, sujeito e tudo o que disso se segue.O caso todo era, se posso dizer, demasiado fenomenal.Quando eu demonstro, quando eu digo que o nó é o que me cogita, e que meu discurso - que é o discurso analítico –e que meu discurso demonstra dele, acontece que, porque dei alguns passos a mais que vocês, esse nó é borromeu, mas poderia ser outro.Mesmo que fosse outro, minha questão de saber, de saber da relação com o que distingue a topologia, com o que distingue a topologia do espaço fundado pelos gregos, do espaço enquanto que nele se deu a matéria-prima para se descolar da suposição, é: o que é que supõe a topologia?

A topologia não supõe, não supõe naquilo que tem a ver com o espaço, senão uma consistência. Vocês sabem disso ou não sabem, em todo caso, não posso lhes dar um curso de topologia. Mas nada exclui que se reportem ao texto matemático onde se tem elaborado esta noção, a partir do abandono da medida como tal, a saber, que qualquer que seja a relatividade dessa medida, já que ela só se produz por homotétia, para saber a hora e a altura do sol não temos mais dada além da relação da sombra com a estaca que a projeta, qualquer que seja essa relatividade é sobre um triângulo que tudo repousa naquilo que concerne à medida.

A topologia elabora um espaço que só parte do seguinte: da identificação de vizinhança, de proximidade, isto tem o mesmo sentido. É uma definição de perto, que parte de um axioma, de que tudo o que forma parte de um espaço topológico deve ser posto em uma vizinhança, implica que qualquer outra coisa esteja na mesma vizinhança. A noção de pura de vizinhança implica, então, já, triplicidade, e não se funda, não se funda em nada que una a cada um dos elementos triplos salvo se pertencerem a mesma vizinhança.É um espaço que só se suporta na continuidade que dele se deduz, porque não há, no topológico, outras relações chamadas contínuas que não estejam fundadas na vizinhança, as que ao mesmo tempo implicam o que chamarei - e isto não se encontra enunciado, formulado com tal na topologia - de maleabilidade. Os matemáticos a chamam de deformação contínua.Vocês vêem que a referência a contínua está na palavra e junta, contígua, à palavra deformação, que, para ser mais correto, se enuncia: transformação contínua.

Também se trata aqui de imagens, mas há que se dizer, elas não se agarram tão bem. O fato de que eu fale de agarrar, *Begriff, Begrifflich*, implica uma referência ao que se agarra bem, quer dizer, o sólido. O flexível não se agarra tão bem quando lhe pomos as mãos.A ideia que funda a topologia, matematicamente definida, é abordar o que tem a ver com o que ela suporta, é a topologia que, aqui, suporta, pois não se lhe supõe um sujeito. A ideia é abordar o que a topologia suporta sem imagem, quer dizer, não supor nessas letras, de tal forma que elas fundam a topologia, não lhes supor senão o Real. O real enquanto não agrega - vocês percebem que este termo é excessivo, já que evoca a adição? - que não agrega, por aquilo que sabemos distinguir como Imaginário, essa flexibilidade ligada ao corpo, ou como Simbólico, no fato de denominar a vizinhança, a continuidade, que não agrega qualquer coisa, o Real, e não porque ele seja terceiro, senão por isso: que todos eles fazem três. E que é tudo o que eles têm de Real, nada mais. Quero dizer: todos e cada um. É tudo o que eles têm de Real. Isto parece pouco, mas não pouca coisa.

Não é pouca coisa já que - se sente isso desde sempre - é justamente sobre isso que o Real estava suposto. Se trata de desalojá-lo dessa posição, de sua posição que no fim das contas o subordina ao que se imagina ou ao que se simboliza. Tudo o que eles têm de Real é que isso faz três.Aqui, três não é uma suposição, e graças ao fato de que, por obra da teoria dos conjuntos, se elaborou o número cardinal como tal. É preciso ver, é preciso que vocês suportem o seguinte: que não se trata de um modelo, o que seria da ordem do Imaginário.Não é um modelo porque, em relação a esse três, vocês são não seu sujeito, o que imagina ou o que simboliza. Com relação a esses três, vocês estão encurralados: enquanto sujeitos, vocês não são mais que os pacientes dessa triplicidade.

E são os pacientes, em primeiro lugar, porque, porque já está na língua. Não há língua onde o 3 não se enuncie. Está na língua, e também no funcionamento chamado linguagem. Quer dizer, a estrutura lógica tal que - muito ingenuamente, enfim - o primeiro que começou lá, o primeiro em nosso conhecimento, é claro, Aristóteles, aquele de quem justamente temos escritos, foi bem preciso que ele manejasse a coisa com letras minúsculas, e isso não pode manejar-se sem que haja 3.

Além disso, é claro, que lá restava qualquer coisa da suposição do Real, e ele não acreditou poder suportar este Real de outra coisa que do particular, o particular que Aristóteles imagina que é o indivíduo quando, justamente, ao situá-lo em sua lógica como particular, ele mostra que o indivíduo não constituía mais que uma noção inteiramente imaginária, o particular é uma função lógica, e o fato de que ele lhe tenha dado por suporte o corpo individual é precisamente o signo de que lhe era preciso uma suposição.

Um dizer que não supõe nada senão que *triple*, é o Real - e dito *triple*, é dizer três, não terceiro - nisso consiste o dizer que me vejo forçado a sustentar pela questão da não relação, da não relação enquanto alude especificamente ao que tem a ver com a subjetivação do sexual. Meu dizer consiste nesse Real, nesse Real que é aquele pelo qual o três insiste, e insiste ao ponto de estar marcado na língua.

Não se trata aqui de um pensamento, já que em seu caráter de pensamento ele é, se posso dizer, ainda virgem. E, também, o pensamento, com respeito ao que se suporta neste avanço do três, do três como nó e como nenhuma outra coisa, o pensamento não é senão o que chamei a pouco o que se cogita, quer dizer, um sonho negro, aquele no qual, comumente, vocês habitam.Porque se em algo nos inicia a experiência analítica é na circunstancia de que o mais próximo do vivido, como tal, é o pesadelo. Nada há de mais obstaculizador do pensamento, incluído do pensamento que se quer claro e distinto: aprendam vocês a ler Descartes como um pesadelo, isto os fará avançar não pouco. Como assim?Vocês não, podem perceber que esse tipo que se diz, eu penso, logo eu sou, é um sonho ruim?

O acontecimento em si, o acontecimento não se produz mais que na ordem do simbólico. Não há acontecimento senão de dizer. Penso que no século em que vocês vivem vocês devem perceber isso ao menos todos os dias. Esta chuva de informações, se cabe a expressão, em meio das quais alguém pode ser surpreendido de que vocês subsistam ainda, de que conservem vosso bom senso, a saber, que não se creiam, demasiado, hein o que o jornal lhes anuncia todas as manhãs, obrigado, Deus!, essa chuva de informações passam sobre vocês, como se diz, como água sobre as penas de um pato (*canard*).

Sem isso, para onde vocês iriam? Da mesma forma, é preciso que haja algo de falacioso (*canard*), o mal-entendido de meu dizer - ou seja, o mesmo que aqui lhes pronuncio, enquanto eu mesmo sou vítima dele - para o qual é preciso que certo dizer, o dizer dobre o dito, haja contribuído, para que possam vocês crer que o que faz apoio a vosso corpo é uma circulação de informações saídas de não sei de quais lugares, em primeiro termo do DNA, como nos dizem, ou DN, que disso vocês se apóiam, que tudo não seja, em suma, senão uma informação da que felizmente nos advertem que não consiste senão em violar um dos fundamentos mesmo do que, por outra parte, se edifica como energético. Será que tudo isto é também da ordem da cogitação?Em outros termos: acaso estamos obrigados e tê-lo em conta quando aquilo que enfrentamos na política é um tipo de informação cujo sentido não tem outro alcance senão o imperativo, a saber, do significante Um? É para mandar sobre nós, dito de outro modo, para que a ponta do nosso nariz a siga, que toda informação, em nossa época, é vertida como tal.

Portanto, no que lhes enuncio acerca de certo dizer, o importante não é outra coisa que senão as conseqüências que pode ter. Ainda é preciso, para que tenha suas conseqüências, que eu me dê ao trabalho. Esse dizer nem é verdadeiro - aqui o digo, para o caso mais que provável de que vocês não tenham notado - não é verdadeiro senão enquanto que põe limite ao alcance do que nos interessa em primeiríssimo lugar, a nós, no discurso analítico, daquilo que pões limite ao alcance da verdade.

Em outro tempo havia algo assim como um... um garoto de recados que lançava gritos depois de cada um de meus seminários, gritos que se resumiam em: Porque que ele não diz o verdadeiro sobre o verdadeiro? Este personagem é bem conhecido, lhe foi confiado um *Vocabulário*...Eu não tenho que dizer o verdadeiro sobre o verdadeiro, pela razão de que dele não posso dizer mais que isto: que o verdadeiro é o que contradiz o falso. Mas, pelo contrário, posso dizer, embora também fosse preciso colocar tempo nele, pois há um tempo para tudo, posso dizer a verdade sobre a verdade.A verdade é que não se a pode dizer, já que ela só pode se semi-dizer. A verdade não se funda, acabo de dizer, senão na suposição do falso: ela é contradição. Não se funda mais que no não. Seu enunciado é só a denúncia da não verdade. Ela se diz nada mais que pela metade (*mi*). Digamos a palavra, ela é mi-mética (*mi-métique*), ela é do Imaginário.E efetivamente por isso nos vemos forçados a passar por lá. Ela é Imaginário enquanto o Imaginário é o falso segundo, com relação ao Real, enquanto que o macho, no ser falante, não é a fêmea, e que não tem outro viés por onde se apresentar. Só que não são esses vieses que podem nos satisfazer. É assim ao ponto de que se pode dizer que o inconsciente se define por isto. E nada mais que por isto: que ele sabe mais do que a verdade, e que o homem não é a mulher.

Nem Aristóteles se atreveu a sustentar isso! E em primeiro lugar, como teria feito, hein? Dizer nenhum homem é mulher teria sido muito atrevimento, especialmente na sua época, hein? Se tivesse dito todo homem não é mulher... bem, vejam vocês, hein?, vejam o sentido que toma: o de uma exceção, há alguns que o são. É enquanto todo, que ele não é mulher. *A*, aqui, o *A* do quantificador, *A* de *x*, *x*, um ponto, e *y* barrado.

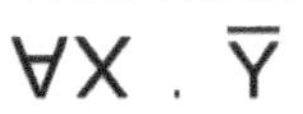

A coisa desagradável é que não é verdadeiro em tudo, e que salta aos olhos que não é verdadeiro e que o único, o único que se poderia escrever, é que: não existe x do que se possa dizer que não seja verdadeiro que ser homem não é ser mulher.

Tudo isso, é claro - note-se de passagem - pressupõe que o Um é triplo. A saber que:

- Há o Um de que se faz o todo, a saber, o que se unifica como tal;

- Há o Um que quer dizer o um qualquer, a saber, o que lhes direi em seguida;

- E, depois, há o Um único que, sozinho, funda o todo.

Negar o 1 único, tal é o sentido da barra sobre o quantificador da existência. Em relação ao 1 qualquer, é preciso considerá-lo como um vazio puro. Que o saber inconsciente seja topológico, quer dizer, que só se sustenta na proximidade da vizinhança, não da ordem: nisto procuro dizer, procuro fundar, que ele é nodal.Disto deve se traduzir que se escreve ou não se escreve. Se escreve quando eu o escrevo, quando faço o nó borromeu. Neste instante, se trata de ver como ele se sustenta e, por exemplo, se rompem um, verão que os outros dois se soltam. Ele não se escreve mais. E lá vemos se iniciar a convergência do nodal e o modal.

Portanto, esse saber inconsciente não se suporta:

- Do fato de que insiste, senão pelos traços que essa insistência deixa;

- Não da verdade, senão de sua repetição enquanto ele se modula como verdade.

Aqui devo introduzir o que funda a vizinhança como tal. A vizinhança como tal se funda na noção de aberto.E, imediatamente, a topologia mostra sua carta. É em conjuntos, enquanto abertos, que ela se funda. E nisto ela aborda, pelo bom viés, o seguinte: que a classe não se fecha. Quer dizer, que ela aceita o paradoxo, que só é paradoxo de uma lógica predicativa, a saber: que se a lógica renunciasse simplesmente a sê-lo, quer dizer, que se pura e simplesmente se eliminasse a lógica proposicional, não haveria problema pois, o problema, se o há, problema designado como paradoxo, é somente este: que a classe Homem, não é um homem. Todos os paradoxos se reduzem a isto.

O que isso quer dizer senão que, a rigor, o que podemos designar como Homem é um conjunto aberto, o que salta aos olhos?

Então, vejamos bem isto:

- A verdade tem um limite por um lado e, por isso, ela é semi-dizer

-Mas, por outro, é sem limite, é aberta.

E, por isso, pode habitá-la o saber inconsciente, porque o saber inconsciente é um conjunto aberto.

Como podem ver, dissemino, hein?, isso: que o amor me incomoda. Também a vocês, claro, mas não como a mim. Mesmo assim, abro um parênteses, vosso número me irrita: já faz algum tempo que não consigo lhes identificar com uma mulher. E me aborreço.

Eu diria, então, que o amor - vocês me perdoarão que ele me inquiete:

- O amor é a verdade, mas só enquanto que é partir dela, a partir de um corte, que começa outro saber distinto do saber proposicional, a saber, o saber inconsciente;

- É a verdade, uma vez que não pode ser dita do sujeito enquanto que o que é suposto, o que é suposto poderia ser conhecido pelo companheiro sexual;

- O amor é dois meio-dizeres que não se recobrem. E isto constitui seu caráter fatal.

Esta é a divisão irremediável, quero dizer: o que não se pode remediar, o que implica, o que implica que o mediar seria já possível. E justamente, não apenas é irremediável senão que também carece de qualquer mediação. É a conectividade entre dois saberes enquanto que eles são irremediavelmente distintos. Quando isso se produz, constitui algo totalmente privilegiado. Quando se recobrem, os dois saberes inconscientes, isso constitui uma suja miscelânea.

E aqui eu quero antecipar, sobre esse *laïus* - nome que lhe convém - quero antecipar qualquer coisa, enfim, decisiva: o saber masculino, no ser falante, é irremediavelmente unário, é cortado do começo ao fim, precisamente no início. Não é seu privilégio mas parte para fechar-se, e é por não chegar a ele que acaba por se enclausurar sem aviso. Esse saber masculino, no ser falante, é o anel de fio. Gira em torno.Nele há 1 no início, como um rascunho que se repete também sem se contar, e de girar em círculo, se fecha, sem saber sequer que desses anéis há 3. Como é isto possível, como podemos supor que chegue a isso, a conhecer uma ponta dessa distinção elementar? Felizmente, pelo seguinte: há uma mulher. Já lhes disse que a mulher - resulta naturalmente do que já escrevi no quadro - A Mulher não existe. Mas uma mulher, isso pode se produzir, quando há nó, ou melhor, trança.

Coisa curiosa, a trança, só se produz por imitar o ser falante, porque ela pode imaginá-lo, ela o vê estrangulado por essas três categorias que o sufocam. Ninguém como ele para não sabê-lo, até aqui. Ela o vê imaginariamente, mas é uma imaginação de sua unidade, a saber, daquilo com o qual o homem mesmo se identifica. Não de sua unidade como saber inconsciente, porque o saber inconsciente segue estando bastante aberto. Então, com essa unidade ela redunda numa trança.

Para fazer um nó borromeu, eu disse, temos que fazer seis gestos e seis gestos graças aos quais o que resulta é a mesma ordem, e, por isso mesmo, nada permite reconhecê-los.

- É bem por isto que temos de fazer seis, a saber, esgotar a ordem das permutações duas a duas, e saber de antemão que não há que fazer mais, pois do contrário nos equivocaremos.

- É bem por isso que, enfim, uma mulher, de nenhuma maneira, está forçosamente trançada, de modo que de nenhuma maneira é forçosamente com o mesmo elemento que ela faz sua rodada final.

- É mesmo por isso que ela segue sendo uma mulher entre outras, pois é definida pela trança de que é capaz e, bem, não se pensa que ela saiba que não seja senão ao cabo de 6, que isso aguente para constituir um nó borromeu.

Não é de todo certo que ela saiba que o 3 tem relação com o Real, pode lhe faltar a distinção, de maneira que assim se produz um nó, se posso dizer, ainda mais enodado, de uma unidade ainda mais Una. No melhor dos casos, hein, no melhor dos casos é possível que isso não constitua mais que uma corda, de anel de fio no fim das contas.

É suficiente que vocês imaginem que o 1, 2, 3 se emenda ao 2, 3, 1. Isso fará um nó ainda mais belo, se posso me expressar assim, não é? Quero dizer que tudo se continua em tudo, e depois de tudo, isto não resulta menos um nó, porque se vocês fazem uma trança isso dá forçosamente alguma coisa,

- Alguma coisa que enoda, forçosamente, ao menos 2;

- E se 2 cordões se unem, bem, isso fará qualquer coisa que se enodará ou não se enodará a terceira, mas a questão não está aqui.

A falha, se posso dizer, neste caso, é aquela pelo qual A Mulher não existe, e que precisamente faz que ela chegue a ter sucesso com a união sexual. Só que esta união é a união de um com dois, ou de cada qual com cada qual, de cada um dos três cordões. A união sexual, se posso dizer, é interna a sua fiação. E aqui joga ela seu papel, para mostrar bem que é um nó, pelo qual o homem, por sua parte, consegue ser três.Isto quer dizer que o Imaginário, o Simbólico e o Real não se distinguem senão por três, dito secamente. É dizer que sem que seu sujeito se reencontre lá, é a partir dessa triplicidade - da que uma mulher, às vezes, faz o bem sucedido na falta, quer dizer, que se satisfaz como realizando em si mesma a união sexual - é a partir dessa triplicidade que o homem começa a tomar, com um pouquinho de senso comum, a ideia de que um nó serve para alguma coisa.

Lhes havia dito que a histérica faz o homem. Mas é formado pela histérica na medida em que o homem parte da ideia - a ideia primeira, a boa, aquela que lhe deixa uma pequena possibilidade, parte da ideia de que ele não sabe nada. O que é seu caso, dela, já que ela faz o homem. Ela não sabe que a união sexual não existe mais que nela e por acaso.Ela não sabe nada, mas o homem se encontra, de rebote, vendo esse nó. E isso dá, nele, um segundo resultado que, em suma é toda diferença: ao negar-se a seu saber aberto, ao mesmo tempo o fecha. Ele constitui o nó borromeu correto. Acede ao Único Real, que é o 3, ele sabe, ele sabe, ele sabe que fala para não dizer senão para obter efeitos, imagina, com todas as suas forças, que esses efeitos são efetivos ainda que girem em círculo, e que supõe o Real, como convém, já que supô-lo não compromete nada, nada mais que conservar sua saúde mental.

Isso quer dizer ser conforme a norma do homem, a que consiste em que ele sabe que há impossível e que, como dizia essa encantadora mulher, enfim, que lhes citei:

Nada para o homem é impossível, o que ele não pode fazer, ele larga.

É o que chamam de saúde mental. Especialmente, por não escrever, jamais, a relação sexual nele mesmo senão na falta de seu desejo, o qual não é outra coisa que seu ajuste no nó borromeu. Por isso o expressei, pela primeira vez, já faz um tempo, mas há pessoas que recém chegaram, pude perceber. Desde logo, se trata de alguém que só possuía algumas notas, enfim, para se informar: te peço que recuses o que te ofereço, porque isso não é isso. Não é isso que eu desejo que tu aceites, nem consigas qualquer coisa desse tipo, porque não me encontro senão ante esse mesmo nó.

JACQUES LACAN
OS NÃO-TOLOS ERRAM/ OS NOMES DO PAI
1973-1974

158

AULA 7

12 de Fevereiro de 1974

Bom, bem... na esperança de que hoje, muitos de vocês estariam aproveitando o feriado da terça-feira gorda, justamente porque hoje não é terça-feira gorda, decidi manter o meu, o meu sei lá o quê, meu seminário. Pensei que poderia, talvez, passear entre vocês, porque seriam menos numerosos, enfim, que falaria um pouco com as pessoas que se imagina que estão aqui para me escutar. Vocês são um pouco menos numerosos, é certo, o que também me permite fazê-lo, mas, enfim, lamento não expressar de uma maneira um pouco mais familiar e direta. Enfim!

Então, então lhes anuncio que acaba de sair uma espécie de opúsculo...

Lacan o joga à sala

...há um livreto dentro, tão interessante quanto o opúsculo, de modo que vá, se não for o mesmo que foi recebido. Enfim!

A princípio, a princípio, isso vai passar na televisão, sob os cuidados de uma outra pessoa, enfim, são perguntas que Jacques-Alain Miller teve a bondade de me fazer, com a esperança de fazer televisão.Naturalmente, era uma esperança totalmente abusiva. Ele me formulou as perguntas que é capaz de fazer a partir da ideia que ele faz da televisão. Me formulou perguntas kantianas, em particular, como se todo o mundo fosse kantiano - mas até certo ponto é verdade, todo o mundo é kantiano, de maneira que tais perguntas me deram simplesmente a ocasião, a ocasião para responder no nível do que Jacques-Alain Miller presume que é o da televisão. O resultado me pereceu ao menos digno de ser retido, e o fiz publicar. Aí está!

Então, hoje vou lhes falar um pouco, tentando ficar na nota do que eu esperava. O que eu esperava lhes dizer, era, em suma, era qualquer coisa, dizendo-o de forma curta e grossa - enfim, lhe ponham o título que queiram - a minha visada era lhes dizer sobre a diferença, é isto o que me parece importante naquilo que trato de lhes trazer este ano, lhes dizer a diferença que há entre o verdadeiro e o Real. Como vocês devem ter notado, me antecipei este ano... com vocês - como em *La Paix Chez Soi*, de Courteline, - não é? - "*le truc d'un côté et le machin de l'autre*"... é tudo o que conseguiu obter essa boa mulherzinha ao comprar não sei que lustre que justamente se organiza em dois pedaços. Contrariamente a ela, meus três pedaços, a saber, os três anéis consistentes com que se me ajusta o nó borromeu, são o que tenho nas mãos para lhes falar dos não-tolos que erram.Isto não parece ter uma relação direta, imediata, pelo menos, não salta aos olhos.

Mas vocês provavelmente sabem que um desses três anéis o denomino Real, sendo os outros dois o Imaginário e o Simbólico, e em torno disto trato de fazê-los sentir alguma coisa. Fazê-los sentir, antes de tudo, o que eu já proferi mas que não lhes saltou forçosamente aos olhos: que, precisamente, os tomo somente sob o ângulo de que são três, três e igualmente consistentes. É uma primeira abordagem no que concerne ao Real. Muito certamente, o Real os faz três, sem que por ele o que os faz três seja o terceiro. Se se adicionam, é só para fazer três. E justamente não se adicionam. Porque cada um dos três se adiciona sem ser por ele o terceiro. Só está lá porque os outros dois não fazem nó sem três, se posso me expressar assim.

E é o que eu queria lhes dizer: é que a lógica não pode definir-se senão por ser a ciência do Real. O problema é que ela não fala, não parte, senão, do verdadeiro. Mas não ela iniciou assim de imediato. Houve, talvez, como ainda em tudo o que se sabe, um tal de Aristóteles que abriu a questão.

Obviamente, a palavra do verdadeiro, *ἀληθής* não vai mal na sua máquina que ele chamou de *Organon* e da que se tem feito desde então, a lógica. Ele abriu e fez o que pode, o triste, atualmente, na nossa relação com o *Organon*, é que não pode aparecer sem que a metade da página seja tomada por, digamos, comentários do *Organon* que, falando propriamente, não são de jeito nenhum o que se pode chamar de comentários, senão que certa maneira de organificar sobre o *Organon*, quer dizer, de tomá-lo comestível.

Isto começa com um tal de Alexandre, com outro que se chama Simplicius e, mais tarde, com um chamado Pacius. E depois, tudo o que quisermos: um Pierre da Espanha, um São Tomás de Aquino. Enfim, graças a isso, a coisa foi completamente desviada, ao ponto de que não é nada fácil, porque, apesar de tudo, se tem uma espécie de, de borrão, o texto foi borrado por esses vários autores e nós ouvimos, ouvimos Aristóteles, malgrado tudo, através deles.

Seria bom se alguém, se alguém chegasse a fazer o esforço de ler, por exemplo, nada mais que isto, o segundo volume do *Organon*, e nisso que se chama - que se chama porque ele não foi intitulado assim, também o título chegou só-depois - que se chama *Os Primeiros Analíticos*, chegasse a lê-lo e não seguramente na primeira impressão, por alguém que leria de primeira impressão, simplesmente não compreenderia mais do que, no geral, vocês compreendem do que conto, quer dizer, não muito.A única coisa que seria absolutamente necessária seria que alguém algum dia viesse, precisamente, a conhecer bem a diferença entre o que disse Aristóteles e o que nos têm requentado a coisa, veria suficientemente bem essa diferença e nos advertiria quando e como Aristóteles abriu a questão, e, porque não?, os lugares por onde se deslizava, por onde torceu o pé, por onde... é um bom mundo! Pois é...

É bastante claro que eu não vou acrescentar mais nada. Ou melhor, aquilo que eu poderia acrescentar estaria destinado a propor ao menos uma tarefa: até que ponto, e me parece em Aristóteles, se pode apreender, até que ponto se trata de uma abertura, e uma abertura que só se esclarece a partir do que enuncio precisamente agora: que a lógica é propriamente a ciência do Real. Em Aristóteles, o verdadeiro não se enche tanto. Ele não fala de verdadeiro a propósito do predicado. Ele recita, por certo, e por isso acreditou-se obrigado a fazer a mesma coisa... se fala do homem, do animal, do... do vivente, se for o caso, e talvez, digo aqui coisas que de imediato oferecem uma vaga de sentido, que se encaixa: o homem, o animal, o vivente, todo animal é vivente, todo homem é animal, assim, todo homem será vivente. É bastante claro que já deste este início, como também o demonstra o que lhe segue, que tudo isso não quer dizer nada. Em outros termos, que o verdadeiro, nesse assunto, está totalmente fora de estação, deslocado.

E o que torna tangível é que nesses casos, - não é? - ele os enche como pode, por exemplo, com as três palavras que acabo de dizer: homem, animal e vivente - se pode pôr qualquer coisa, - não é? -: o cisne, o negro, enfim, qualquer outra coisa, o branco, o branco anda por todas as partes, não se sabe o que fazer com ele - isso fica manifesto no que chamei de sua abertura que todo o seu esforço se dirige precisamente a prescindir desses termos, que dizer, que ele os esvazia de sentido, e os esvazia de sentido pelo particular caminho de substituí-los por letras, a saber: α, β, γ, por exemplo, no lugar daqueles três primeiros termos que se extrai do próprio Aristóteles.A coisa não começa a tomar forma senão a partir do momento em que ele enuncia que todo β, que todo α é β, que todo γ é β, não, todo β é γ por meio do qual todo α será γ. Em outros termos, procederá de maneira a poder qualificar a dois desses termos - os que formam a articulação - de meios, por meio dos quais se poderá estabelecer uma relação entre os dois extremos. É por isso que no início, desde o início, o essencial é que lá não está verdadeiro. Pois pouco importa que tal animal seja branco ou não, todos sabem que existem cisnes negros, disse cisnes, c-i-s-n-e-s. O importante é que qualquer coisa se articule, graças ao que se introduz como tal o Real.

Não é à toa que no silogismo há três termos: os dois extremos e o médio. Pois, no final das contas - digo ao final das contas porque não é mais que um primeiro ensaio - tudo ocorre como se Aristóteles tivesse algo como um pressentimento do nó borromeu. Quer dizer, desde o momento em que aborda o Real, ele apalpa, de imediato, que é preciso que exista três. Evidentemente, ele maneja esses três como de través, a saber, imagina que eles se sustentam juntos, dois a dois. É um erro.Ele imagina que eles se mantém juntos dois a dois e, mesmo, até certo ponto, se pode traduzir a coisa dizendo que ele os faz concêntricos. A saber que;

- A esfera dos viventes, por exemplo

- Depois, no interior, a esfera dos animais - a esfera ou o círculo

- E, então, no interior, ainda, a esfera dos homens.

Isso é o que se chama de traduzir em extensão. Naturalmente, isso se aplica porque embaraça tanto quanto uma expressão de que me sirvo muito, e não faltam razões:

embaraça tanto quanto a um peixe tentando mordiscar uma maçã.

Para distraí-los faço aqui um franco parênteses. Isto não tem nada a ver com Aristóteles, até porque Aristóteles, disso, não faz a menor ideia. É que eu estou embaraçado por vosso número, igual ao peixe tentando mordiscar uma maçã. E ainda há outros momentos em que lhes digo que as relações de meu dizer com essa assistência, com a que não há o que fazer, são da ordem das relações do homem com uma mulher.

Lhes farei observar, isso, o que encontrei esta manhã e que me saltou aos olhos e que está já no *Gênesis*. O que o *Gênesis* nos indica através da oferta de Eva, não é outra coisa que o seguinte: que o homem, há uma vacilação neste momento, é A mulher, mas como já lhes disse, A mulher não existe, mas assim como Aristóteles titubeia um pouco, não se vê porque o *Gênesis*, ainda que inspirado, o teria feito menos, e que essa oferta da maçã seja muito exatamente o que digo: a saber, que não há relação entre o homem e a mulher, o que se encarna manifestadamente com o fato de que, como já apontei, A mulher não existe, A mulher é não-toda, e disso resulta que, com uma mulher, o homem está tão embaraçado quanto um peixe mordiscando uma maçã: o que normaliza nossas relações e me permite assimilá-las a qualquer coisa, que não seria excessivo dizer que o amor, porque na verdade, por vocês eu não experimento o menor sentimento de amor.E isto é sem dúvida recíproco, como já enunciei: naquilo que tem a ver com o amor, os sentimentos são sempre recíprocos. Isto foi um parênteses. Voltemos a Aristóteles.

Aristóteles - quem? - mostra que o verdadeiro não é em absoluto o que está em jogo. Graças ao fato de que ele se abre, que ele abre a questão dessa ciência que chamo o Real - do Real, quer dizer, do três - ao mesmo tempo demonstra que não chega ao três senão abrindo as coisas por meio do escrito, a saber, desde os primeiro passos no silogismo, e é esvaziando esses termos de todo sentido ao transformá-los em letras - quer dizer, em coisas que por si mesmas não querem dizer nada - que desde os primeiros passos faz aquilo que chamei de ciência do Real.

Assim concebida, capturada nessa ponta, o que tem que fazer a lógica no discurso analítico? Se vocês são, em suma, para meu pesar, tão numerosos para me ouvir, isto é na medida em que o que eu veiculo é o que emerge do discurso analítico.No discurso analítico as coisas procedem de uma maneira diferente - por isso vocês estão aqui e por isso, aqui, eu o prolongo. O que faz corpo àquilo que digo é completamente distinto do que, sobre o que, até agora, se tem fundado uma lógica, quer dizer, de ditos. Ditos que se manipulam. Aristóteles o faz, mas, como acabo de lhes dizer, a característica de seu passo é esvaziar esses ditos de seu sentido.E é aí que nos dá a ideia da dimensão do Real. Não há outro caminho para rastrear os caminhos da lógica que o de passar pelo escrito.Aristóteles o demonstra desde seus primeiros passos, e neles o escrito mostra ser de uma outra dimensão da do dizer.

Por outro lado, a que vocês retêm, a que os agita e agitará, sem dúvida cada vez mais, é que o dizer verdadeiro é totalmente outra coisa. O dizer verdadeiro é, se cabe a expressão, a ranhura por onde passa aquilo que, aquilo que é preciso que compense a ausência, a impossibilidade de escrever, de escrever como tal, a relação sexual.Se o Real é o que eu digo, a saber, o que se abre somente através da escrita, isto efetivamente justifica que eu sustente que o furo, o furo que fará, que faz para sempre a impossibilidade de escrever a relação sexual como tal, é a isso que estamos reduzidos, enquanto a essa relação sexual, a, no entanto, realizá-la.

Há canalículos, coisas que fazem ziguezague, truques onde nos perdemos, mas de maneira tal que isso é propriamente o que constitui a metáfora chamada de labirinto: jamais se chega ao fim.Mas o importante não é isso, senão demonstrar porque nunca se chega ao fim, quer dizer, acercar o que ocorre quando se trata - tudo aquilo pelo que tocamos o Real - do que, sem dúvida, faz que do Real tenhamos, como tal, uma ideia própria e distinta: o Real é o que se determina pelo fato de que, de nenhuma maneira, se possa escrever, nele, a relação sexual.

E dele resulta o que é o dizer verdadeiro. Ao menos, é o que nos demonstra a prática do discurso analítico. É que, com esse dizer verdadeiro - ou seja, estupidez, as que nos ocorrem, as que desta maneira nos taramelam - se chega a abrir o caminho para algo que não é senão inteiramente contingente, que às vezes e por erro, isso cesse de não se escrever, como defino o contingente, a saber, que isso leva, entre dois sujeitos, a estabelecer algo que parece se escrever, como isso: daí a importância que dou a o que disse acerca da carta de amuro.

Essa distinção especifica o discurso analítico e me permitiu discerni-lo entre outros quatro que estavam ali porquê...

$$\mathit{Impossible}$$
$$\uparrow \frac{S_1}{\cancel{S}} \overset{\longrightarrow}{\diamond} \frac{S_2}{a} \downarrow \quad \uparrow \frac{\cancel{S}}{a} \overset{\longrightarrow}{\diamond} \frac{S_1}{S_2} \downarrow \quad \uparrow \frac{S_2}{S_1} \overset{\longrightarrow}{\diamond} \frac{a}{\cancel{S}} \downarrow$$
$$\mathit{Impuissance}$$

$$\mathit{Impossible}$$
$$\uparrow \frac{a}{S_2} \overset{\longrightarrow}{\diamond} \frac{\cancel{S}}{S_1} \downarrow$$
$$\mathit{Impuissance}$$

...bem parecem viver, e não somente o parecem senão que são infinitamente mais robustos que o discurso analítico que, todavia, tem tudo por fazer enquanto a sua abertura.O discurso analítico não apenas reserva o lugar da verdade, mas é, propriamente falando, o que permite dizer que, para o que tem a ver com a relação sexual, algo escorre e preenche o sulco.Isto é de grande importância porque muda completamente o sentido desse dizer verdadeiro que, primeiramente, acabei de levantar como distinto de toda ciência do Real. Isso muda completamente seu sentido porque, como acabo de dizer, pela primeira vez, esse sulco não está vazio: por ali passa alguma coisa.

Se alguém de vocês se lembra o que avancei, o que estruturei como o discurso do Mestre, podem ler nele - se são capazes de ler algo - que a verdade do mestre não é outra coisa que o sujeito. Aos surdos lhes recordo que o discurso do mestre é este:

- Aqui com duas setas

- E aqui duas setas como essa

- E aqui nada

$$\uparrow\frac{S_1}{\mathcal{S}}\times\frac{S_2}{a}\downarrow$$

O discurso do mestre repousa sobre o que chamei de S_1 S índice 1. Dito de outra maneira: o mandamento, o imperativo. O discurso do mestre é isso. E por um longo tempo. Simplesmente porque o significante existe. Porque S_1, quer dizer, o significante 1, não é outra coisa senão o fato de que, significantes, há aos montes, mas que são todos um quaisquer. E sobre isso repousa a existência do Um: que há significante, e que cada um não é único senão que solitário, o que não é completamente a mesma coisa.

E justamente porque não há dois ... dois o quê? Dois seres falantes que possam conjuntar, fazer dois, por isso há significantes, quer dizer, que eles falam. E o que demonstra o discurso analítico é aquilo que ocorre quando, no lugar de quem poderia ser sujeito, sujeito de alguma coisa, da relação sexual, quando em seu lugar há dois significantes, bem, é isso, nenhuma outra coisa, o que escorre por aquilo que chamei de sulco do dizer verdadeiro.Para isso é necessário que o S_2 não tenha nada a ver com o dizer verdadeiro. Dito de outra maneira: que o S_2 seja real. E se me seguem no que tratei de abrir em meus primeiros gemidos deste seminário, conceberão que o S_2 é o que escrevi em meu esquema do discurso analítico...

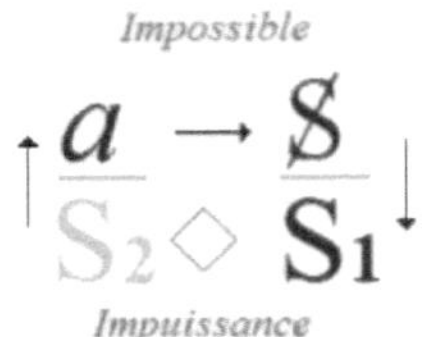

... que o S_2 é o saber, o saber enquanto que inconsciente. E isso é o que escorre pelo sulco do dizer verdadeiro.Ele não diz nada, é o que estou contando a vocês. Isso significa que é um Real, que há um saber que por mais que nenhum sujeito o saiba, segue sendo Real. É um depósito. É um sedimento que se produz em cada um quando se começa a abordar essa relação sexual a qual, claro, não chegará nunca, qualquer que seja a educação que lhe damos, porque se há alguma coisa que efetivamente não melhorará em nada a situação, a situação da relação, é tudo o que se poderia brincar sobre o que essa relação supostamente seria.

Não será menos certo que só por vieses totalmente incidentais entrará para ele o que faz 3, a saber, o Real. Porque seguramente, graças a Deus, quando ele começa, o ser falante, ele não tem a menor ideia de que é um sujeito. Ele conta 1 e 2, o que vocês queiram, mas não ele, e como três colocará ali tudo o que se queira, enfim, até o que encobre os outros dois, a saber, a criança, como se diz por aí.É um bom pretexto para fazer entrar o Real velando-o completamente, não é mais que uma criança, o Real, se não é a criança mesma, será qualquer terceiro, será a *Tia Yvone*, enfim, qualquer outro... o *Avô Machin*, desde o momento em que isso faça 3, tudo será bom para não perceber de que se trata senão de três como Real. Por meio do qual existem coisas que, pela *Tia Yvone*, pelo *Avô Machin* ou pela criança mesma, a saber, seu pateitsmo, a saber, que ele é relegado, ninguém compreende ali e com razão: não há nada para compreender.

Haverá, assim mesmo, alguma coisa que se imprimirá, quer dizer, não 3, porque o 3 está sempre velado por algum lado, o 3 se esconde, o 3 é o suporte, haverá S_2, S índice 2, dois S, dois significantes, com S maiúsculo, que se imprimirão e que darão, segundo o caminho do puro acaso, a saber, acima de tudo errado nessas relações com que estavam ali para presidir o que chamam sua educação, sua formação, se formará esse saber, esse saber indelével e ao mesmo tempo absolutamente não subjetivado, se formará esse saber Real, ali, impresso em alguma parte, impresso como em Aristóteles o α, o β, o γ, e é isso o que será inconsciente, e não haverá outra coisa, como dizia o personagem que entrava na alfândega dizendo:

- Isto é o alimento para minha cabra.

Em seguida o alfandegário dizia:

- Escute, é incrível, são tirantes, enfim...!

E o outro lhe respondia:

- Enfim, é assim, e se ela não tem isso não terá nenhuma outra coisa.

E com o saber inconsciente ocorre algo parecido: como verdade, não terá outra coisa senão esses tirantes.

É do saber inconsciente que se trata de fazer a articulação para que o dizer verdadeiro tenha sucesso em alguma coisa, tenha sucesso em se fazer ouvir, em alguma parte, para compensar a ausência de toda relação entre o homem e uma mulher: uma, não todas. Aqui, a distância, a diferença que há entre o dizer verdadeiro e a ciência do Real. É por isso, que quando se trata do inconsciente, estamos muito mais próximos de manejar a lógica que qualquer outra coisa, porque ela é da mesma ordem.É da ordem da escrita, como já lhes fiz observar em outro lugar, e o grande produtor de aberturas do discurso analítico, Freud mesmo, não pode eliminá-lo, pois quando traz seus pequenos esquemas, seus esboços, aqueles pelos quais tentou compreender o que poderia ser efetivamente o saber da histérica, bem!, que o que ele fez? Ele fez exatamente não outra coisa que isso, a saber, esses pontinhos e essas flechinhas, esses modos de escrita graças aos quais, dá conta, crê dar conta, de algo que era velho como o mundo, a saber: a anamnese, é evidente que desde muito tempo se considera a anamnese como uma marca, como uma impressão, também há que se dizer que isto é totalmente flutuante e insuficiente.

Aqui, o caro Freud confirma, de certa maneira, aquilo que se trata quando se trata do Real, que se trata de algo que se escreve, qualquer coisa que se escreve e que se trata de ler, de ler decifrando-o. E o que quer dizer isto? Não outra coisa que esse algo que - se posso dizer - ao reanimá-lo, no sentido dessa alguma coisa, dessa alguma coisa que faz barreira a todo intento de desembocar na relação propriamente dita, ao reanimá-lo graças a essa alguma coisa que é como uma espécie de parasita, de mobiliário do corpo que o discurso analítico designa como falo isso que tampona o gozo, isto é, estritamente falando, o gozo fálico como tal, o que tampona graças a alguma coisa que o discurso chega a obter, quer dizer, separando-o no Imaginário, fazer que essa castração simbólica permita que algo triunfe ou falhe, que falhe, quase sempre, o que estabelece ao menos entre dois sujeitos alguma coisa que se assemelha a relação, alguma coisa que cessa de não se escrever, em alguns casos raros e privilegiados.

Falo, aqui, claro, do que se obtém pela boa via, pelo discurso analítico, pois se há que dizer que essa preocupação pela verdade não é requerida senão em casos totalmente raros, aqueles para os quais a ajuda do discurso analítico que mencionei, se impõe. Nos outros discursos, é muito mais fácil de se obter: no discurso do mestre, e até mesmo, porque não?, no discurso universitário. No discurso da histérica, hein, isso faz sonhar com um nó. Mas nos outros dois bons velhos discursos, o rei e a rainha, a coisa marcha sozinha: basta ser rei e rainha para que exista entendimento. É ainda impensável que não se entendam. Claro, isso não tem nada a ver com a verdade da relação sexual, mas o importante não é isso, hein, senão que aí ela é compensada.

Então, porque em alguns casos o saber inconsciente é coxo - não apenas é coxo, senão que constitui um claro obstáculo para que a relação sexual se estabeleça – assim, nesses casos enfrentamos a necessidade de passar pelo discurso analítico, quer dizer, se tem necessidade do dizer verdadeiro e, sobretudo, um pouco de suspeição em relação as más companhias que tem o dizer verdadeiro.A saber que tudo o que vem a perturbar, interromper o discurso, meu Deus calmo e tranqüilo, aquilo que faz normalmente caso, que funda o normal, que o que vem a interromper esses discursos perfeitamente bem estabelecidos nunca sai senão dos casos em que se tem necessidade, em suma, de uma psicanálise, quer dizer, dos casos de verdade.

Isso não os reduz a indignidade, o que digo - se não são normais é porque têm com a verdade uma espécie de... assim, de parentesco, que reside no fato de que se encontram na articulação aonde a coisa não anda para um só Real, a saber: o que tem que ver com a relação dita sexual.

É claro que é, bem entendido - e aqui me entrego a observações que me parecem úteis para evitar que cometam erros - que o discurso analítico não consiste, de forma nenhuma, em fazer reentrar o que não anda no discurso normal, hein, esse que acabo de designar dois.Não é disso que se trata, de fazê-lo voltar a entrar, senão simplesmente de apontar que o que não anda é justamente o discurso que só procede pelo dizer verdadeiro. Está demonstrado: basta que alguém faça um esforço para dizer o verdadeiro para que se desarranje todo o mundo. Simplesmente, restituo as coisas a seu contexto.

O que simplesmente quero que observem é o seguinte: ao reconstituir essa falha do dizer verdadeiro com a ciência do Real, ao reconstituí-la por aquilo que ela vale, ao reconstituí-la ao lugar mesmo em que ela se situa, não formo ali - muito longe disso - nenhum sistema de mundo, muito pelo contrário: para que um sistema de mundo exista só há um meio, - não é? -: fazer suposições. Se existe algo cheio de arestas - quero dizer, algo estimulante - é um discurso como o de Aristóteles - que seguramente não era um idiota, nem sequer um estúpido - se algo tem de estupefaciente, é que não há texto em que resulte mais claro isso que chama suposição.

A distinção que hoje acabo de articular, entre o dizer verdadeiro e a ciência do Real - a chamei assim, eu a chamei como pude - o dizer verdadeiro, aí está - é o que eu procuro fazer - a ciência do Real, isso é alguma coisa que é a lógica, e que se mantêm em pé para os que sabem, por certo, reencontram-se com ela - essa distinção está em alguma parte, posso lhes mostrar onde, em alguma parta d*Os Primeiro Analíticos*, 1-37, então, sim 1-37. Não, isto é - se vocês tomarem a identificação d*Os Manuscritos*– está na sétima linha da página d*Os Manuscritos*, que está numerado por 49a. Bom, 37 é a divisão de tradução. São diferentes formas de atribuição, de expressões ... Não, não é isso, está ainda mais para frente: "Nós também devemos operar a troca de ..." mais para frente, é, não é... é a 49b...

> *É preciso também operar a troca de termos de valores idênticos, palavras por palavras, locuções por locuções, palavra e locução uma pela outra, e sempre preferir uma palavra a uma locução a fim de facilitar a exposição dos termos.*

Parece não falar mais que de seu pequeno caso.Mas quando ele dá um exemplo:

Por exemplo, não há diferença entre dizer ...

E então, a esse propósito ele diz aqui algo verdadeiro, mas, se se me permite falar assim, é obra do acaso, já verão o que disse de verdadeiro:

... que o objeto da suposição não é do mesmo gênero que o objeto da opinião, e dizem que o objeto da opinião não é idêntico a certo objeto de suposição...

Porque o sentido é o mesmo em ambos os dois julgamentos.

...no lugar da locução enunciada é melhor convocar os termos...

Bloqueando-os - e isso é o que ele chama ὑπολεπθον,

...o objeto da suposição, objeto da opinião: δοξαστὸν

Lhes peço perdão, estou fatigado.

O que é o objeto da opinião?

Bem, o objeto da opinião é o que anda. A opinião é tão verdadeira como qualquer outra coisa. A opinião verdadeira é justamente sobre isso que Platão, no *Ménon*, quebra a cabeça:

- O objeto da opinião é o que não se percebe que -até que a coisa lhe caia sobre a cabeça, naturalmente - não há relação sexual.

- O objeto da suposição não é idêntico, disse nessa ocasião. Quer dizer que tudo aquilo de que nos fala durante os Primeiros Analíticos é algo que nos faz compreender até que ponto é necessário, quando se está na ordem do Real, fazer suposições.

Na ordem do Real nos vemos constantemente forçados a supor. A supor, enfim, as coisas mais loucas: o espírito, as vezes também a matéria, e também outras histórias do mesmo gênero, que estão felizmente um pouquinho mais perto da gente, mas que nem por isso são menos suponíveis.Tento aqui dar continuidade num caminho onde não haja suposições, onde não se suspeite de nada que seja suponível. Já que a suposição tem esta vertente. Sim... Se Aristóteles chama a isso o *ύποχείμενον* algumas vezes, mas neste caso é algo que não pode ser traduzido para o latim por *suspicabile*, o *όπερ ύποληπτόν τι*, o suspeitável.

Claro o suspeitável é muito respeitável, como o resto, não é? Isso é o que nos faz suspeitar como sendo Real, e isso leva muito longe, leva a todo tipo de construções.O importante seria talvez ficar com a única que permite afirmar a ciência do Real, a saber: que o núcleo de tudo isso é antes de tudo a lógica, quer dizer, o que nunca conseguir avançar um passo, um quarto de passo, um mínimo fragmento de passo, hein, senão pelo escrito. O que já é bastante coisa.

Bem, primeiro eu lhes contei isso e depois lhes fiz meu nó borromeu. Vocês têm que imaginar que esse nó borromeu é, se posso dizê-lo, o único que se apresenta decentemente.

Ele se apresenta decentemente, porque tem lugar para se implantar. Mas isso não o impede de ser facilmente objeto de todo tipo de desvios.

Vocês notam, por exemplo, que é muito fácil encontrar aqui os três planos de referência das coordenadas cartesianas. E isto é o que tem de falacioso. Porque as coordenadas cartesianas são outra coisa, outra coisa pelo simples fato de que implicam a superfície como existente, - não é? - o que é fonte de todos os tipos de imagens falaciosas. O *more geométrico*, que durante séculos bastou para assegurar muitas coisas com um caráter pretensamente demonstrativo, sai todo daqui.

O caráter falacioso da superfície se demonstra nisto: que quando vocês tentam alcançá-la, com este aparato, obtém o que constitui a sigla – do que recentemente lhes mostrei, enfim, eu acho - daquilo que tem a ver com o nó borromeu, a saber, a articulação dos três anéis que se enodam juntos.

E onde se enodam de maneira, propriamente falando, concisa, quer dizer, a maneira que permite, por exemplo, ver como ele fica preso, enfim, hein. E assim, é como devem conceber que os nós se reúnem para definir essa coisa que é uma definição muito diferente do ponto, a saber, o ponto onde os três anéis se arrimam.

Sim, isto não é bem o que eu havia previsto, enfim, contar-lhes hoje, mas já que no final das contas tenho vontade de improvisar, me deixei levar e lhes falei de outras coisas, que tem uma continuação, claro, terão uma continuação, na próxima vez. Ainda assim queria lhes fazer observar que há pontos, por exemplo, n*Os Primeiros*

Analíticos, entre outros - há outros, há pontos d*A Lógica*, há pontos do *Organon* - onde vemos de repente que o mesmo Aristóteles, que sabia muito bem o que fazia, não deixa de tropeçar.Quero dizer, pontos onde não deixamos de notar o que, no fim das contas, incomoda a ele como a todo o mundo.

Há uma história por lá, deixem-me encontrá-la, vou encontrá-la imediatamente... na página 68a d*Os Manuscritos* sempre, há algo inédito. Eu frisei, eu já lhes falei disso anteriormente:

Todo A é B, todo B é Γ

E se deduz que

Todo A é Γ.

Ele se interroga, aparentemente, sobre o que resultará da inversão da conclusão, a saber, por exemplo se se diz: *Todo Γ é A.* Ele mostra as conseqüências chocantes que isto produz, a saber, que a conclusão deverá ser posta em outro lugar, o lugar de uma premissa maior ou no lugar de uma premissa menor, para que desemboque, propriamente falando, em uma conclusão que é a que inverte uma das premissas. Bem! Tudo isso parece nada e certamente não é nada, porque nesta ocasião, começa outra coisa, a saber: as qualificações que se aplicam a toda espécie de ser.

Devo lhes dizer que eu tenho guardado isto: até que ponto o uso do termo *ὑπάρχεινέ, pertence a,* é problemático. Porque em sua definição do Universal está totalmente fora de questão dar um sentido unívoco a esse *pertence a.*É impossível saber de maneira unívoca se o sujeito pertence ao predicado ou se o predicado pertence ao sujeito. Isto de acordo com algumas passagens. Não é possível, certamente, que alguém tão vigilante, como devia ser Aristóteles, não percebesse.

De qualquer forma, neste capítulo, neste pequeno capítulo tão instrutivo, se vê a progressão - e essa progressão que consiste em que, de seres universais bem definidos, ele passa a todos os seres - que resulta muito singular, que a propósito disto salta, mas como, como uma irrupção, a seguinte passagem:

- *Se assim for* - textual! - todo amante, em virtude de seu amor, *prefere A.*

Isto não é *prefere a...* heim!, A, o A escrito. Saber que o amado está disposto a oferecer-lhe seus favores, isso se diz *συν εἶναι: andar juntos.*

- ... sem a concessão , que nós classificamos com *Γ* ... É, não *sun einai.* Para chamá-lo pelo nome, *não dormir com ele.*

- ... ao invés de ver a concessão de seus favores - o que é representado por Δ - ... Isso é maravilhoso! Então, Δ que havíamos dito? como? Ah sim!

- por isso, B *não faz concessão, ao invés de ver ...*

Bem, então é claro que *A*, quer dizer, *estar disposto*, o que para Aristóteles passa por *amá-lo*, não é? - é claro que o objeto de amor de A é ser amado, *estar disposto a fazer concessão a seus amores*. No texto de Aristóteles isso está perfeitamente designado - lhes peço que se remetam a ele - se diz φίλεσθαι.

Bem. Amar é portanto, φίλειν.

É para ele demonstrar o seguinte: após essa passagem concernente a toda conversão, e especialmente a conversão dos predicados que concernem a todo ser - é que nós compartilhamos isso, não é?- se pleiteia a conjunção desse *A* com Γ, quer dizer, ser amado pelo parceiro, um parceiro que não concorda com lhes fazer favores, se pleiteia que isto é preferível à combinação contrária, a de que se se concorda em lhe fazer favores sem por isso amá-lo. Aristóteles demonstrou que se se pleiteia isto - tal é o objeto da demonstração - dele resulta o fim do amor: *A* é alguma coisa que, se instalado aqui - não é? - resulta - o que parece, em efeito, inevitável admitir - que o συν εἶναι vale menos que o χαρίζεσθα , a saber, essa boa disposição que demonstra o ser amado.

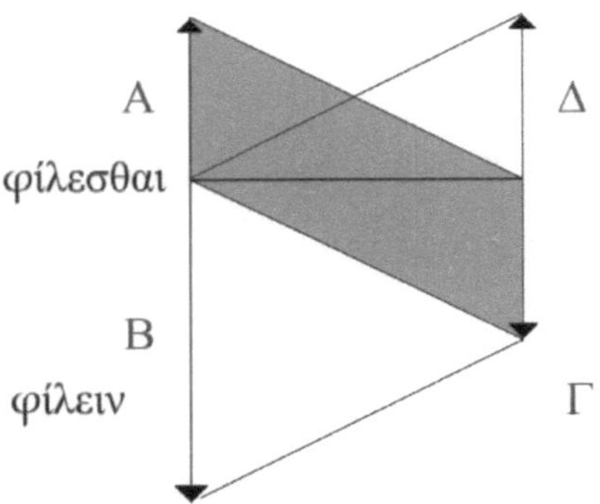

O surgimento neste lugar e de uma maneira tanto mais problemática quanto que é absolutamente característica do amor enquanto homossexual, é uma coisa inteiramente surpreendente, que concerne, se posso dizer, a irrupção, no meio, do que defini como articulado, aqui, como a ciência do Real. Como a irrupção em certo ponto, um ponto que, lhes repito, está em 68b - lhes rogo que se remetam aos *Primeiros Analíticos* - uma coisa que é verdadeiramente a irrupção do verdadeiro, e de um verdadeiro, justamente, de que não há, no fim das contas, mais que aproximação, já que o problema de que se trata é, justamente, o do amor que, no fim das contas, não concerne senão pela intermediação do gozo, do σuv εἶvαι de que se trata, a saber, de um gozo, enfim, perfeitamente localizado e homólogo, homogêneo, ele que faz que, no fim das contas, haja, em efeito, alguma coisa que permite a não existência da relação sexual como tal. É muito precisamente que *ὅμοιός* é seguramente alguma coisa assim como, como um passo, sem dúvida, mas um passo que de certo modo confirma, apóia, a não existência da relação.

E o que eu gostaria de concluir é isto: enquanto é ao redor desse X, que se chama o falo, que segue girando - girando porque é tanto causa como máscara - a não existência da relação sexual, eu anuncio o tema de meu próximo seminário: para O homem - e antes de tudo, quando digo O homem o escrevo com O maiúsculo, a saber: que há um Todo-homem, para O homem, o amor – o entendo como aquilo que agarra, e que está na categoria do Imaginário - para O homem, o amor marcha sem dizer. O amor marcha sem dizer porque lhe basta seu gozo, e também, muito exatamente, é por isso que ele não compreende nada.

Mas para uma mulher, se há que tomar as coisas por outro viés, não é isso? Se para O homem isso anda sem dizer porque o gozo o cobre todo, incluído justamente que não há nenhum problema relativo ao amor, o gozo da mulher - e com isto que vou terminar hoje - o gozo da mulher não marcha sem dizer, quer dizer, sem dizer a verdade.

AULA 8

19 de Fevereiro de 1974

Então, meu caro Rondepierre, o envolvo nisso, hein? Eu o envolvo porque você já se envolveu. E você me ordenou que o fizesse, e eu aceitei. Bem. Assim, já que envolvi Rondepierre, trata-se de um livreto de que se chama *Models for Modalities*. É uma leitura muito boa. É uma leitura muito boa que é feita para demonstrar o que não se deve fazer. A este respeito, é útil. Bom. Bem ... Sim... Que horas são?

Este Hintikka é um finlandês, um lógico, não porque isso não se deve fazer pois, como acabo de dizer, não é muito muito muito muito útil. É particularmente demonstrativo, justamente. Se lêem o que acabo de escrever no quadro...

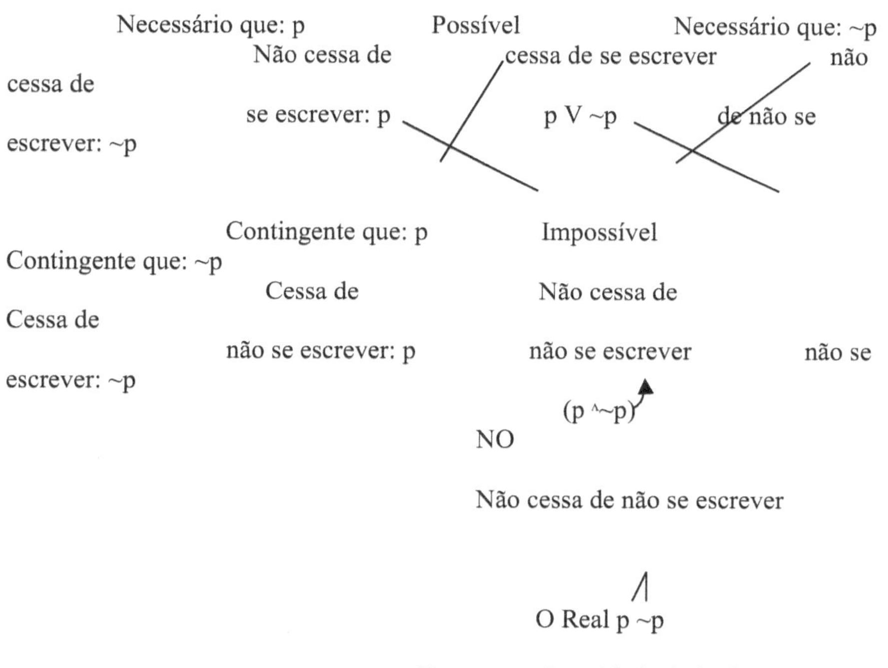

...verão, talvez, onde pode se colocar isso, o que não se deve fazer. Enfim, o verão melhor quando eu diga mais à respeito. Sim...

Pelo contrário - já que todavia tenho um minutinho - pelo contrário, há um bom exemplo, um bom exemplo do que se pode fazer. É outro livreto. Outro livreto do mesmo Iaakko -

parece que se pronuncia Jaakko Hintikka - Jacques, portanto. Jaakko Hintikka fez um livreto que se chama *Time and Necessity*, com o subtítulo: *Étude sur la théorie des modalités d'Aristote*.

Não é ruim. Não é ruim e se supõe - o tenho só há alguns dias - se supõe que alguém, o Hintikka em questão, havia se adiantado a mim, se adiantado e desde muito tempo, pois seu livrinho não só foi escrito senão que foi publicado, e teria me adiantado desde há muito tempo sobre o que lhes fazia observar na vez passada: que vale à pena ler o *Organon* de Aristóteles, porque o mínimo que se pode dizer é que fará que quebrem a cabeça, e o que o difícil é saber, em alguém que produz aberturas - assim o chamei - como Aristóteles, porque, porque elegeu esses termos e não outros. Assim! Elegeu esse e não outros porque, no fim das contas, porque não é possível dizer o porquê se não começo a articular o que hoje tenho que lhes dizer.

O que eu fiz da última vez, naturalmente, não é pouca coisa. Isso deve ser feito! deve ser feito! Naturalmente, isso passou despercebido por mais de uma pessoa, mas houve algumas que acusaram o golpe. Bem. Assim, se não erro - me falta ar - como jogar o jogo que me guia?

Isso faz um verbo: jogoojogo (*jouljeu*),

- Tu jogasojogo (*jouljeux*),

- A coisa continua e dá, ele jogaojogo (*jouljeut*)

- E depois isso flutua, nós jogoojogamos (*jouljouons*) ou o verbo jogoojogar (*jouljouer*) isso não se sustenta mais.[5]

Isto prova que jogoojogar (*jouljeut*) é singular.No plural é duvidoso, não se conjoga (*conjeugue*) no plural o jogoojogo (*jouljeu*). E o fato de que não exista plural não impede que exista várias pessoas no singular. Há três, justamente.Nisto se reconhece o três do Real, que como já tentei fazê-lo sentir, és três (*est trois*), hein, e mesmo estreito (*étroit*) como *A Porta*....

Portanto, o que eu fiz da última vez colocava em movimento alguma coisa. Alguma coisa o quê? O que justamente pretendo é que não se movimente tudo. Esta é a minha chance de ser sério e que a seriedade não esgane (*serre*) tudo. Que ela não esgane e feche a série.

O que antecipei é isso: que há já uma lógica. E é isso mesmo o que pode surpreender. Se Aristóteles não houvesse começado, ela não estaria já ali.

E assim chego aqui e digo: é o saber do Real. O demonstro a cada momento, tenho que dizer. Lá reconheço o

---

[5] Em francês *jouljeu*, *jouljeux* e *jouljeut* são homofônicos.

3, mas o 3 como nó.Minha cara estrutura - minha estrutura sem valor! - mostra ser borromeana. Naturalmente, não basta nomeá-la, chamá-la assim, porque não basta que saibam que isso se chama nó borromeu, para que saibam o que fazer com ele. Este é o caso de dizer, - não é? -: bom pra ele! Aqui desponta um pouco de luz sobre o que eu faço: já que foi daqui que parti, vou dizer a verdade. Isto prova, já, que não basta dizê-la para se estar nela, no verdadeiro.   E, de imediato, digo: um dos pontos pivôs daquilo que pretendo falar hoje, isso que aqui faço, como analista, já que é disso que falo: eu não descubro a verdade, a invento. Ao que acrescento: isto é o saber.

Porque, coisa curiosa, é engraçado que ninguém nunca se perguntou o que era o saber. Ah!, eu tampouco. Salvo no primeiro dia em que, agarrado pelo braço com respeito a essa tese que - cá entre nós - mas onde está François Wahl? Eu não sei se isso importa, talvez sim, talvez não. Mas os faço observar que um dia prometi publicamente, assim, cedendo a uma terna pressão, que voltaria a publicar essa tese. Eu disse na *Seuil*: já é o suficiente. Naturalmente eles não deixavam de me mordiscar os calcanhares a princípio, no momento em que saquei os *Escritos*, para que voltasse a publicar essa tese. E eu disse que não queria. Mas mudei de ideia. E agora eles não estão com pressa. Em síntese, o que importa! Depois de tudo, eu prometi, mas se não se realizar, evidentemente, não é minha culpa. Enfim, foi assim,ao menos, que fui mordiscado por algo que deste modo, docemente, me levou a deslizar para Freud. Era algo que tinha a maior relação com a pergunta que hoje formulo.

É singular - pode parecer surpreendente que foi assim, a propósito da psicose, que deslizei para essa questão que, que fez falta a Freud, enfim, para que me perguntar sobre: sobre o que é o saber? O saber tem gana de descobrir, de revelar, como se diz, *ἀλήθεια*, minha bem-amada. Eu te mostro ao mundo. Toda despida. Eu levanto o véu. O mundo não pode ajudar nisso, claro, já que é dele que se trata: quando a mostro, essa verdade, a bem-amada, é a ele que mostro. Se eu disse que a lógica é a ciência do Real, isto tem, evidentemente, uma relação, uma relação muito estrita com o seguinte: que a ciência pode ser sem consciência. Porque, justamente, isso não se diz, hein, que a lógica é a ciência do Real. Que não se diga é um signo, hein, ao menos de que não se o toma pelo verdadeiro. O curioso é que, a falta em dizê-lo, se diz qualquer porra sobre a lógica. Isso se demonstra em curso, mas quando alguém o anuncia,desde o começo, abram não importa qual livro de lógica e verão a vacilação. É mesmo curioso. É certamente por isso que Aristóteles não chamou seu *Organon* de Lógica e ele voltou ao esquema. O assombroso é que o tenha chamado de *Organon*.

De qualquer forma: ciência, portanto, sem consciência. Um dia alguém disse - se chamava Rabelais - como aquele. Era alguém particularmente astuto, e basta ler o que escreveu para se dar conta disso. Escreva o que escreva Rabelais - é como eu digo - bom pra ele: *a ciência sem consciência* - ele disse - *é a ruína da alma.* E é verdade. Só que não se há de tomá-la como fazem os padres, a saber: que causa estragos nessa alma que, como todos sabem, não existe, senão quando derrubada por terra! Sem dúvida, vocês não percebem que se digo isto derruba a alma por terra, quer dizer que se torna completamente inútil. É exatamente o mesmo o que acabo de lhes dizer ao dizer que revelar a verdade ao mundo é revelar o mundo a si mesmo.Isto quer dizer que não há mais mundo que alma. E que, por consequência, enfim, cada vez que se parte de um estado de mundo, como se diz, para apontar a verdade, alguém mete o dedo no olho! Porque o mundo, bem, basta já de afirmá-lo, é uma hipótese que se apodera de tudo o mais, inclusive da alma. E isso se vê ao ler Aristóteles, *Sobre a Alma*. O mesmo que para Hintikka. Lhes aconselho, muito, sua leitura.

Se há saber, se é possível levantar a questão sobre o saber, então é muito natural que me hajam agarrado com isso, porque a paciente de minha tese, o *Caso Aimée*, bem, ela sabia. Simplesmente ela confirma aquilo que vocês compreendem do que já comecei: ela inventava, o que não basta, claro, para assegurar, para confirmar que o saber se inventa, porque, como se diz, ela desvairava.Mas foi como essa suspeita me veio. Naturalmente, eu não sabia. Precisamente por isso se há que dar um passo a mais na lógica e perceber que o saber, contrariamente ao que sustenta a lógica epistêmica, que parte disso: da hipótese, e nisto descansa a varredura que ela constitui. Há que se ver no que dará isso, se vocês escrevem - é como eles escrevem lá: saber de a, pequeno *a* - não está mal escolhido esse *a* minúsculo, enfim, é uma casualidade que seja a mesma letra que a minha - saber de pequeno a. Teria que comentá-lo. Aqui designa o sujeito, certamente que eles não sabem que o sujeito é aquele de que o pequeno *a* é a causa, enfim, é um fato que eles o escrevem assim: S(*a*). A lógica epistêmica parte disso: que o saber é forçosamente saber o verdadeiro.Vocês não podem imaginar onde isso vai dar. Nas loucuras! Ainda mais nesse em falso que inscreve o saber inconsciente: que é impossível saber nada, supostamente verdadeiro como tal, sem o saber. Quero dizer, saber que não se sabe.

Daí se segue que é completamente impossível ... é muito difícil de obter, mas, enfim, há um matemático muito simpático, em Hintikka, que faz uma linda demonstração - suas notas me foram comunicadas - de que o saber que se suportaria no que sabe que não se sabe é estritamente inconsciente, enfim, impossível de enunciar na lógica epistêmica. Sim...

Podem aqui, a um toque de distância, sentir que o saber se inventa! Já que essa lógica é um saber, um saber como qualquer outro. E aqui gostaria de fazer a terra abaixar e lhes recordar simplesmente que este é o saber inconsciente. Este merece plenamente o título de saber, hein! E quanto a sua relação com a verdade, é preciso dizer que Freud se inquieta por ela, a ponto de se desconcentrar quando uma de suas - nessa época se os chamava pacientes, ainda não se havia encontrado o termo analisante - quando uma de suas pacientes lhes trouxe um sonho que mentia deliberadamente. Aqui é que está a falha.

Há algo sobre Freud que se prestava a confusão em que se incorreu ao traduzir *trieb* por instinto. Todos sabem que o instinto é um saber, assim, supostamente natural. Mas em termos de Freud, há qualquer coisa que faz dobra: é o instinto de morte. Claro, eu fui mais além. Mas no mal sentido. Ele dá voltas e mais voltas e se dá conta. Vocês têm de ler o famoso *Mais Além*, sim, *Mais Além do Princípio do Prazer*, coincidentemente.

Nesse *Mais Além*, enfim, ele se incomoda com qualquer coisa que se modula para permanecer num certo limiar, o de menor tensão possível, em favor da vida, diz ele.

Só o que ele percebe é que, na prática, a coisa não anda.Então, ele pensa que isso passa mais abaixo do limiar. A saber, que essa vida que mantêm a tensão em certo limiar, de chofre se põe a afrouxar e vai ficando abaixo do limiar, e assim ela sucumbe, sucumbe até alcançar a morte. É assim como, no final das contas, ele faz passar a coisa.A vida é algo que levantou um dia - Deus sabe porquê, deve se dizer - e depois não demanda mais do que regressar, como todo o resto. Ele confunde o mundo inanimado com a morte. O fato dele ser inanimado quer dizer que é suposto não saber nada. Isso não significa mais nada para quem dá à alma certo sentido equivalente. Mas o fato de que não saiba não prova que esteja morto. Porque o mundo inanimado seria um mundo morto? Isso não quer dizer grande coisa, claro, mas levantar a questão tem também seu sentido.

De qualquer forma, correlativamente a essa questão de *Mais Além do Princípio do Prazer*, Freud nada em meio a algo que está muito mais perto da questão da morte, do que ela é. Ele parte, parte e depois abandona a coisa, o que é bem irritante. Parte do problema do gérmen e do soma. Ele o atribui a Weismann. Eu não posso mentir. Não é bem o que disse Weismann. Quem fez a separação do gérmen e do soma é um tipo que viveu um pouco antes, e que se chamava Nussbaum. Além disso, para o que vocês fazem, podem deixar por isso mesmo, não tem grande importância.O importante é o que Freud roçou nesta ocasião: que não há morte senão ali onde há reprodução sexuada. É tudo.

Se usarmos o termo de Aristóteles, o *ὑπάρχειν* em questão, pertence *a*, e o usarmos da maneira correta, da maneira como Aristóteles o usa, quer dizer, sem saber por qual ponta pegá-lo, vemos que o sexo *ὑπάρχεινpertence a* morte, a menos que a morte não pertença ao sexo. E nós ficamos com a mão, onde a alça precisamente pega a coisa. Sim.

Quando a falha se demonstra em suas conseqüências, Freud a propósito disso e sob o pretexto de que algo no mundo mostra que a vida as vezes vai em direção da morte, articula, articula o que no entanto é difícil eliminar do sexo: o gozo, e efetuando um deslizamento que teria sido evitado se houvesse tido firmemente entre suas mãos o nó borromeu, designa como masoquismo a pretendida conjunção desse gozo, gozo sexual, e a morte. É um colapso. Sim...

Se existe um lugar onde a prática clínica mostra-nos alguma coisa - e isso explica por que felicito, assim, de passagem, alguém que deu errado - se há algo bastante claro é que o masoquismo é pura farsa. O masoquismo é um saber, desde logo. Um saber, mesmo! Mas se há um saber dele que se pode apalpar e que se inventa, que não está ao alcance de todo o mundo, é esse que faltaria dizer que é o personagem em questão, a quem felicitei ao passar, e que não era um clínico, só que havia lido Sacher Masoch. Se é lá que isso se vê, enfim, que o masoquismo, isso s'inventa, e que não está ao alcance de todo o mundo, que é uma maneira de estabelecer uma relação lá onde não há a menor relação, entre o gozo e a morte, isso fica claramente manifestado pelo fato de que - de qualquer maneira, heim? - no entanto, só podemos encostar a pontinha do dedo mínimo. Não nos deixamos agarrar assim pela máquina. Bom.

Assim o que ao menos permite vislumbrar o alcance do que enuncio, que é o saber, o saber lá onde o apreendemos pela primeira vez, assim, manejável, manejável porque não somos nós que sabemos, não somos nós que sabemos - como disse um de meus alunos, que chama a isso o não-saber, pobre rapaz! Ele imagina que não sabe. Mas que história estranha- mas todos sabemos porque todos inventamos um truque para preencher o buraco do Real.Lá onde não há relação sexual, isso produz um buraco que traumatiza (*troumatisme*) Nós inventamos! Nós inventamos o que podemos, é claro! Quando não se é esperto, se inventa o masoquismo. Sacher Masoch era um estúpido. Temos também de ver como pinças, enfim, não é, a pessoa que queria jogar a coisa, como isso, para encontrá-la. Com aquelas pinças prendeu Sacher Masoch. Ela não sabia o que fazer com isso. Só tinha *Le Figaro* para expressar-se, e isto já diz tudo!

Enfim, deixemos Sacher Masoch. Existem saberes mais inteligentemente inventados. E por isto digo que o Real se inventa não só onde há um furo senão que não é impensável - que não seja só por esse furo que avançamos em tudo o que inventamos do Real, que não é nada. Porque está claro que há um lugar onde isso, isso caminha, o Real, e é quando o fazemos entrar com 3, essa coisa bastarda, pois é certo que é difícil manipular logicamente essa conotação 3 para o Real.

Tudo o que sabemos é que 1 conota muito bem o gozo, e que o zero quer dizer *e não o há* (*y en a pas*), o que falta, e que se zero e 1 fazem 2, isto não torna menos hipotética a conjunção do gozo de um lado com o gozo do outro. Sim. Não só não a torna mais segura, com funda aí um abismo.

Um mundo nem feito nem por fazer, um mundo totalmente enigmático, desde o momento em que se tenta fazer entrar essa alguma coisa que estaria modelada sobre a lógica, com a qual se fundamentaria que na espécie chamada humana se é homem ou se é mulher. Muito especialmente contra isso se ergue a experiência. E não necessito ir muito longe: faz algumas horas alguém me contou sobre seu encontro com um motorista de taxi – isso é extremamente comum, heim!, é o caso de dizer - de que não só lhe era impossível, à pessoa que falava, dizer se era um homem ou uma mulher, senão que, inclusive lhe fez essa pergunta e o motorista não conseguiu responder.

(Risos)

Isto é algo bem comum. E inclusive foi daí que Freud partiu. Ele parte assim, como num comentário; a experiência não lhe é suficiente, porque é preciso que se engate um pouco por todas as partes da ciência, hein? Desde o momento em que não há nada que se pareça mais a um corpo masculino que um corpo feminino, se se sabe olhar em certo nível, no nível dos tecidos, hein? Isso não impede que um óvulo não seja um espermatozóide, e aqui reside a coisa do sexo. É completamente supérfluo salientar que, para o corpo, isso pode ser ambíguo, como no caso do motorista de há pouco.

É completamente supérfluo. Porque se vê que aquilo que o determina não é sequer um saber, é um dizer. Só é um saber porque é um dizer logicamente inscritível, aquele que lhes escrevi com todas as letras, por assim dizer, com meu:

$$\exists x \quad \overline{\Phi x}$$ [6]

---

[6] A edição staferla fica confusa por aqui pois usa símbolos que não evocam o que

A saber: a exceção em torno desse ponto central.É na medida em que essa exceção traz conseqüências para todos aqueles que crêem que o tem, tem o quê?: o que não nos animamos a chamar de cauda, o chamamos falo, e isto é o que resta determinar.

Enquanto que do outro lado há dizer, dizer formal ainda que dizer de ninguém, $\overline{\exists}$,não existe x, quer dizer que só é para todo outro que está negada a função Φx, que a negação, digamos para ilustrar, é deixada - não direi a Deus porque essa história, essa colagem do Outro com Deus nos faz arcar - senão a quem realize, apesar de tudo, essa forma de universalidade de que não há negação da função Φx, e é a única forma de universalidade do dizer de uma mulher, qualquer que seja.

E não é menos certo. Penso que se lembram do que escrevi no quadro, e por isso não me vejo obrigado a escrever outra vez. Não é menos certo que nesse conjunto, não existe todo dizer que formula a função Φx. Em outros termos, que esta minha pequena barra que ponho sobre o $\overline{\forall}$, A invertido, signo do quantificador universal, a pequena barra pela qual se

---

Lacan está realmente trabalhando. Ao menos desde o seminário *D'um discours qui ne serait pas du semblant,* de 1971, as letras usadas são as que a reproduzimos. Na edição staferla, contudo, está assim: : § / §

! /

!

Por essa razão lançamos mão de outras versões para chegar a essa forma.

inscreve o não todo, teria que substituir o signo do enumerável, a saber: $\aleph0$. O que se opõe ao Um de Todo homem - e não há mais que Um, como todo o mundo sabe. A prova é que se o designa por meio do artigo definido - o que lá se opõe ao Um de Todo homem é, temos que dizer, As mulheres, enquanto que não há meio de conseguir isso senão enumerando-as, e não posso dizer enumerando-as todas, porque o próprio do contável é justamente que jamais se chega ao final.

E se lhes dou esta marcação é preciso que lhes sirva para algo, é preciso que ilustre o que disse na vez passada sobre o dizer verdadeiro. O dizer verdadeiro é o que tropeça, e tropeça com isto: que para um ou...ou insustentável, que seria que tudo o que não é homem é mulher e vice-versa, o que decide, o que abre o caminho, não é outra coisa que esse dizer, esse dizer que se precipita no que tem a ver com o furo por onde falta ao Real o que poderia se inscrever da relação sexual.

Assim, assim. O que acontece então com o saber? Logo - eu não cheguei a esta hora, quer dizer, 13:20, ou algo assim, sim, 24 - não cheguei a essa hora para lhes dizer a quarta parte do que tenho que empurrar-lhes pelas tripas, porque esta função do dizer, se eu não a digo, não bastará que a escreva, mas ao menos vou lhes dar uma pequena mostra do que se pode escrever, já que sem esta reflexão sobre o escrito, sem o que faz que esse dizer venha a se escrever, não há meio de lhes fazer sentir a dimensão com a qual subsiste o saber inconsciente.

E o que devem fazer como passo suplementar é perceber que se lhes faço sensíveis ao lhes dizer que o inconsciente não descobre nada, pois não há nada a descobrir, não há nada para descobrir no Real, já que ali há um furo, se o inconsciente inventa, é tanto mais importante fazê-los observar que na lógica acontece o mesmo, a saber, que ainda que Aristóteles não tivesse inventado sua primeira abertura, se não houvesse feito passar o dizer por esse esmagamento do ser graças ao qual faz silogismos, simplesmente, antes se havia feito silogismos, só que não se sabia que eram silogismos. Para se dar conta disso: para ver onde está o furo se deve ver a borda do Real.

E como já se faz tarde e não vim para lhes dizer a quarta parte - será tanto pior, o que vem depois - ao menos é preciso que lhes faça sentir o alcance,de alguma maneira, do que abro da lógica modal.

Muito forte, heim? É que é claro, em termos de construção, no que diz respeito a inventar - e vejam aqui todos os ecos de intuicionismo que quiserem, desde que saibam do que se trata - um dia traduzi o necessário por aquilo que não cessa de se escrever. Bem, saibam-no, há um traço em Aristóteles - na lógica proposicional, a saber, que algo é verdadeiro ou falso, cuja notação é 0 ou 1, de acordo com o caso - há um pequeno traço, há um lugar onde Aristóteles patina - posso lhes mostrar tão logo queiram - no Περὶ Ἑρμηνείας, como por casualidade, *Sobre a Interpretação*, para que aqueles que não entendem grego, há um lugar onde se fusiona o seguinte: que a lógica proposicional é tão modal como as outras.

Se é verdade, se é verdade que isso só se situa lá onde lhes digo, quer dizer, lá onde a contradição não é, no fim das contas, mais que artifício, artifício de suplência, mas que nem por isso resulta menos verdadeiro, e o verdadeiro desempenha aqui o papel de alguma coisa que parte para inventar outros modos.A saber, que *necessário que:p*, qualquer verdade que seja, não pode se traduzir senão por isso que não cessa de se escrever.Todo mundo vê que entre este fato, o fato de que alguma coisa não cessa de se escrever - entendam que isso se repete, que é sempre o mesmo sintoma, que tomba sempre na mesma dobra[7]- vocês verão bem que entre o *não cessa de se escrever: p* e o *não cessa de se escrever: não-p*, estamos no artefato que demonstra, justamente, que demonstra ao mesmo tempo

---

[7] Neste exato ponto a edição staferla retoma o esquema que já foi posto no quadro no início desta aula. Nos pareceu desnecessário reapresentá-lo.

essa hiância concernente a verdade, e que a ordem do possível está, como o indica Aristóteles, conectada ao necessário. O que cessa de se escrever é *p ou não p.*

Neste sentido, o possível demonstra a falha da verdade, sua vulnerabilidade. Exceto que não existe nada para tirar daí. Não existe nada para tirar daí e o mesmo Aristóteles não deixa de demonstrar isso. Ele demonstra lá, a todo instante, sua confusão entre o possível e o contingente. É isso o que escreve meu V de cabeça pra baixo. Porque, depois de tudo, o que cessa de se escrever pode também cessar de não se escrever, quer dizer, sair a luz como verdade de algo.Pode ocorrer que eu ame a uma mulher, como a qualquer um de vocês - o tipo de aventuras nas quais vocês podem deslizar - e isto não dará, de nenhuma forma, alguma segurança enquanto a identificação sexual da pessoa que amo, tampouco da minha. Só que existe algo que, entre todas essas contingências, bem poderia demonstrar a presença do Real. E se trata do que só se antecipa por meio do dizer, enquanto este se suporta no princípio da contradição.

Naturalmente, não se trata do dizer corrente de todos os dias, não só no dizer corrente de todos os dias vocês se contradizem sem cessar, quer dizer, que não prestam nenhuma atenção ao princípio de contradição, senão que verdadeiramente não há nada como a lógica para elevá-lo a dignidade de um princípio, e lhes permitir, não por certo assegurar nenhum Real, senão reencontraremos que este poderia ser quando vocês o tenham inventado.

E é por isso que eu marquei o que concerne ao impossível, quer dizer, o que separa, mas de modo distinto ao do possível: não é um *ou...ou*, é um *e...e*. Em outros termos, que seja a vez *p e não-p*, isto é impossível, e precisamente vocês o rechaçam em nome do princípio de contradição. No entanto, se trata do Real, já que é daqui que parto, quer dizer: que para tudo saber é preciso que haja invenção, isto é o que sucede em todo encontro, em todo primeiro encontro com a relação sexual.A condição para que isso passe ao Real, a lógica, é nisso que ela se inventa, e que a lógica é o mais belo recurso daquilo que tem a ver com o saber inconsciente, quer dizer, daquilo com o qual nos guiamos na instabilidade (*le pot au noir*).

O que a lógica chegou a elucubrar, não foi por se ater a isto: que entre *p e não-p* se precisa escolher, e que caminhando de acordo com o princípio de contradição cheguemos a sair dele por um saber.O importante, o que constitui o Real é que, pela lógica, passa alguma coisa que demonstra não que *p e não-p* sejam falsos, senão que nem um nem outro podem ser verificados logicamente. De nenhuma maneira!

Tal é o novo ponto de partida, o ponto sobre o qual voltarei da próxima vez: esse impossível de uma e outra parte, esse é o Real tal como nos permite defini-lo a lógica, e a lógica só nos permite defini-lo se somos capazes, com respeito a essa dobradura de um e outro, de inventá-la.

AULA 9

12 de Março de 1974

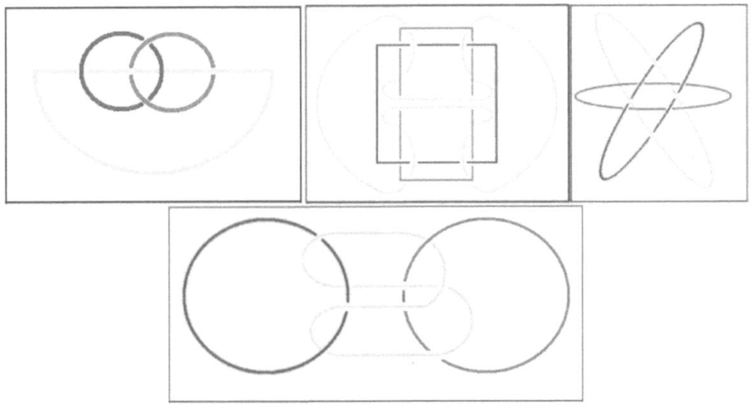

As duas primeiras figuras, não tenho a necessidade de escrever seus marcadores, se verá que a terceira, bem a direita, lutei com ela num pequeno papel sobre a minha mão...

Será que se entende ou não o que eu digo? Ainda é... isso não funciona? Sim! Isso funciona!

Bem. Assim. Hoje entrarei em cheio no assunto, ainda que tenha vontade de falar de outra coisa. Por exemplo, dizer que não tenho do que me queixar. Se o que faço é lhes dar, enfim, é lhes, peço desculpas, lhes dar feno para comer - é feno tudo isso, coisas que se entrecruzam e não passam - não tenho do que me queixar pois de duas, uma: ou me devolvem o feno de imediato, é assim que ocorre, meu feno tal qual não é, em absoluto algo que eu não suporte, me devolvem tal como é, tal como o propus, ou bem há pessoas a quem esse feno faz cócegas na entrada da garganta e, me vomitam Claudel, por exemplo.

(Risos)

E isso acontece porque eles já o tinham lá!

(Risos)

Estou muito chateado porque a pessoa a quem fiz vomitar Claudel telefonou - a Gloria, naturalmente - para perguntar onde se fazia meu seminário. Eu estou completamente desolado, enfim, espero que tenha acabado por sabê-lo. Talvez essa pessoa esteja aqui? Em todo caso se não está, deem-lhe minhas desculpas, porque Glória a mandou às favas, e isto não é para nada o que eu havia desejado: porque não viria ela a comer feno como todo o mundo?

(Risos)

Bem, bem, meu feno em questão, enfim, vocês sabem que está na ordem do dia, - não é? -, por obra minha é o nó borromeu.

Posso dizer que sou mimado, pois acabam de me trazer um africano. É o nó borromeu em pessoa, não é? É! Lhes certifico sua autenticidade, porque desde que o manejo, começo a lhe conhecer uma ponta, o que me agrada muito, porque se há uma coisa pela qual eu quebro a cabeça - me questiono muito - enfim, é de saber de onde isso veio.Ele é chamado Borromeu. Não é que haja um tipo que um dia o descobriu. Desde sempre ele está descoberto, desde muito tempo. O que me assombra é que não se o tenha usado mais, porque era verdadeiramente uma maneira de agarrar o que eu chamo as três dimensões. Se as tomou de outra maneira, e deve haver razões para isso. Deve haver razões para isso, pois não se vê porque, enfim, não se tentou determinar o ponto, fazer o ponto, se querem, com isso, mas com coisas que se cortam. É um fato que não aconteceu assim. Que destino seria alcançado se as coisas tivessem acontecido dessa forma. É provável que nos haveria formado de uma maneira muito diferente.

De nenhuma maneira se pode dizer que essas histórias de nós, meu Deus, não tenham interessado àqueles a quem chamam filósofos, quer dizer, meios, aqueles que tratam de dizer algo a nosso, a nossos Estados, enfim, de responder a eles, porque, na verdade, faz muito tempo que pessoas que curiosamente se tem classificadas, pelo que sabemos, entre as mulheres, enfim, o que eu chamo as mulheres - no plural, como vocês sabem, alguns estão aí já faz muito tempo - as mulheres, enfim, se entendem nisso, em fazer tramas,tecidos.E ainda isso poderia nos colocar na via. É muito curioso que, ao contrário, isso tenha inspirado muito mais intimidação. Aristóteles fala disso, e também é curioso que não lhe tenha tomado como objeto. Porque não teria sido um ponto de partida pior que o outro. Que coisa faz que os nós, os nós, sejam difíceis de imaginar?Isto...

(Lacan mostra o nó africano)

... já que está feito de certa maneira, se sustenta. Mas uma vez colocado num plano, já não é fácil manejá-lo, e por nada, provavelmente, pois com esses nós sempre foram usadas coisas que formam tecido, quer dizer, que formam superfície, o que se tentou fabricar, provavelmente. Ocorre que a coisa planificada, na superfície, esteja ligada, enfim, a todos os tipos de utilizações Sim.

Digo que os nós se imaginam mal, e de imediato vou lhes dar uma prova. Bem! Façam uma trança. Uma trança de dois. Não necessitam trabalhar muito: basta que entrecruzem uma vez, depois uma segunda, e encontrarão esses dois em sua ordem. Os amarrem, agora, ponta com ponta, quer dizer, o mesmo com o mesmo. E bem, está amarrado. Está amarrado, podemos dizer, duas vezes. Isto forma um laço duplo. O que vocês juntaram se sustenta unido. No meu último seminário do ano passado, o meu fiel *Achate* pôs o título de os anéis de barbante. Não sei se no texto eu o havia chamado assim ou de outra maneira. É provável que o tenha chamado assim, mas ele colocou isso como título.

E bem. Façam agora uma trança de três. Agora verão que antes de que encontrem as três vertentes - chamemo-las vertentes, hoje, por exemplo - as três vertentes em sua ordem, é preciso que façam seis vezes o gesto de entrecruzar essas vertentes, por meio do que, depois que tenham feito seis vezes esse gesto, encontrarão as três vertentes em sua ordem. E aqui, de novo, as unem.

E bem, ainda é alguma coisa que não é óbvia, que não se imagina de imediato uma vez obtido esse nó de que lhes disse que simplesmente era um nó borromeu, a saber, em sua forma mais simples, esse que está ali a esquerda - isso não é um trançado como no primeiro caso e, no final das contas, vejam que consiste em um nó duplo - não é óbvio que basta que vocês rompam uma dessas vertentes para que as outras duas caiam livres.

Porque, à primeira vista, parecem muito bem enroscadas uma em torno da outra, e se poderia presumir que se sustentam tão bem como a trança de 2. Bem, de jeito nenhum! De imediato vejam que se separam. Basta cortar uma das 3 para que as outras duas demonstrem não estar enodadas. E isto segue sendo verdadeiro qualquer que seja o múltiplo de seis com que prossigam a trança.

É certo, com efeito, que depois de encontradas as vossas três vertentes em sua ordem ao fim de seis gestos de trançagem, as encontrarão igualmente nessa mesma ordem quando fizerem seis mais. Assim terão este precioso nó borromeu.

Quer dizer, o que vocês vêem passar por aqui uma vez, no interior dos outros dois nós, percebam que estão - por isso os apresentei assim - livres um do outro, e o fazem, como vocês podem ver, duas vezes. E sempre será um nó borromeu, porque qualquer que seja aquele que rompe, os outros dois estarão livres. Com um pouco de imaginação podem ver por que,porque, tendo esses dois últimos, por exemplo, são tais que - digamos as coisas com simplicidade - não se cortam, estão um por cima do outro. Podem observar que isto é certo para cada um dos dois. Bem! E aqui duas maneiras de fazer o nó borromeu, mas que, na realidade, fazem um só, a saber: se se trança um número indefinido de vezes múltiplo de seis, sempre resultará um autêntico nó borromeu.

Peço desculpas a quem este desenvolvimento pode fatigar, mas isto tem um fim, como acabo de lhes dizer. Só queria lhes fazer notar aquilo que não nos damos conta: podem trançar todo o tempo que quiserem. Sempre se atenham a um múltiplo de seis, e a trança em questão será um nó borromeu. Isso já basta, por si só, para abrir a porta para uma infinidade de nós borromeus. E bem, essa infinidade já realizada virtualmente, pois vocês podem concebê-la, essa infinidade não se limita aqui. Assim, o exemplo que lhes dou no quadro com esta maneira - não se pode dizer que os instrumentos sejam cômodos - com esta maneira de inscrevê-lo, vejam aqui o laço, é, por assim dizer, duplo:

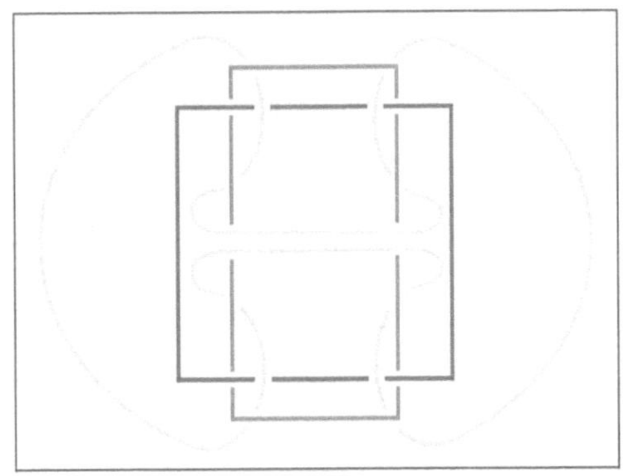

e se o nó Borromeu se realiza da maneira que tracei por primeiro, de uma boa maneira, puxando aqui, isso faz nó.

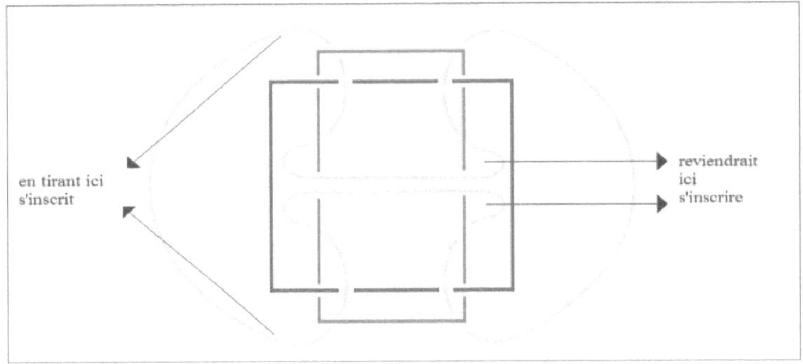

Podem, também, desenhá-lo fazendo a volta pelo laço, e verão que se passa sob um dos níveis de meus anéis de barbante e retornam, os dois. O laço daria a volta, assim, em um desses anéis,e voltaria aqui a se inscrever cruzando por debaixo dos dois laços, que agora, por causa da composição, resultam paralelos e se apresentam em forma de cruz.

Se vocês arranjam o nó borromeu desta maneira - espero que eu tenha sido... eu faço imaginar o que poderia ser este desenho, se vocês querem o traço, o traçarei - ele se torna inteiramente simétrico, e oferece o interesse de representar de outra forma a materialização daquilo que pode se dar sob esta forma à simetria, precisamente - a simetria em duas palavras, - não é? -: a, simetria.... de um outro lado, quer dizer, de mostrar que há uma maneira de apresentar o nó borromeu que em seu mesmo traçado nos impõe o surgimento da simetria, a saber, do dois.

Não era necessário ir tão longe para que nos apercebêssemos disso. A saber, que simplesmente - eu diria - puxando desta parte do anel de fio, facilmente se pode imaginar o resultado que se obterá, quer dizer, dobrar em dois o anel da direita.

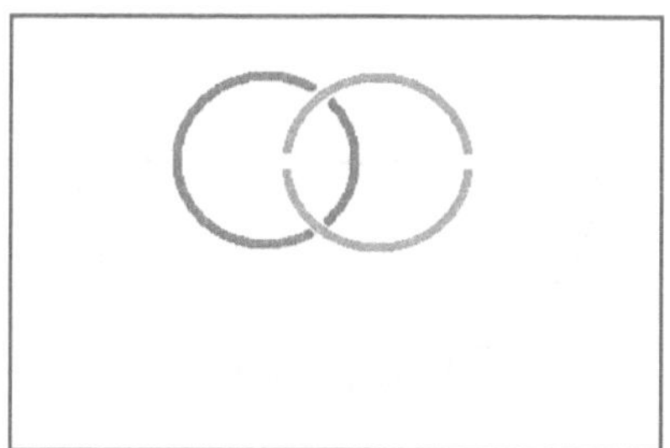

Quer dizer, se obterá esse resultado:

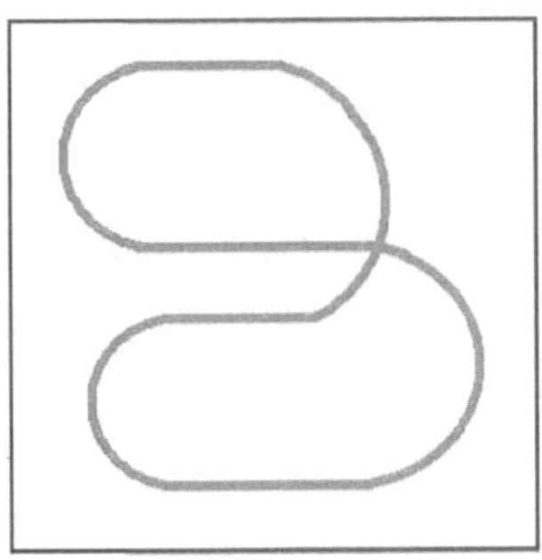

Por meio do qual vocês vêem que aquilo que resulta é isso:

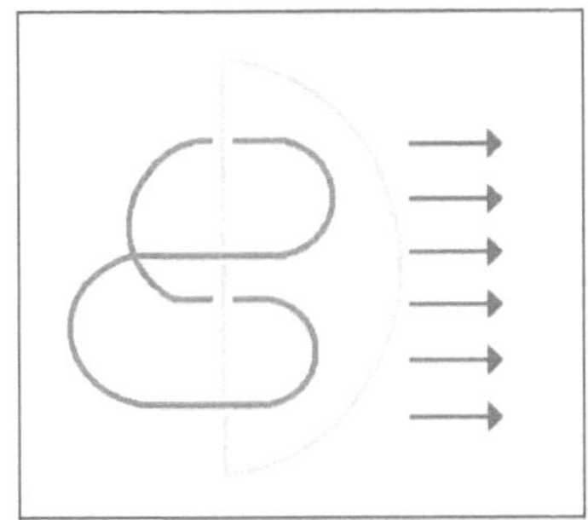

A saber, que um desses anéis puxa o nó dobrado em dois, o laço dobrado em dois neste sentido: →, enquanto que o outro se apresenta assim. Vocês têm aqui manifesto - talvez menos saliente, menos evidente à seus olhos - essa alguma coisa que faz que, por ser três, esses nós não possam ser desanodados, mas basta que qualquer um deles falte para que os outros dois fiquem livres.

É mesmo uma das formas mais claras de representar graficamente isto: que, se fazem passar vosso anel pelo interior do nó que chamo, do laço que chamo de laço dobrado, se fazem passar outro laço dobrado da mesma maneira, poderão enodar um número indefinido desses anéis de barbante, e bastará que um seja rompido, que um falte, que um não esteja, para que todos os outros se liberem. Por meio do que não pode deixar de lhes ocorrer que, já que podem agregar um número indefinido de vezes, esses nós dobrados tomados uns nos outros, não estejam vocês forçados a terminar aquilo que vocês vêm funcionar aqui, a saber, um simples anel de fio. Podem enlaçar o círculo completo, de uma maneira que inclusive faz tomar a coisa por um círculo dobrado. Quer dizer que se tiverem mais de três, lhes seria bem fácil imaginar que pare ele se fechar, para fechar, lhes bastaria um desses círculos dobrados. Se vocês fecham com três, o que obtém é justamente muito precisamente esse resultado:

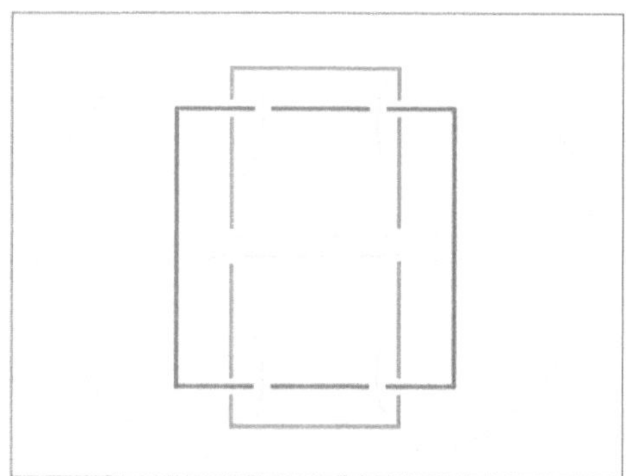

A saber, que a partir daqui vocês podem realizar esse laço, quer dizer, que da manipulação a três do nó borromeu -

que como vocês vêem pode funcionar em um número muito maior - que da manipulação a três vocês farão surgir essa figura que já lhes disse que presentificava a simetria no nó borromeu mesmo. Quer dizer, que ele inscreve ali o dois.

O que deve ser sublinhado, antes de encerrar essa demonstração, digamos, figurada, convém sublinhar o seguinte: que, a cada um desses três anéis de barbante - para chamá-los da melhor forma que se os imagina - vocês podem lhe dar, mediante uma manipulação suficientemente regular - que não os assombre a paciência que vocês precisarão - em cada um dos três, tanto a este anel de fio como a esse anel de fio, podem lhe dar exatamente o mesmo lugar, que é o que vocês vêem ser figurado, aqui, pelo terceiro.

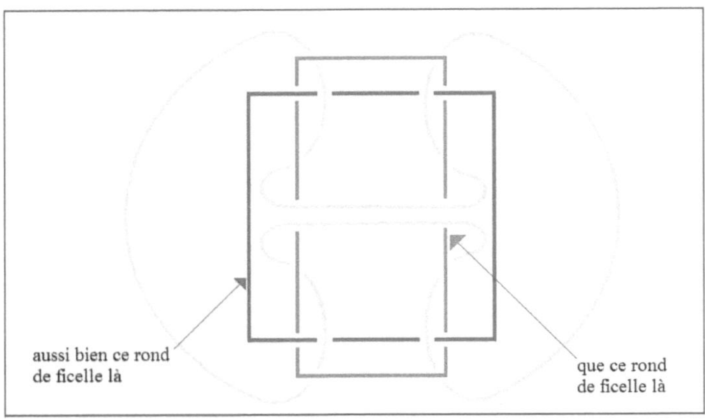

Para que me serve esse nó, o nó borromeu de três? Me serve, por assim dizer, para inventar a regra de um jogo, de maneira tal que se possa figurar, com ele, a relação do Real com o Imaginário e o Simbólico. O Real, à luz daquilo que localizamos numa certa experiência como o Imaginário e o Simbólico, é o que faz três. Isso faz três, e nada mais.

É surpreendente que até aqui não exista exemplo de que jamais tenha havido um dizer que pleiteia o Real, não como o que é terceiro, porque isso seria dizer demasiado, senão como aquilo que *com o Imaginário e o Real* faz três... E isto não é tudo - ... *com o Imaginário e o Simbólico* faz três - isto não é tudo, por esta apresentação, o que procuro pendurar é uma estrutura na qual o Real, definindo-se assim, seja o Real como anterior a ordem, que essa modalidade nos dê essa alguma coisa que, por dizer anterior a ordem, de nenhum modo supõe um primeiro, um segundo, um terceiro. E como acabo de assinalar, tampouco um meio entre dois extremos.

Porque mesmo na primeira forma do nó borromeu, esta que lhes mostrei e que permite figurar como termo médio que enoda dois extremos, esse círculo dobrado que lhes mostro aqui:

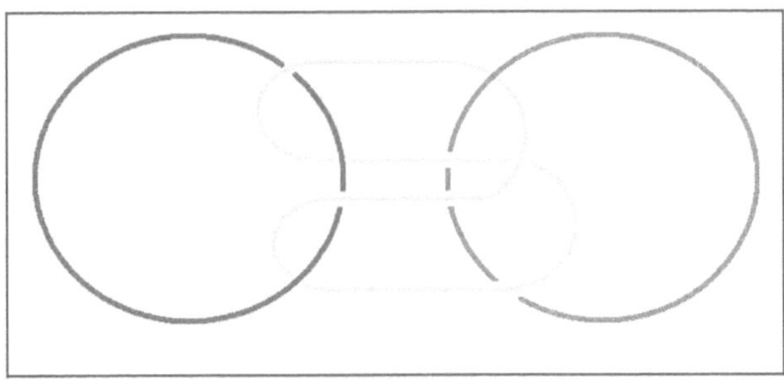

Mesmo neste caso, qualquer um dos três círculos pode desempenhar esse papel. Quer dizer, que não está de nenhum modo ligado, salvo para fazê-los imaginar. A figura a esquerda não estava ali mais que para lhes fazer acessível isto: que há o círculo dobrado no meio, mas qualquer dos outros dois pode cumprir essa função, desde que os outros tomem posição nas extremidades. A que conduz isso?

Note-se que estamos interessados pelo 2, problema presentificado por alguma coisa que verdadeiramente é, pode-se dizer, insistente, no que entrega a experiência do discurso analítico. Não por nada ela introduz esse 2 por excelência, que é o amor da própria imagem, a essência da simetria mesma. Acaso não nos introduz - isto, este nó - na consideração de que o Imaginário não é o mais recomendado para encontrar a regra do jogo do amor?O que se livra dele à experiência está marcado, especificamente, pela representação imaginária, como nós chegamos pela experiência mesma a nos impor, se imagina que o amor é 2. Se não fosse pela experiência imaginária, se faria disto algo tão provado? Porque não seria esse o meio, como ademais o indica o fato de que é ao nível desse meio que se produz, esta vez, dois vezes dois?Por que não seria esse o meio, do que acabo de assinalar - que além disso é girovago, quer dizer, vagabundo - que pode também ser cumprido por qualquer um dos três? Porque não seria esse do meio que, ao se prosseguir de uma maneira suspeita, dessa forma, dessa forma de imagem dele mesmo, esse do meio que entregaria - corretamente pensando - quer dizer, através do Real de ditas conexões, a mola dos nós?

Em outros termos: o nó borromeu não é o modo sob o qual nos livramos do Um do anel de fio como tal, o fato de que por oura parte sejam 3, esses 1, e que ao ser enodados, somente ao ser enodados, nos é liberado o 2. Há aqui muitas considerações nas quais eu poderia me extraviar, por assim dizer, porque não apertariam ainda mais esse caráter, por assim dizer, primeiro, do três.

Ele é o primeiro, não no sentido de que seria o primeiro em ser primeiro, já que, como se sabe, há outro que é chamado assim. Mas se é chamado assim o dois, o será de uma maneira muito singular, porque de nenhuma maneira está dito que se pode aceder a ele à partir do Um. Salvo - como lhes fiz observar há algum tempo - dizer que Um e Um fazem dois: é só pelo fato da marca da adição - supostamente reunião -. quer dizer, já o 2.Neste sentido o 2 é algo de uma ordem, se assim posso dizer, vicioso, já que não descansa senão sobre sua própria suposição. Articular por meio de 1+2-1 já é instalar o 2.

Mas, por agora, vamos ficar simplesmente nisto: o que o nó borromeu nos ilustra é que o 2 não se produz senão pela junção do 1 com o 3. Ou mais precisamente, digamos que, se se diz, como se tem feito humoristicamente, que o número 2 se regozija se ser ímpar, isto não carece por certo de razão. Ele se equivoca em ser ímpar, e se regozijar por isto é uma lástima, pois ele não o é, seguramente. Mas que seja engendrado pelos dois ímpares, um e três, isto é, em suma, o que o nó borromeu traz à tona, por assim dizer. Assim mesmo, vocês devem sentir a relação que tem esta elucubração com nossa experiência analítica.

Freud é seguramente genial. É genial pelo fato de que o que o discurso analítico traz à tona, sob sua pena, é o que eu chamaria de termos selvagens.

Leiam *Psicologia das Massa e Análise do Eu*, e, especificamente, o capítulo *A Identificação*, para compreender o que pode haver de genial na distinção formulada lá, das três classes de identificações, quer dizer:

- As que eu denotei e valorizei como referentes ao traço unário, ao *Einzeger Zug*;

- E a maneira como as distingue do amor enquanto que, levado a termo, seguramente, é aquele de que se trata para nós de alcançar, a saber, essa função do Outro enquanto que entregue pelo pai;

- E, por outro lado, a outra forma, a da identificação chamada histérica, a saber, do desejo com o desejo. Freud distingue precisamente, essas três formas de identificação.

Se apresentou isso, assim, não é senão como um nó de enigmas, eu diria: é mais uma razão para trabalhar, quer dizer, para tratar de dar a isto um forma que implique um algoritmo mais rigoroso.Este algoritmo, é precisamente ele que tento oferecer no 3 mesmo, enquanto que o 3, como tal, faz nó.

É obviamente a razão – se posso dizer, razão para trabalhar – mas razão, se posso dizer, que não é sem nos causar mal, não porque os anéis de fio são uma figura tórica, torcida, mas por algo mais além: é muito singular que mesmo a matemática não tenha ainda chegado a encontrar o algoritmo, o algoritmo mais simples, a saber, o que permitiria, em condições certas, outras formas de nós que não a do nó borromeu. Encontrar alguma coisa que nos daria os nós, uma vez que envolvem mais de um anel de fio, porque um só anel de fio amarra-se a si mesmo. Este algoritmo, posso facilmente – e já o fiz – dispô-lo no quadro...a figura de algo que seria próxima, com o mesmo aspecto, da figura central, e que não seria, contudo, um único anel de fio. Eu disse próxima, pois é evidente que ela não seria igual a de um anel de fio único, ela até poderia ser homeomórfica à muitos anéis de fio, mas esse algoritmo ainda não foi encontrado.

Não é, contudo, uma razão para abandonar uma tarefa que não compromete nada mais que este dois que é o que há de mais interessante na figura do amor como acabo de vos lembrar.

O amor – espero que vocês já se sintam mais confortáveis – o amor é apaixonante. Dizer isso é simplesmente dizer uma verdade da experiência, mas dizê-lo assim, não parece grande coisa, mas é ainda assim, é ainda assim um passo. Porque, para quem tem as orelhas um pouco abertas, não é de forma alguma a mesma coisa que dizer que ele é uma paixão. Primeiramente há muitos casos onde o amor não é uma paixão. Eu digo mais, ainda: questiono que jamais seja uma paixão. Coloco em dúvida, meu Deus, por causa de minha experiência, por causa de minha experiência – que não deriva unicamente da minha – quero dizer, que minha experiência dentro do discurso analítico me dá material suficiente – por que? – porque em suma eu posso me permitir fazer isso que defini na última vez, o saber, a saber, se inventa. Isso não os coloca em nada seguros – sobretudo se vocês estão em análise comigo – para supor que este saber, como qualquer outra coisa, que eu não o inventaria.

Mas se o saber, mesmo inconsciente, é justamente este que se inventa para colmatar qualquer coisa que não seja talvez apenas o mistério do 2, podemos saber que, existe ainda assim um passo à frente. Ouso dizer que se o amor é apaixonante, não é porque seja passivo. E um dizer que, como tal, implica em si mesmo uma regra. Visto que dizer que qualquer coisa é apaixonante, bem, é falar como de um jogo, onde não se está, em suma ativo, a partir das regras.☐ Mesmo assim existem algumas pessoas que se aperceberam disso há muito tempo. Sobre tudo que se disse, há um chamado Wittgenstein, particularmente, que é ilustre nisso.

Portanto, o que acabo de dizer, é minha fórmula, aqui: o amor é apaixonante, se eu disse é como estritamente verdadeiro. Sim, estritamente verdadeiro. Em todo caso há muito tempo que eu fiz a isso algumas reservas, quer dizer, que o estritamente verdadeiro nunca é metade verdadeiro, que nunca pode ser – o verdadeiro – senão meio-dizer. É preciso que mesmo que estejamos a caminho – vamos chegar antes do fim do ano – de formular isso que o contém, e que eu lhes explicarei mais tarde.

E que todo meio-dizer, meio-dizer do verdadeiro leva à morte como regra, pois o verdadeiro é, ainda assim, aqui, qualquer coisa cuja experiência analítica pode nos dar o contato... o verdadeiro não tem nenhuma outra forma de poder ser definido que essa que, em suma, faz com que o corpo vá ao gozo, e nisto, pelo qual ele é forçado, não é outra coisa que o princípio, o princípio pelo qual o sexo é muito especificamente ligado à morte do corpo

Só há nos seres sexuados o corpo morto. E este forçamento da reprodução, é bem aqui a que serve o pouco que podemos enunciar de verdadeiro. Eu diria ainda mais, que se trata da morte... mesmo por isso que nunca tivemos mais que verossimilhança, porque esta morte, o princípio do verdadeiro, esta morte no ser falante, no ser enquanto fala, nunca é mais que um engodo ... a morte, verdadeiramente, por tê-la diante de si, não está ao alcance do verdadeiro.

A morte o impele. Por tê-lo diante de si, por associar à morte, isso não se passa como com o *Belo*, onde aqui, se faz notar. Já mostrei isso em um tempo, do tempo onde fiz *A Ética da Psicanálise*, e se nota, por que?

Porque estando as coisas em certa ordem rotativa, isso toca enquanto que glorifica o corpo. Aqui o princípio é de gozo. O que é forçado é o fato da morte, e todos sabem, que se é em nome do corpo que tudo isso se produz. Anteriormente o ilustrei com a tragédia *Antígona*, e que curiosamente passou para o mito cristão - porque não sei se vocês se deram conta de que toda a história de Cristo não fala senão do gozo, esses lírios do campo que nem tecem nem fiam - que passou ao mito, e diz, a morte. Tudo isso no final das contas não tem fim; o que vemos se desenrolar em quilômetros de tecido não tem outro propósito além de produzir corpos gloriosos dos quais se pergunta o que eles vão fazer durante a eternidade, inclusive colocados em torno de um círculo de teatro, o que poderão fazer ao contemplar não se sabe o quê.

É mesmo curioso que seja por este caminho, este caminho não do verdadeiro mas do Belo, que seja por este caminho que se tenha manifestado pela primeira vez o dogma da Trindade Divina. Se deve dizer que é um mistério, um mistério de que nos aproximamos, mas não sem certo número de deslizamentos. No outro dia lhes mostrei a irrupção na lógica de Aristóteles de não sei que teoria do amor, onde são muito bem distinguidos o amor e o gozo. Não está mal, hein?

Não está mal, mas isso faz só dois, de jeito nenhum uma trindade. É muito divertido ler em um tratado, *Da Trindade*, de um certo Richard de Saint-Victor, a mesma irrupção, incrível, enfim, do retorno do amor, o Espírito Santo considerado como um pequeno amigo. É alguma coisa que lhes peço para ver no texto, enfim, o trarei alguma vez. Hoje não o fiz porque tenho bastante para dizer. Mas vale a pena se aproximar dele. Como é possível que seja pelo Belo que alguma coisa que é a verdade mesma, e que ademais é o que há de verdadeiro no Real, a saber, o que tento articular esta manhã, assim, mancando: também é muito curioso. Sim.

Em que o Simbólico, o Imaginário e o Real constituem algo que ao menos teria a pretensão de ir um pouco mais além dessa patinação em círculo do gozo, do corpo e da morte? É que há ali algo que podemos alcançar, alcançar melhor aquilo que se nos aparece como sinal, como traço? Acabei de falar do verdadeiro, do belo, de uma forma que, para dizer tudo, nos faz funcionar como meios: será preciso que eu trate do que tem a ver com o Bem.

Será possível que nesta história do nó borromeu se possa situar o Bem em alguma parte? Lhes digo de imediato: há pouquíssimas possibilidades. Se o Verdadeiro e o Belo não têm agüentado, não vejo porque o Bem faria melhor. A única virtude que vejo sair dessa interrogação - e a indico enquanto há tempo, porque não se a verá mais - a única virtude, se não há relação sexual, como enuncio, é o pudor.

Eis aí. Neste encontro genial a pessoa que colocou certa *atterrita* na capa de minha *Televisão*, forma parte de uma cena onde o personagem central, ele que dá seu sentido a todo o quadro, é um demônio, é um demônio perfeitamente reconhecido pelos Antigos como o demônio do pudor[8]. Não é especialmente divertido, e por isso a pessoa, a *atterrita*, abre os braços, com certo pânico. Sim.

Então, os não-tolos erram, ou pode ser os não-pudendos erram.

(Risos)

E com isso, a coisa promete, hein? Promete, porque por outro lado penso que não devemos esperar nada, absolutamente nada, nenhum progresso. Disse isto a uma pessoa - não vejo nada porque ter papas na língua - que cuspiu esse feno, muito gentilmente, porque é uma pessoa que na verdade, estritamente não cuspiu senão o feno que

---

[8] Na edição staferla consta essa *atteritta* gravurada. Mas como Lacan não a apresenta nesta aula e apenas a evoca, preferimos não reproduzi-la aqui. A razão para assim procedermos é bastante simples: não queremos, de forma alguma, inserir sentido, nosso ou de qualquer outro, na fala de Lacan. Quem quiser saber do que se trata precisará, aliás como nas outras referências desse seminário, encontrá-la por seus próprios meios.

lhes pus na boca.Não é pior do que qualquer outra coisa. É o meu feno, que ... Assim, isto não quer dizer que não existam coisas que mudam. Estou interrogando o amor. E começo lendo coisas que são uma pequena aproximação, simplesmente, não sei como isso pode acontecer... eu vou dizer um pouco mais. Se o resultado é uma extensão do discurso psicanalítico já que depois de tudo não faço menos que considerá-lo, mas como um cancro! Quer dizer que isso pode estragar um montão de coisas: se o bem-dizer não é governado senão pelo pudor, que forçosamente choca. Isso choca, mas não viola o pudor.

Assim, tratemos de nos interrogar sobre o que poderia ocorrer se ganhássemos seriamente, por este lado onde amor é apaixonante, mas que implica que nele se siga a regra do jogo. Claro, para isto há um saber. É talvez o que falta: sempre se tem estado com isso numa profunda ignorância, quer dizer, se joga um jogo cujas as regras não se conhecem. Então, se esse saber deve ser inventado para que haja saber, talvez seja para isso que possa servir o discurso psicanalítico.Só que se é verdade que o que se ganha de um lado se perde por outro, seguramente há alguém vai sofrer. Não é difícil encontrá-lo: quem sofre é o gozo. Porque, nessa coisa cega, enfim, que se persegue com o nome de amor, o gozo, isso não falta. Isso sobra! O maravilhoso é que nada se sabe dele: mas talvez seja o próprio gozo, justamente, que dele nunca possa se saber nada. O surpreendente, também, é isto: que não tenha existido discurso sobre o gozo.

Se fala de tudo o que se queira, de substância extensa, de substância pensante, mas a primeira ideia que poderia ocorrer, que se há algo que se possa definir como o corpo, não é a vida, já que a vida só a vemos em corpos que, depois de tudo, o que são? Coisas da ordem das bactérias, coisas que abundam, enfim, e rapidamente se tem três quilos quando se se tinha um miligrama, não se vê bem que relação há entre isso e nosso corpo... mas a própria definição de um corpo é que seja uma substância gozante, como é que ninguém jamais o enunciou? É a única coisa, fora de um mito, que é verdadeiramente acessível a experiência. Um corpo goza de si mesmo, goza bem ou mal, mas está claro que este gozo o introduz numa dialética onde, indiscutivelmente, fazem falta outros termos para que se sustente em pé, a saber: nada menos que esse nó que lhes sirvo, que lhes sirvo como pão coberto de geléia.

Que o gozo possa escapar a partir do momento em que o amor se torna um pouco civilizado, quer dizer, que se saiba que se o joga como jogo, enfim, não é certo que isso ocorra, não é certo que ocorra, mas ao menos isso poderia nos ocorrer, se assim posso dizer. Pode nos ocorrer tanto mais quanto que dele existem pequenos traços, como isso.

Há ainda uma observação que eu gostaria muito de lhes fazer, relativa a pertinência desse nó: no amor, aquele onde os corpos tendem - e há algo picante que lhes direi depois - aquele onde os corpos tendem a se enodar. Não conseguem, naturalmente, porque como vocês vêem, o inaudito é que a um corpo não ocorre nunca que se enode. Nem sequer há traço de nó no corpo! Se algo me impressionou na época em que fazia anatomia era isso: sempre esperava ver ao menos, assim, em um canto, uma artéria, ou em um nervo que, que oba!, que fizesse isso. Nada! Nunca vi nada parecido. E por isso a anatomia, devo dizer, me apaixonou durante dois anos. Isso irrita muita gente que faz da medicina um pesado fardo. Não a mim. Naturalmente, não me dei conta disso rapidamente, não me dei conta de que era por isso que me apaixonava. Só me dei conta disso depois. Nunca se sabe senão depois. E é absolutamente certo que aquilo que eu buscava na dissecação era encontrar um nó. Sim.

E nisso esse nó borromeu alcança ao menos o porquê desse fato, de que o amor, no fim, não está feito para ser abordado pelo Imaginário. Pelo simples fato de que quando gagueja, na falta de conhecer a regra do jogo, articula os nós do amor, hein...é engraçado que isto se detenha na metáfora, que não esclareça, que não dê a ideia de que, pelo lado dessa coisa que espero ter-lhes feito sentir um pouquinho, seu lado de consistência estranha, e o fato de que se surpreende isto, que o Real, no fim das contas, não é outra coisa: história de nós. Todo o resto se pode sonhar, e Deus sabe o lugar que tem o sonho na atividade do ser falante.

Me deixo ir um pouco para os parênteses -vocês vão me perdoar, já que perdoam habitualmente - mas é inacreditável que a força do sonho tenha chegado a fazer, de uma função corporal, o dormir, um desejo.Ninguém até agora, jamais pôs em destaque o fato de que, no que diz respeito a algo que é manifestamente um ritmo - já que existe em muitos outros seres que não são seres falantes - o ser falante chegue a fazer dele um desejo. Ocorre que prossegue o sonho como tal, e por isto, deseja não despertar. Naturalmente, há um momento em que a coisa se afrouxa. Mas ninguém destacou a autonomia, a originalidade do fato que Freud haja podido chegar até lá.

Bem, bom. Voltemos aos nossos nós metafóricos. Vocês não sentem, talvez, que ao recorrer a eles o que eu tento fazer é algo que não comporta qualquer suposição?Porque temos passado o tempo perguntando, mas nunca podemos perguntar senão supondo. Quer dizer que questionávamos o corpo - isso se impunha - e lhe supúnhamos uma alma. No entanto seria necessário - isto é algo que é tramado, porque no nível em que ele me encontrava, nessa *Televisão*, hein, de ter que falar da alma e do inconsciente - o inconsciente poderia ser totalmente distinto de uma suposição, porque o saber - se é verdade o que disse na vez passada - não está em absoluto forçado a supô-lo: é um saber em vias de construção.

Se acontecesse, se acontecesse de o amor se tornar um jogo cujas regras se conhece, talvez, com respeito ao gozo, isto apresentaria muitos inconvenientes. Mas seria rejeitar, por assim dizer, seu fim conjuntivo. E se esse fim conjuntivo é efetivamente o que eu digo acerca do Real, de que, como vêem, me contento dom esse delgado pequeno suporte do número - não disse cifra- do número 3... se o amor, tornando-se um jogo cujas regras se conhecem, encontrará um dia - pois tal é a sua função - o fim disto: que é um dos Uns desses três, se continua unindo o gozo do Real com o Real do gozo, não haveria aqui alguma coisa que faria o jogo?

O gozo do real, isso faz sentido, hein? Se em alguma parte há gozo do Real como tal, e se o Real é o que digo, a saber, para começar, o número 3 - e vocês sabem, não é o três, hein, que quero. Podem lhe agregar 1416 que sempre será o mesmo número, hein, pelo fato de que me serve, e poderiam também escrevê-lo 2,718 - é um algoritmo neperiano - ele cumprirá o mesmo papel - as únicas pessoas que gozam desse Real são os matemáticos.

Então, seria necessário que os matemáticos passem sob o jugo do jogo do amor, que nos enunciem um ponto deste, que trabalhem um pouco mais sobre o nó borromeu porque, devo confessar, enfim, estou verdadeiramente embaraçado, mais do que podem crer, passo o dia fazendo nós borromeus e enquanto isso... tricoteio.

(Risos)

Só que: o gozo do Real não vai sem o Real de gozo. Porque, para que Um seja enodado ao outro, é preciso que o outro seja enodado ao Um. O Real do gozo se enuncia assim. Mas que sentido dar a esta expressão: o Real do gozo? Aqui lhes deixo hoje. Com esse ponto de interrogação.

JACQUES LACAN
OS NÃO-TOLOS ERRAM/ OS NOMES DO PAI
1973-1974

AULA 10

19 de Março de 1974

O que quer que eu diga - e digo eu porque me suponho nele, neste dizer, de que sem dúvida está feito daquilo que é minha voz - o que quer que eu diga, isso fará surgir dois aspectos: um bom e um mau. Daqui provém justamente o que me havia atribuído, minha pretensão de que o Imaginário é caca, bobo, um mal, e que o bem seria o Simbólico. Aqui vocês me têm formulando novamente uma ética. Quero dissipar o mal-entendido desse ano, aquilo que antecipo acerca da estrutura do nó, onde ponho o acento sobre isso: que é de três que se introduz o Real.

Tudo isso não impede que esse mesmo nó seja singular, se é verdade o que sustentei na vez passada -

informem-se com matemáticos - quer dizer que esse nó tão simples, esse nó de três, o algoritmo, o que permitiria aportar ali aquilo que culmina o Simbólico, quer dizer, a demonstração, a articulação em termos de verdade, se nos vemos reduzidos a comprovar nele nosso fracasso, nosso fracasso para estabelecê-lo, para manejá-lo, disto resulta que ao menos até nova ordem vocês se verão reduzidos a imaginar esses nós - dos que posso fazer a escrita, a fiz para vocês na vez passada, sob mais de uma forma - sobre a base desta escrita, vocês se verão reduzidos a imaginá-los num espaço.

Assim é, até esse ponto, o que posso fazer sob sua forma mais simples, esses nós projetados, projetados como vou lhes mostrar, eles consistem em que, e o que aqui desenho é algo que vocês podem imaginar, esse terceiro laço. Por instaurar-se num trajeto, são esses nós independentes, como vocês vêem, quer dizer, imaginam, são esses nós independentes o que faz esse nó triplo que chamo nó borromeu, este que assim representado lhes é imaginável no espaço - como vocês podem ver, qualquer que fosse a maneira em que eu pudesse escrever esse nó, podem constatar que é também uma escrita, quer dizer:

- Que ao apagar qualquer um deles eu poderia calcular que os outros dois ficam livres.

- Que o que constitui Imaginário, na maneira em que aqui vocês podem sentir que no espaço estão sustentados, isto mesmo é escrita, porque basta que apaguem um deles para poderem observar que os outros dois ficam livres, pela única razão de que se recortam de uma maneira determinada e que pode se expressar assim: a saber, que o que está em cima e o que está em baixo formam dois pares, dois pares emparelhados pelo fato de que os dois que estão em cima se acompanham, e os que estão em baixo não estão na mesma linha.

Quero dizer que se acompanham com relação a esses que estão em cima, que há um giro que quer que, para demonstrar que dois desses círculos estão livres, basta que haja dois em cima que se acompanham, em seguida dois em baixo que venham depois - quer dizer, sobre a mesma linha -

é provável que eu tenha acabado de cometer um erro ao dizer que não estão sobre a mesma linha, foi um lapso.

O enigma da escrita, da escrita enquanto posta de plano, está aqui: também ao traçar o que é essencialmente da ordem do imaginável, quer dizer, essa projeção no espaço, todavia é escrita o que faço, a saber, o que é enunciável, enunciável por este algoritmo, aqui o mais simples: uma sucessão.

Ao imaginar essa cunha vocês encontram a ideia da norma, a norma é imaginável desde o momento em que há suporte de imagem, e aqui sempre nos vemos conduzidos a privilegiar uma delas, uma imaginação do que constitui uma boa forma. Curiosa recaída, porque chamar boa a forma, já que depois de tudo, porque não a chamaríamos simplesmente por aquilo que ela é, bela?Voltamos a deslizar com o antigo *χαλός ἀγαθός* por essa ambigüidade, essa que nessa data se confessa, na data em que era assim como os gregos se expressavam, e que no final das contas, o que sempre se reencontra é o título de nobreza, a antiguidade da família, o que, como sabem, para o genealogista resulta sempre encontrável, para qualquer imbecil e, portanto, para qualquer imbecilidade.Não vejo por que me impediria de imaginar seja lá o que for, se essa imaginação é a boa, e o que antecipo é que a boa não se certifica senão por poder se demonstrar no Simbólico, o que quer dizer, ao intitulá-lo Simbólico, em um certo desmantelamento da lalíngua, enquanto que ela faz aceder a que? Ao inconsciente.

O Imaginário não deixa de ser o que é, a saber: d'ouro - d apostrofo ouro (*d'or, d apostrophe, o, r*) - e isto se entenderá como o que dorme - d-o-r-m-e (*d-o-r-t*). Ele dorme, pode-se dizer, ao natural. Isto na medida em que eu não o desperte especialmente, no ponto das éticas precedentes. Estou muito preocupado com essa ética, em particular, com a qual gostaria de romper: a do Bem, precisamente.Mas como fazer se despertar é, neste caso, voltar a dormir, se no Imaginário há qualquer coisa que necessita que o sujeito durma?

Na lalíngua, lalíngua de que me sirvo, sonhar não tem somente essa surpreendente propriedade de estruturar o despertar. Ela estrutura também a oniro-volução (*rève-olution*) e a revolução, se a escutamos bem, será mais forte que o sonho.Às vezes é o re-adormecimento, mas cataléptico. É necessário que eu promova, que eu faça entrar para vocês, em vossas cogitações, isto: que o Imaginário é a prevalência dada a uma necessidade do corpo, a de dormir. Não é que o corpo, o corpo do ser falante, tenha mais necessidade de dormir do que outros animais, o que jamais saberemos, por outro lado, dar seu signo —o que, com os outros animais, opera no dormir. A função do sono, de hipnose, no ser falante, só toma essa prevalência do que falei para identificá-lo ao Imaginário mesmo, só toma essa prevalência do efeito dessa nodalidade, dessa nodalidade que só enoda o Simbólico com o Imaginário - mas também poderiam colocar aqui qualquer outro par dos três - só os enoda pela instância do três, enquanto que eu faço dela a do Real.

Ora, se os acordo no lugar da nossa antiga fórmula *χαλός άγαθός*, isso nos permite datar o Bem Soberano de Aristóteles. Quando fiz a*Ética da Psicanálise* foi a *Ética a Nicômaco* que tomei como ponto de partida, mas a esse respeito me guardei, em seguida, de despertar. Porque se desperto o Imaginário manifesto deste Bem Soberano, o que não iriam eles sonhar?Não é que não exista Bem, o que os arrastaria um pouquinho mais longe para seu bem-estar, senão que não há Soberano, e que o efetivo Soberano, aquele que sabe se servir do nó, encontra o seu caso porque é por ali que o dormir se faz desejar - desejar bastante - para que ele encontre neles a cumplicidade do sonho, a saber, o desejo de que isso siga dormindo bem. Convém, pois, que todo enunciado se cuide, justamente porque oniro-voluciona (*rêve-olutionne*), de manter o reino do que desperta.

Pequeno parênteses - já que ademais isto não é fácil de compreender -como motivo deste discurso no qual me encontro apressado, já que sou seu sujeito por minha experiência, a experiência chamada analítica. Há por certo quem, quanto a essa experiência, não a põe ao pé do muro, não se expõe a ela, mesmo suspeitado que algo o comicha.Os simplesmente coçados não têm muita imaginação. Quando farejam algo das conseqüências do meu discurso, dão com algum rasgo biográfico, por exemplo, este: que freqüentei os surrealistas, e que meu discurso porta o seu traço. É também curioso que com os supracitados surrealistas eu não tenha colaborado nunca. Se tivesse dito o que pensava, quer dizer, que com a linguagem, quero dizer, ao se servir dela, o que eles demoliam era o Imaginário. O que eu não teria produzido! Poderia tê-los despertado. E, sobressaltados, pois pura e simplesmente lhes estaria dizendo que de um a outro, do Imaginário ao Simbólico, cuja existência justamente não suspeitavam, eles restabeleciam a ordem.

Posso acaso fazê-los entender que a sorte do ser falante é que este não pode dizer, não pode sequer dizer - Eu dormi bem!, quer dizer, com um sonho profundo, Eu dormi bem, de tal a tal hora? Isto, pela simples razão de que nada sabe dele, já que, em seus sonhos, ao flanquear este dormir profundo, consentiram ao desejo de dormir.É somente no exterior, a saber, submetido a observação de um eletro encefalograma, por exemplo, que se pode dizer que, efetivamente, de tal a tal hora, o dormir foi profundo, quer dizer, não habitado por sonhos, esses sonhos que lhes digo que são o tecido do Imaginário, que são o tecido do Imaginário enquanto que é por serem tomados nesse nó, esse Real, que sua necessidade principal se converte nessa função predileta: a função de dormir.

Esta passagem do Imaginário pelo crivo do Simbólico basta para dar ao primeiro enunciado, o do Imaginário, o tampão de bom, bom para o serviço. Para o serviço de quê? Não creio forçar a barra se formulo esta pergunta pois, é preciso dizer que ninguém se aproximou, jamais, dessa pergunta sem suscitar, de alguma forma, uma ideia de supremacia, quer dizer, de subordinação.É verdade que o bem só pode ser chamado soberano. Não sentem por acaso que aqui se denuncia algo como uma enfermidade? Recorro àqueles que, justamente, têm o Imaginário desperto, à condição de que isso não suporte neles nenhuma esperança, porque está perfeitamente compreendido que eu não digo nada semelhante, mas tão pouco digo o contrário, a saber: que o bem é soberano.De maneira que, com respeito ao chamado Imaginário, meu dizer de nossos dias opera com ele, mas não é por lá que o ataco. Meu dizer disse só que o Imaginário é aquilo que o corpo deixa de dizer, nada que venha se escrever de outro modo que: eu dormi de tal a tal hora!

Tudo isso não muda o fato de que isso comicha. A verdade comicha, inclusive a quem, sem crer muito nela, os chamo de canalhas, por que no fim das contas basta que a verdade comiche para que isso toque no verdadeiro por algum ângulo. Não importa o quê, e isso tocará sempre o verdadeiro. Se não toca no vosso, porque não tocaria no meu? Aí está, este é o princípio do discurso analítico, e por isso eu disse em alguma parte e a alguém que tem, assim, um lindo livrinho sobre a transferência - seu nome é Michel Neyraut - disse a ele que começar, como ele faz, pelo que chama a contratransferência, se com isso ele quer dizer que a verdade toca o analista mesmo, ele está seguramente no bom caminho, porque depois de tudo, é lá que o verdadeiro toma sua importância primária e que, como o fiz observar faz muito tempo, não há mais que uma transferência, a do analista, já que, afinal de contas, é ele que é o sujeito suposto ao saber.Deveria saber bem a que se ater acerca de sua relação com o saber, até onde é regido pela estrutura inconsciente que o separa desse saber, que o separa ainda que conhecendo uma ponta e, sublinho, tanto pela experiência que dele fez em sua própria análise como por aquilo que meu dizer pode lhe proporcionar.

Quer isto dizer que a transferência é a entrada da verdade? É a entrada de alguma coisa que é a verdade, mas a verdade a partir da qual, justamente, a transferência é a descoberta: verdade do amor.A coisa é notável: o saber do inconsciente foi revelado, foi construído - tal é o valor desse pequeno livro, seu único valor, aliás, mas justifica a sua compra - a verdade do inconsciente, quer dizer, a revelação do inconsciente como saber, essa revelação do inconsciente como saber se fez de uma maneira tal que a verdade do amor, quer dizer, a transferência, não fez mais que irromper.Ela ficou em segundo lugar. E nunca se soube bem fazê-la voltar a entrar, salvo sob a forma do mal-entendido, da coisa imprevista, da coisa com a qual não se sabe o que fazer, salvo dizer que era preciso reduzi-la, inclusive liquidá-la. Esta observação por si só justifica um pequeno livro que saiba fazê-la valer, porque também é necessário se introduzir nisto: que da experiência analítica, a transferência é o que ela expulsa, o que ela não pode suportar senão padecendo, por sua causa, de fortes dores de estômago.

Se o amor passa por esse estreito desfiladeiro de que é a causa, e com ele revela o caráter de sua verdadeira natureza, não vemos que vale a pena repetir sua pergunta? Porque é difícil não confessar que o amor ocupa um lugar, ainda que até aqui o tenhamos reduzido, como se diz, a suas funções. Com o amor pagamos, oferecemos um óbolo, tentamos por todos os meios permitir que se afaste, que se dê por satisfeito.

Como então abordá-lo? Em Roma prometi, já não sei que dia, dar uma conferência sobre o amor e a lógica. Ao prepará-la percebi a enormidade do que sustenta meu discurso, porque não há nada parecido com isso, no passado, que dê conta dele. Eu percebi que, no fim das contas, não é por nada que Freud, naquilo que eu citava na vez passada, tenha intitulado *Psicologia* justamente chamada *das Massas e Análise do Eu*, lá, confronta a identificação com o amor - e sem sucesso - para tentar tornar aceitável que o amor participa, de uma maneira ou de outra, da identificação.Simplesmente, ali está indicado que o amor se relaciona com o que eu isolei sob o título de Nome do pai. É muito estranho. O Nome do pai a que antes aludi ironicamente, quando disse que teria relação com a antiguidade da família, o que pode ser? O que é que o Édipo, o dito Édipo, nos ensina sobre isto?

E bem, não penso que isto se possa abordar de frente. Portanto, naquilo que hoje projetei lhes dizer, e sem dúvida em razão de uma experiência que a mim mesmo havia fatigado, gostaria de lhes mostrar como se cunha esse nome, esse nome que em poucos casos não vemos, ao menos, recalcado. Para suportar esse nome não é suficiente que aquela que encarna o Outro, o Outro como tal, o Outro com O maiúsculo, aquela, digo, em que o Outro se encarna - não faz mais que encarnar, encarnar a voz - a saber, a mãe, a mãe fala, a mãe pela qual a palavra se transmite, a mãe, se há que dizer, é reduzida a traduzir esse nome (*n-o-m*) por um não (*non*), justamente, o não que diz o pai, o que nos introduz no fundamento da negação: é que esta mesma negação forma um círculo em um mundo, que ao definir alguma essência, essência da natureza universal, quer dizer, o que se suporta do todo - justamente rejeita, rejeita o quê? - fora do todo, levado por ele a ficção de um complemento ao todo, e faz a todo homem responder: por isso, o que é não-homem, não se sente acaso que há uma hiância desse não lógico ao dizer-não?Ao dizer-não proposicional, diria eu, para suportá-lo. A saber, o que faço funcionar, em meus esquemas, acerca da identificação sexual. Quer dizer que todo homem não pode confessar seu gozo, quer dizer em sua essência, fálica, para chamá-la por seu nome, que todo homem não chega senão, ao se fundar sobre esta exceção, de alguma coisa, o pai, enquanto que proposicionalmente ele diz não a essa essência.O desfiladeiro, o desfiladeiro do significante por que passa ao exercício essa alguma coisa que é o amor, é muito precisamente esse Nome do pai. O Nome do pai que só é não (*n-o-n*) ao nível do dizer, e que se cunha pela voz da mãe no dizer-não a um certo número de interdições, isto no caso, no feliz caso, naquele onde a mãe quer, com sua pequena cabeça, proferir algumas *nutations*.

Há algo cuja incidência queria indicar. Porque se trata de um ângulo do momento que é aquele que vivemos na história. Há uma história, ainda que não seja forçosamente a que se crê, em que o que vivemos é muito precisamente isto: que curiosamente a perda, a perda do que se suportaria na dimensão do amor, se é efetivamente não a que eu digo - eu não posso dizê-la - a esse Nome do pai se substitui uma função que não é outra que a de nomear-para. Este nomear-para qualquer coisa, é aqui o que desponta em uma ordem que se vê efetivamente substituir o Nome do pai. Salvo que aqui, a mãe geralmente basta por si só para designar seu projeto, para efetuar seu traçado, para indicar seu caminho. Se defini o desejo do homem como o desejo do Outro, isto é o que o designa na experiência. E mesmo nos casos onde, por azar, enfim, ocorre que por um acidente ela não esteja mais ali, é, no entanto, ela, ela, seu desejo, o que designa a seu fedelho esse projeto que pode ser expresso pelo nomear-para. Esse nomear-para qualquer coisa, é aqui que, para nós, neste ponto da história em que nos falamos, se vê preferir - quero dizer efetivamente preferir, avançar - o que tem que ver com o Nome do pai.

É muito estranho que aqui o social assuma uma prevalência de nó, e que literalmente produza a trama de tantas existências. Ele mantém esse poder de nomear-para a ponto de que, depois de tudo, se restitua com ele uma ordem, uma ordem que é de ferro. O que designa essa marca como um retorno do Nome do Pai no Real, enquanto que precisamente o Nome do pai está *verworfen*, foracluído, rejeitado? E se a esse título designa essa forclusão da que disse que é o princípio da loucura mesma, acaso esse nomear-para não é signo de uma degenerescência catastrófica?

Para explicá-lo devemos, devemos dar pleno sentido ao que designei com o termo, tal como o escrevo, de ex-sistência. Se alguma coisa ex-siste a alguma coisa, é muito precisamente por não estar acoplado a ele, por lhes estar trêsado (*troisé*), se me é permitido um neologismo. A forma do nó - já que o nó não é mais que essa forma, quer dizer imaginável - não ocorre aqui que o imaginável se designa por não poder ser pensado? Pensado, quer dizer, posto em ordem, enraizado não só no impossível, senão no impossível enquanto que demonstrado como tal. Nada é demonstrado por esse nó, somente mostrado. Mostrar o que significa a ex-sistência, de um anel de fio para me fazer compreender, um anel de fio pois é sobre ele que repousa o nó que de outro modo produz loucura. A explicação não morde o inexplicável.

Não é aqui que devemos buscar, naquilo que nos possui, nos possui como sujeito, que não é outra coisa que um desejo, e que, mais ainda, é desejo do Outro, desejo pelo qual estamos alienados desde a origem. Não é acaso a isso que se deve levar a esse fenômeno, essa aparição à nossa experiência que, como sujeitos não é somente por não ter nenhuma essência, senão por estar preso, *squeeze* em um certo nó, senão também como sujeito suposto do que *squeeze* esse nó, como sujeito, não é somente a essência o que nos falta, quer dizer, o ser, senão que não ex-siste todo que faz nó. Mas dizer que isto não existe não quer dizer que por ele existamos ali de qualquer maneira. É no nó mesmo que reside tudo o que para nós não é, no final das contas, senão patético, o que Kant rechaçou, de antemão, de nosso ética, a saber, que nada do que padeçamos pode, de qualquer maneira, nos dirigir até nosso Bem. Isto é alguma coisa que se há de entender não se sabe como, como um pródromo, me atrevo a dizer, e por isso escrevi uma vez *Kant com Sade*, como um pródromo do que constitui, efetivamente, nossa paixão: que já não temos qualquer espécie de ideia do que, para nós, traçaria o caminho do Bem.

No momento em que esse caminho expira, no momento em que Kant faz o gesto desse delgado recurso, dessa ligação ínfima com que Aristóteles instaurou como a ordem do mundo, quais são os argumentos que ele adianta? Para fazer sentir a dimensão do que é o dever, o que diz? O que ele diz é que, pretensamente, um amante próximo a obter o sucesso de seu gozo pensará duas vezes se, diante da porta de sua amante, ver instalada a forca que o enlaçará. Se opõe a isto desde sempre e não se arriscará jamais a coisa parecida, enquanto que pelo contrário, é bem evidente que qualquer um é capaz de fazê-lo, se quiser, simplesmente. Então, o que se opõe a isso? É que - como se fosse isto o signo de uma superioridade - convocado pelo tirano a difamar a outro sujeito, alguém pensará duas vezes antes de emitir um falso testemunho.

A que no meu texto, *Kant com Sade* - pois escrevi coisas, coisas das quais ninguém compreende nada, é claro, mas é simplesmente porque são surdos - a que me opus: para me referir a mão do tirano,àquele que o tirano deseja alcançar, bastava não um falso, mas um verdadeiro testemunho! O que basta para foder, para pôr por terra todos os sistemas, pela razão de que a verdade, a verdade é sempre para o tirano. É sempre verdadeiro que o tirano não pode suportar, e, por conseguinte, aquele que o tirano quer alcançar, tem já as suas razões para isso, o que ele precisa é de uma aparência de verdade.

O viés, o viés por onde aqui Kant faz a rasgadura, o viés não é bom, de onde resulta a fórmula que se desprende simplesmente desses dois termos entre os quais Kant inicia a *Razão Prática*, quer dizer, o do dever moral, a essência, a essência daquilo que é para o bem, é que o corpo força seu gozo, quer dizer, que o recalca, e simplesmente em nome da morte, da morte de si mesmo ou de algum outro, no caso aquele a quem pensará salvar. Mas uma vez delimitada está fórmula, não reduz a isto o bem a seu justo alcance? Mas, uma vez delimitada esta fórmula, isto não reduz o Bem a seu justo alcance. É que foi desses termos, aqueles com se fazem os três, os três do Real, enquanto que o Real mesmo é três, a saber: o gozo, o corpo, a morte, na medida em que estão enodados, enodados somente, desde sempre, por esse impasse inverificável do sexo. É lá que se veicula o alcance desse discurso recém-chegado de que não é pouca coisa que alguma coisa o tenha necessitado, o discurso analítico que me permitiram retomar em 9 de Maio, 9 de Maio na segunda terça-feira, e depois não o terceiro, mas o quarto, que não será portanto depois da Páscoa, 16 de Abril, senão 23...

Em 9 de Abril, não Maio, Abril!

AULA 11

9 de Abril de 1974

Hoje, por razões de escolha pessoal, vou partir de uma questão, questão que, claro, me faço, crendo ao menos que a resposta está aqui - se trata de um sofisma (*bateau*), vocês sabem - a questão: Que é o que Lacan, aqui presente, inventou?

Vocês sabem que a palavra inventado, a coloquei à frente, a fiz reconhecer - se posso dizê-lo - por vocês, ao menos em aparência, ligando-a àquilo que a necessita, quer dizer, o saber.O saber se inventa, eu disse o que a história da ciência parece atestar muito bem, eu acho. Então o que é que eu inventei? Isso de nenhuma forma quer dizer que eu faça parte da história da ciência, porque meu ponto de partida é outro, o da experiência analítica. O quê? Eu vou responder - uma vez que se entende que já tenho a resposta- eu vou responder para colocar as coisas nos trilhos: o objeto *a*.

É evidente que não posso adicionar o objeto *a* como exemplo. Isso, isso é palpável de imediato. Não é entre outras, coisas que inventei o objeto *a*, entre outras coisas, como alguns imaginam. Porque o objeto *a* é solidário - pelo menos inicialmente - do grafo.Vocês talvez saibam o que é?

Eu não tenho certeza. Mas, enfim, é algo que tem uma forma como essa, com duas coisas que se atravessam, e depois mais isso. Digo isso porque, no ponto em que estamos é necessário.

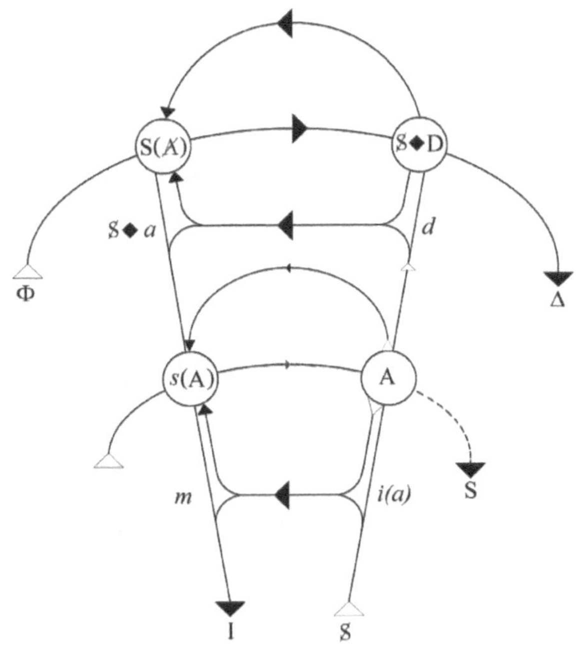

Do grafo, assim, do que é uma determinação, e especialmente num ponto em que faz a pergunta: O que é o desejo se o desejo é o desejo do Outro? Enfim, dali saiu. Isto não quer dizer, claro, que não está em outra parte. Está em outra parte também, está também no esquema chamado esquema L.

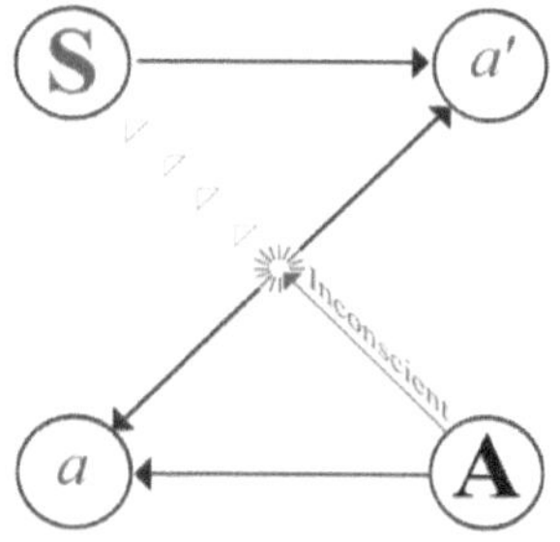

E também nos quadrípodos dos discursos, os quais acreditei dever fazer lugar, enfim, faz alguns anos.

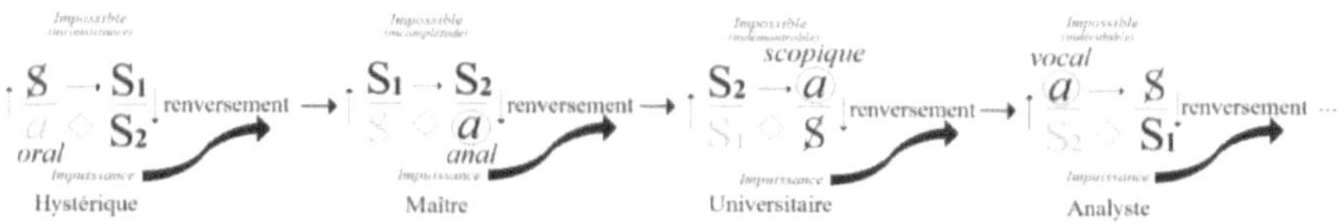

E então - quem sabe? - talvez é uma questão que venha a se pôr no lugar de x nas já célebres fórmulas quânticas, as que hoje chamarei - pois esta manhã, ao acordar, escrevi algumas notas - chamarei da sexuação.

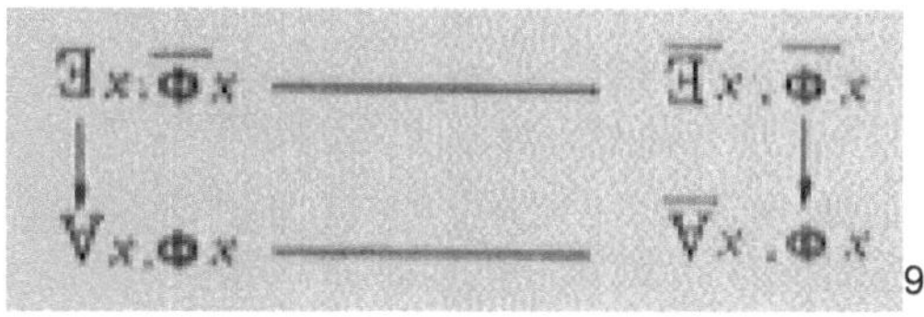

---

[9] Aqui, a exemplo da oitava aula, a edição staferla insiste numa simbologia que não corresponde àquilo que Lacan evoca e que não consta nas outras edições que consultamos.

Enquanto eu estava tomando essas notas me surgiu isto, isto, o que é curioso que nunca ouça seus ecos, - não é? -, obviamente... mesmo em Roma onde fui dar uma voltinha, se ouviu falar dessas fórmulas quânticas, o que prova que há uma boa difusão.E me levantaram questões, a saber: se por ser quatro, as fórmulas quânticas, poderiam se situar em alguma parte, de alguma maneira que tivesse correspondência com as fórmulas dos quatro discursos.Isso não é forçosamente infecundo, pois o que evoco, enfim, é que o *a* vem no lugar das fórmulas que eu chamo fórmulas quânticas da sexuação. Eu preciso reescrevê-las, o que seguramente não é inútil. Evoco isto que são as que se marcam X Φ de X, à esquerda e que se segue com as outras quatro fórmulas que estão assim, no quadrado. Bem!

Disto eu poderia me voltar a algo que por certo não demandaria pouco esforço, mas gostaria de lhes fazer observar que essas fórmulas chamadas quânticas da sexuação poderiam se expressar de outro modo, o que talvez nos permitiria avançar. Vou lhes dar o que disso se implica. Poderia dizer assim:

O ser sexuado não se autoriza senão de si mesmo

No sentido de que pode escolher, quero dizer, que aquilo a que o limita, para classificá-lo varão ou mulher no estado civil, não impede que ele possa escolher. Isto, claro, todo mundo sabe. O ser sexuado não se autoriza senão por si mesmo, mas eu adicionaria, e de alguns outros.

Qual é o estatuto desses outros, nesta ocasião, salvo que é em algum lugar - não digo o lugar do Outro - é em algum lugar que se trata de situar, saber onde isso se escreve nas minhas fórmulas quânticas da sexuação. Porque diria inclusive isto, e estou indo o longe o suficiente: se eu não as houvesse escrito, seria tão verdadeiro que o ser sexuado não se autoriza senão por si mesmo?

Parece difícil de contestar, já que não se esperou pela minha escrita das fórmulas quânticas da sexuação para que, enfim, tenha havido um montão de gente séria que se engancha, como podem, enfim, que se engancham à homossexualidade. Nem de um lado nem do outro. Isto seria incontestavelmente verdadeiro salvo que - coisa curiosa - parece que ainda que isso se tenha espalhado desde o começo dos séculos, levamos muito tempo para enganchá-lo a esses termos - como por azar, impróprios - a esse termo de homossexual, por exemplo.É curioso que eu possa dizer impróprios, é totalmente impróprio como nominação. Muito antes não se dispunha desses termos, enfim. Por exemplo, enfim, se lhe chamava, por um lado - e o fato de que de se os distinguia de uma maneira séria a ponto de lhes dar um lugar diferente no mapa geográfico é já suficientemente indicativo -

se chamava a isso, por um lado, de sodomitas.*Sumus enim sodomitae*, escreveu um príncipe que, creio, era ele mesmo da família dos Condé:

Sumus enim sodomitae igne tantum perituri.

Dizia isso para tranqüilizar seus companheiros no momento em que atravessavam um rio: nada pode nos ocorrer, não vamos nos afogar, já que somos *igne tantum perituri*, só pereceremos pelo fogo, por isso é seguro.

Bom. Enquanto isso, não teria podido ocorrer na minha Escola que é isso o que equilibra meu dizer:

Que o analista não se autoriza senão por si mesmo?

Isso não quer dizer que ele esteja sozinho para decidir, como acabo de lhes fazer observar no que se refere ao ser sexuado.

Eu diria ainda mais, enfim, o que escrevi nas fórmulas implica ao menos que para fazer o homem é preciso que ao menos em alguma parte esteja escrita a fórmula quântica que acabo de escrever, e que ele existe - é uma escrita - ele existe, esse X que diz que não é verdadeiro que Φ de X, a saber, que o que suporta na escrita a função proposicional onde podemos escrever o que se refere a essa escolha do ser sexuado, que não é verdadeiro que ela se sustente, se sustente sempre, que inclusive a condição para que a escolha possa ser feita positivamente, quer dizer, para que haja homem, é que em alguma parte exista castração.

Então, se digo, que o analista não se autoriza senão por si mesmo - isso é alguma coisa tão avassaladora, enfim, pensar nisso - que se o analista é alguma coisa, que é um do modo ser nomeado-para à análise, se posso dizer, à análise, sob essa forma que quer dizer: membro associado, membro titular, membro não sei o quê. Tudo o que, assim, tentei, com o que quis fazer rir em um pequeno artigo marcando os níveis do que denominei as Suficiências, os Sapatinhos, até as Beatitudes... Ser nomeado-para a Beatitude, não é algo que em si pode fazer rir um pouco? Isto fez rir, mas não muito, porque na época em que escrevi isso, não interessava mais que aos especialistas, e eles não riram de si, claro, pois estavam no sistema.

Mas isso implicaria quando mesmo que essa fórmula - que produzi em certa *Proposição* totalmente axial - que essa fórmula receba alguns poucos complementos, alguns poucos complementos que implicam que se seguramente não se pode ser nomeado-para a psicanálise, isto não quer dizer que qualquer um possa entrar nela como um rinoceronte numa loja de porcelana. Quer dizer, independentemente disso, seria preciso que se inscreva naquilo que eu espero que venha a se escrever, porque não é como quando invento, como quando invento o que rege a escolha do ser sexuado, aqui eu não posso inventar, pela razão de que um grupo, um grupo é Real. E inclusive é um Real que não posso inventar pelo fato de que é um Real recém surgido. Porque enquanto não havia discurso analítico não havia *o* psicanalista. Por isso enunciei que há o psicanalista, por exemplo, eu, fui testemunha, mas isto não pode querer dizer que há *um* psicanalista. Seria uma visada propriamente histérica dizer que ao menos há um, por exemplo. Não sigo em absoluto essa inclinação, não estando por natureza na posição da histérica. Eu não sou Sócrates, por exemplo. Onde me situo, enfim, já veremos isso, eventualmente, porque não? enfim. Mas por hoje não necessito dizer mais.

Portanto, há coisas, há coisas em nível do que emerge de Real, sob a forma de um funcionamento diferente. De quê? Do que no final das contas tem a ver com letras pois é das letras, das letras que se trata. Isto é o que quis produzir em meus quadrípodos. Pode haver uma maneira com a qual uma certa ligação se estabelece em um grupo, pode haver algo novo e que consiste em certa redistribuição de letras. Isto eu posso inventar.

Mas a maneira de continuar com esta nova disposição de letras para lhe enganchar um discurso, isso supõe uma sequência, justamente: e porque não, como me perguntaram em Roma, pois ali me perguntaram, qual era a ligação das quatro fórmulas quânticas chamadas da sexuação, qual era sua ligação com a fórmula - é dela que se trata - do discurso analítico tal como acreditei dever antes de tudo propor.

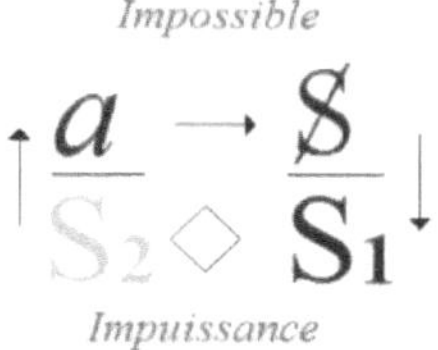

As conectar seria lhes dar esse desenvolvimento que faria com que em uma escola - a minha, porque não, com alguma sorte – com que em uma escola se articulasse essa função da qual a escolha do analista, a escolha de sê-lo, não pode senão depender.Porque ao não se autorizar senão por si mesmo ele não pode senão se autorizar também de outros. Me reduzo a esse mínimo porque precisamente espero que algum coisa se invente, se invente do grupo sem voltar a deslizar pela velha rotina, essa que resulta, que é em razão de velhos hábitos, contra os quais, depois de tudo, se está tão pouco precavido. São eles que constituem a base do discurso chamado universitário e fazem que se seja nomeado-para um título.

Isso nos impulsiona, nos impulsiona porque escolho ser impulsionado por isso - mas a vocês impulsiona ao mesmo tempo, pois me escutam - a tratar de precisar a ligação que há entre o que chamo inventar o saber e o que se escreve. Está bem claro que há uma ligação, só que se trataria de precisá-la. Dito de outra maneira - tateia-se - perceber, colocar a questão: onde se situa a escrita?É bem isto o que desde muito tempo trato de lhes indicar, substituindo - o que fiz muito precocemente - deslizando, se posso dizer, no enunciado que tentei dar de *Função e Campo da Palavra e da Linguagem*, claro, a certo artigo, certo escrito pivô, não o intitulei A Instância do Significante no Inconsciente, o intitulei *A Instância da Letra*.E isso é em torno de letras como talvez recordem, enfim, entre brumas que S, S_1, S_2, etc. o s, o pequeno s, enfim, é tudo o que - implicando tudo isto certa relação que enganchei como metáfora e outra como metonímia - em torno disto fiz girar um número de proposições que podem ser consideradas como um forçamento, quero dizer, de certa instância - não da letra - mas da lingüística. Mas lhes faço observar que a lingüística não procede de outro modo que as outras ciências, quer dizer que ela só procede da instancia da letra, aí está a instancia da lingüística, passando pela letra, enfim, para propor algumas observações àqueles que praticam a análise.

Isto não impede, é claro, pois eu acreditava que com o tempo, - não é? -... esses surrealistas, - não é? - a gente cansa, enfim, quando se pretende escrever artigos sobre mim. Esses surrealistas, eu conheci um que na época sobrevivia, Tristan Tzara. Lhe passei *A Instância da Letra* e não lhe deu nem frio nem calor, porque? porque isto demonstra o que lhes fazia notar - talvez o tenham entendido - em meu último seminário, que no fim das contas, com todo o barulho, não é? Eles não sabiam muito bem o que estavam fazendo.Mas isso, é, isso se explica, em suma, pelo fato de que eram poetas, e como Platão nos fez notar há muito tempo, não é por nada forcado - é inclusive preferível - que o poeta não saiba o que faz. Isto é o que dá, o que faz seu valor primordial, diante disso, na verdade, não resta senão abaixar a cabeça. Quer dizer, se é que se pode fazer certa analogia, enfim, certa homologia, digamos - mas com esse sentido aproximativo para a palavra homo que é este que lhes assinalei à pouco - certa homologia entre o que temos como obras, obras de arte e o que nos colhemos na experiência analítica.Interpretar a arte é o que Freud sempre descartou, sempre repudiou, o que chamam psicanálise da arte é ainda mais descartável que a famosa psicologia da arte, é uma noção delirante. Da arte nos precisamos aprender lição. Aprender a lição e alcançar os mesmos resultados só que para outra coisa, quer dizer, fazer dela esse terceiro que ainda não está classificado, essa alguma coisa que se apóia na ciência, por um lado e, por outro, toma a arte como modelo. E iria ainda um pouco mais longe: que não se pode fazê-lo senão na espera de ter que se dar ao final por vencido.

Como a experiência analítica nos demonstra, é que estamos lidando com o que eu diria verdades indomáveis, verdade indomáveis que nós, nós devemos demonstrar, claro, como tais. São as únicas que podem nos permitir definir como, na ciência, o que tem relação com o saber, o saber inconsciente, como na ciência isto pode constituir o que eu chamaria de uma borda, quer dizer, aquilo que na ciência mesma, como tal, na falta de uma palavra melhor, eu diria, é estruturada. Se o que antecipo para vocês responde à alguma coisa, quero dizer, que vocês tenham esperado bastante antes que eu enuncie que não há relação sexual, isso é o que quer dizer.

Novamente eu enfatizo que isto não implica que o pouco de Real que sabemos - que se reduz ao número - que o pouco de Real que sabemos, se é tão pouco, esteja no famoso furo, no fato de que no centro está esse τόπος, que não se pode mais que tapar. Tapar com o quê? Com o imaginário, mas isto não quer dizer que o objeto *a* seja o imaginário. É um fato que isso se imagina, isso se imagina da forma que pode, a saber:

- O que se chupa;

- O que se caga;

- O que faz o olhar, o que domina o olhar na realidade;

- E depois a voz.

Os dois últimos no número, em todo caso, o último, sou eu que, seguramente, o agrego à lista do que se imagina. Mas o fato de que se imagina não diminui em nada o alcance do objeto *a* como τόπος, quero dizer, como o que se *squeeze* para dar sua imagem, nada mais, para dar sua imagem que só tem uma vantagem, a de ser uma imagem escrita: a que dei no nó borromeu. O objeto *a* é lá que isso se enoda. Há, portanto, duas faces, no objeto *a*: uma face que é tão Real quanto resulte possível, só pelo fato de que escreve. Vejam o que estou tentando fazer: tento situar o escrito - e ainda vou avançar nisso - como essa borda do Real, situá-lo sobre essa borda.

Para, porque é preciso, enfim, lhes dar outro alimento que esta abstração, como vocês diriam, porque justamente o sensível aqui é que não é abstração. É duro como ferro. Não porque uma coisa que não é suculenta seja abstrata. É divertido que eu experimente aqui a necessidade - sendo o desejo do homem o desejo do Outro - que eu experimente aqui a necessidade de me tornar uma pequena escanção-engraçada para lhes fazer notar que é divertido, enfim, uma coisa, uma pequena amostra anedótica que lhes vou dar, não é? É bastante curioso, por exemplo, que o saber, uma vez que é inventado, passa como isso, como lhes direi: quando Galileu percebeu algumas dessas invenções que transtornavam completamente o saber relativo ao Real celeste, teve o cuidado de fazer anotações da seguinte forma: enviou a algumas pessoas certo número de dísticos latinos - dois versos, não mais - nos quais, pelos quais ele podia, em certo momento, deixar a coisa datada, e ao tomar certo número de letras, de três em três, por exemplo, demonstrar que havia inventado a coisa impossível de fazer engolir à sua época, que ele havia inventado já em determinada data.

Quer dizer, que isso foi inscrito indiscutivelmente pela maneira mesma como fez esse dísticos, cujo conteúdo pouco importa, aliás, dado por certo que nesse gênero, enfim, é possível escrever qualquer coisa, isto não faz nada a ninguém, tudo o que interessa àquele que recebe a carta de um personagem como Galileu, não é o que isso quer dizer, senão que tem um autógrafo. E a maneira em que se abre, de certo modo, o que chamaremos de aparente idiotia dos dois versos, estava inscrita, a data, a data de tal coisa, a coisa de que tratava, a saber, acerca do céu e o princípio dos trajetos que oferece para ver, e que lá não se ilustra de uma maneira somente divertida, senão que vocês tem muitas outras ilustrações, pois como ele fez e insistiu nisso com pés de chumbo, é evidente que se a lógica é o que digo: a ciência do Real e não outra coisa, se justamente o próprio da lógica, como ciência do Real, é precisamente fazer da verdade um valor vazio, quer dizer, exatamente nada de nada, algo do que simplesmente podem escrever que não, não-V é F, quer dizer falso, ou seja uma maneira de tratar a verdade que não tem nenhum tipo de relação com aquilo que chamamos comumente verdade.

Esta ciência do Real, a lógica, foi quem a inaugurou, e não pôde senão abrir essa via a partir do momento em que pode esvaziar bastante as palavras de seu sentido lhes substituindo por letras, pura e simplesmente. A letra é, de certa maneira, inerente a essa passagem ao Real. Aqui é divertido poder dizer que o escrito estava lá para dar provas. Dar provas de quê? Dar provas da data da invenção. Mas ao dar provas da data da invenção, dá provas também da invenção mesma, a invenção é o escrito, e o que exigimos em uma lógica matemática é precisamente isto: que nada seja demonstrado senão uma certa maneira de impor a si mesmo uma combinatória perfeitamente determinada de um jogo de letras.

Faço aqui a pergunta: acaso o anagrama, já que era disso que se tratava nos versos de Galileu, que o anagrama no nível daquilo que o querido Saussure privadamente quebrava a cabeça, acaso o anagrama não está ali simplesmente para dar provas de que essa é a natureza do escrito, mesmo quando não se tenha a ideia de nada a provar?[10] Será que o anagrama, no nível em que Saussure se interrogava, a saber, no nível onde nos versos chamados saturnais se pode encontrar justamente o número de letras necessárias para designar a um deus, sem o que nada do céu poderia nos socorrer para saber se era a intenção do poeta, lá, do poeta ter salpicado o que tinha que escrever - porque o escrito já funcionava - por havê-lo salpicado com certo número de letras que fundam o nome de um deus? Se sente aqui que mesmo quando não está suportado por nada, por nada que possamos demonstrar, é preciso que admitamos que é o escrito o que sustenta, que há aqui uma modalidade de entidade do escrito. Como traduziremos entidade?

- A colocaremos de lado do ser ou do lado do ente?

- É οὐσία ou *ov*?

Creio que será melhor abandonar essa direção.

---

[10] Na edição que tomamos por base esse trecho não é encerrado por um ponto de interrogação. Mas é bastante claro que se trata, como Lacan mesmo diz, de uma pergunta.

E lhes proponho algo que tem seu interesse por ir no mesmo sentido do que havia traçado. Como um velho sábio me fez notar, na época em que ao menos se sabia escrever o que se impunha da linguagem, - não é? -, *uma rota que sobe é a mesma que desce*, então, gostaria de lhes propor como fórmula do escrito: o saber suposto sujeito. Que exista algo que ateste que uma fórmula como essa possa ter sua função, é em todo caso hoje o melhor que encontro para situar para vocês a função do escrito, a que nossa pergunta sobre a entidade do escrito nos introduziu, οὐσία ou ov, para situar o fato de que se define antes de tudo por uma certa função, por um lugar de borda.

Pois é! É bem evidente, - não é? - que - eu já indiquei isso de maneira incidental porque gastei tempo me explicando com os filósofos - é bem verdade que este é meu próprio materialismo. Sim. Bem, o digo apenas porque não estou nem aí para o materialismo. Esse certo materialismo que está ali desde sempre, e que consiste em beijar o cú da matéria em nome de que ela seria mais Real que a forma, enfim, isto por certo já foi condenado.Foi condenado a partir do materialismo histórico, que estritamente não é outra coisa que uma ressurgência da Providência de Bossuet.

(Risos)

Sim. Em todo caso, essa matéria do escrito, do escrito suposto, assim, como é um pouco novo, enfim, isso mereceria que ordenhássemos a questão um pouco mais, para voltar a nosso objeto *a* fundamental. Que explorássemos um pouco, ao menos por um tempo, heim?

Que essa exploração se torne possível, - não é? -, quer dizer... precisamente - se vocês traduzem a modalidade como lhes ensinei a fazer - quero dizer, que isso cessa de se escrever, e de nenhum modo o contrário.É preciso que isso cesse de se escrever para que prove alguma coisa. Quer dizer, que não cessa de partir outra vez. Mas justamente essa é a escansão que tento lhes dar uma ideia, uma escansão que é curiosa. Porque a pulsação que implica, a saber - o que todos sabem - que só pode ser necessário o possível, a saber, o que situo pelo cessar de se escrever e, justamente, o que não cessa de se repetir - alguma coisa que temos sido capazes de tocar, - não é? -, nessa função produzida genialmente por Freud, a repetição.

Isso é uma coisa fundamental e cuja aproximação procuro aqui para vocês, a aproximação de que isso institui um tempo dois. Longe de fazer o tempo como linear, isso institui um tempo dois como totalmente fundamental.E até mesmo chegaria a perguntar: quem poderia me dizer disso um pedacinho - eu me divertiria muito que me respondessem sobre isso - o seguinte, tomando um conjunto de dimensões, um conjunto que não supõe nada de cardinal senão, digamos, um conjunto finito, como determinar sobre esse conjunto de dimensões, porque não imaginar a dimensão tal como a defino, quer dizer, ali onde se situa o dizer, como chegar a formular isto: que se partimos da ideia da função do 2, duas dimensões se situam ali de um lado da superfície, mas ao cessar e não cessar, como acabo de lhes dizer, não é isto, por acaso, o que constitui exatamente o alcance do escrito? Dito de outra forma, sobre um conjunto de dimensões, que não determinamos antecipadamente, como encontrar

- O que constitui a função-superfície?

- E o que no meu dizer, constituiria a função-tempo, simultaneamente?

O que, de qualquer maneira, está muito perto, muito perto do nó que lhes sugiro.

Eu já havia feito em outra ocasião algo que chamou *O Tempo Lógico*. E é curiosos que tenha posto em segundo tempo o tempo para compreender, o tempo para compreender o que há para compreender. É a única coisa desta forma que fiz o mais depurada possível, a única coisa que havia para compreender. É que o tempo de compreender não vai se não há três. A saber, o que chamei:

- O instante de ver.

- Depois a coisa à compreender;

- E, depois, o momento de concluir.

De concluir -como creio haver sugerido bastante nesse artigo - de concluir de través. Sem o que - se não há tal 3 - não há nada que motive o que manifesta com claridade o 2, quer dizer, essa escansão que descrevi, que é a de uma detenção, a de um cessar e um recomeçar. Graças ao que resulta evidente que são os únicos movimentos convincentes, que só valem como prova, - não é? -, na medida em que se trata de que saiam da prisão - vocês sabem que se trata de que saiam da prisão como por acaso - só podem fazê-lo funcionar como prova no só-depois dessa escansões, fazê-los funcionar como prova, quer dizer, fazer o que lhes é demandado, não somente que tenham saído, o que é um movimento muito natural, senão que nisso são idênticos, a saber, cada um estritamente aos outros dois.Eles tem o mesmo anel, negro ou branco, nas costas. Não podem - como se lhes pede! - dar qualquer explicação senão pelo fato de que todos tenham feito o mesmo balé para sair. Tal é a única explicação.

O caminho para explicar isto é bastante, enfim, bastante encantador, - não é? -, e além disso é evidente que não comporta entre eles nenhuma espécie de identidade de natureza, mas vejamos a ilustração, o comentário à margem que dou dele, a saber, que é assim como os seres imaginam uma universalidade qualquer, neste apólogo - já que se trata de um apólogo - não há traço da menor relação entre os prisioneiros, já que isto precisamente lhes está proibido: comunicarem-se entre si. Eles são, simplesmente - se identificam ou se distinguem - por ter ou não ter um disco branco ou um disco negro nas costas. Peço desculpas por haver-me estendido tanto para as pessoas que nunca abriram os *Escritos*, o que não seria mal, claro. Definir portanto o que em um conjunto de dimensões constitui ao mesmo tempo superfície e tempo, aqui está o que lhes proponho como continuação - meu Deus - como continuação ao que lhes propus acerca do tempo lógico em meus *Escritos*. Bom. Sim.

Será que eu sou, que eu sou um mal um juiz, quando respondi que o objeto *a* era talvez o que eu havia inventado? Talvez, mas em todo caso é seguro que ninguém o inventou sem mim. Bem. No entanto, eu posso ser ainda um mau juiz. E nisso não careço de relação com a *οὐσία* que há pouco usei como trapo, se meu esquema do discurso analítico é verdadeiro...

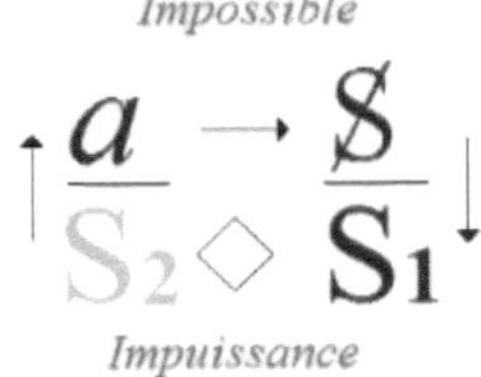

... devo fazer que esse objeto *a* advenha, tenho que fazê-lo advir. Não é o eu (*je*), em meu caso, quer dizer, aqui no momento em que eu estou diante de vocês. É o *a*. Sim. Esse lugar de ninguém é, bem entendido, como o nome ninguém o indica, um lugar de classificação a ocupar, - enfim, não é? - de falso semblante: se trata de ocupar a função do analista. E nisto eu adiantava algo, algo que surge com a questão, sempre a mesma: Posso sê-lo?. Autorizar-se, isso ainda pode ir - heim? - mas sê-lo, é outro caso. Aqui se forja evidentemente o que enunciei acerca do verbo desser. O analista, eu o despossuo: o objeto *a* não ter ser.

Já insisti suficientemente - não é? - já insisti suficientemente em seu momento, sobre aquilo pelo que os psicanalistas mostram júbilo - não é? - a saber, essa cara, esse suporte, esse patetismo do objeto *a* quando toma a forma de dejeto.Insisti muito sobre isso. Um dia apontei algo como isso em Bordeaux, e lhes expliquei que a civilização era o esgoto, que dele não há, estritamente, nenhuma espécie de outro traço, e que é assim mesmo algo muito estranho, que há que se aplicar a isso. Porque quem não sabe que todos os outros animais que existem cobrem de terra seus dejetos, ao mesmo tempo que é muito singular que tudo o que o homem faz acaba sempre no dejeto, não é? Só uma coisa que conserva uma pequena dignidade, são as ruínas, mas saiam um pouquinho de vossas conchas para perceber o número de carros para desmanche que se empilham em certos lugares e percebam que ali onde vocês põe o pé, põe o pé sobre algo onde se tentou, por todos os meios, re-comprimir antigos dejetos para não ficarmos submergido neles, literalmente. Bom. Sim. Isso é um caso! É todo o caso da organização, não é? De organização imaginária, se pode dizer. Simular, simular com a multidão, porque ela é a outra cara do que antes chamei de escolha, o grupo, simular com a multidão - e sempre temos que nos haver com ela para arrancar dali um grupo - simular com a multidão alguma coisa que funciona como um corpo.

Sim. Bom. Mas, enfim, esse objeto *a*, no entanto, que é o que... o qual é a cara do que lhes interessa, não quando escrevo, porque o escrevo o menos que posso, tenho total senso de minhas responsabilidade para não deixar a esse escrito a chance, a chance de que cesse, mas que, se não cessar, faça sua prova. Mas aqui, quando falo, o que lhes interessa dessa *a* de que falo? Há algo que pôde me ocorrer, porque é como todo o resto, eu invento naquilo que tem a ver com o saber, mas para o que tem a ver com a verdade, não invento, a verdade, a trazem para mim, tenho baldes inteiros.

E aqui há um tipo que veio me ver, não conseguiria dizer à quanto tempo, também não quero que se reconheça, veio a me dizer que o que ele precisava era minha voz.

(Risos)

Não uma voz por um voto - hein? - era a minha voz. Não, mais que uma questão muito séria para mim: o que é a voz? Porque é bem evidente que é alguma coisa, não é uma questão de timbre, se o objeto *a* é o que digo, não se pode confundir a fonética com o fonema. A voz se define por outra coisa que por se registrar em um disco e numa fita magnética de que tantos desfrutam, isso não tem nada a ver com isso. A voz pode ser estritamente a escansão com a qual lhes conto tudo isso. Estou persuadido de que há aqui uma fonte de vossa acumulação neste recinto, acumulação hoje decente. Há algo, assim, que está ligado ao tempo que ponho em dizer as coisas, já que o objeto *a* está ligado a essa dimensão do tempo. É completamente distinto do que tem a ver com o dizer. O dizer não é a voz. E ser amado - pois vocês me amam, claro - ser amado por um ou por outro, não é nada parecido, hein! O dizer que o objeto *a* comporta, enfim, é toda classe de coisas que inclusive eu mesmo coloquei por escrito, hein, *Subversão do Sujeito e Dialética do Desejo*, e patati e

patatá, isto é um caminho muito diferente da exibição da voz.
Quer dizer, de um testemunho - se há que dizer - patético -
não é? - de sua cunhagem em todo esse caso.

Pelo contrário, o dizer, o dizer não é tampouco o
escrito. Bom. O dizer não é tampouco o escrito. Não é
suficiente ter alguma coisa para dizer para ser fodido, para
ser fodido por saber muito. Se trata de uma distinção - não é?
- que eu gostaria muito que entrasse em vossas cabecinhas.
Sim. Até mesmo sobre o que tem que ver com a verdade -
não é? - é preciso saber. É preciso saber enquanto se trata,
a todo instante, de inventar - não é? - para responder a sua
trama de contradições, à verdade - heim? - e por isso o
primeiro passo a dar é segui-la em todos os seus
maneirismos. Não se trata simplesmente de que a mentira
forme parte dela, insisti o suficiente, não é? E é preciso ver,
enfim, o que ela é capaz de lhes fazer fazer.

A verdade, meus bons amigos, leva a religião. Nunca
entendem nada do que lhes digo com isto, porque pareço
escarnecer quando falo da religião. Mas não escarneço, eu
ranjo. Ela conduz a religião, e à verdadeira, como já disse. E
como é a verdadeira, justamente por isso haveríamos de
conseguir tirar alguma coisa dela para o saber. Quer dizer,
inventar.Bem, vocês não estão fodidos em fazer, hein! E não
será amanhã que vocês superarão isso. Porque em tudo isso

não põem nenhuma seriedade. É evidente - não é? - que aqueles que inventaram as mais belas coisas do saber, os nomeio, heim! é uma lista de premiados: Pascal, Leibniz e Newton. Newton, enfim, vocês se dão conta do que escreveu Newton sobre o *Livro de Daniel* e sobre o *Apocalipse de São João*? Nunca viram isso, é claro, porque não se lhes oferece uma edição de bolso, mas o lamento. Nem lhes reprovo por não terem ido atrás dele. Teriam que fazer uma edição de bolso com isso, e bem traduzida. Ele acreditava firmemente na religião. E os outros dois, me parece difícil renunciar a evidência, hein? Só falam disso. Nenhuma outra coisa lhes interessa.

Quando eu penso que tenho que ir buscar no meio de uma montanha de endereços dirigidos ao cura de Paris o que Pascal escreveu sobre *la cycloïde*, por exemplo, enfim, que é o mesmo tipo - não é? - de passos que fizeram que se tenha inventado, e não outra coisa, o cálculo integral. Vocês imaginam que o cálculo integral é alguma coisa senão escrita? A parábola de onde partiu, a parábola - falo da parábola traçada - a parábola e em seguida qualquer outra lúnula ou treco ou coisa, enfim, são coisa escritas, em nenhuma outra tocamos melhor o que tem a ver com o Real. Os três estavam apaixonados pelo Verdadeiro. O verdadeiro do verdadeiro.A via a seguir é reiniciar. Se não interrogam como convém o verdadeiro da Trindade, estão feitos, estão feitos como ratos, como o Homem dos Ratos. E é evidente, é evidente, não obstante, que a religião tem seus limites, não obstante!

Enfim, eu volto para a Itália, vocês entendem, e me encontro banhado por corpos que gotejam por todas as paredes, enfim, nada mais que isso, quadros até sufocar, é totalmente magnífico, mas não vejo porque eu faria *proh pudor* frente esse gotejamento dos corpos, mas, enfim, isto dá ao menos seu limite a coisa, mostra ao menos que se está na verdade, e se fica nela, não se sai dela. O que faz falta, do que se trataria, é sair dela, da verdade, e não vejo outros meios que inventar, e inventar da boa maneira, da maneira analítica - não é? - é preciso restabelecer, abundar nesse sentido, não é? Sim.

Há apenas uma coisa igualmente irritante e com que gostaria de terminar hoje, se vocês me permitem. Não é por acaso que seja, entre meus alunos, uma mulher - ela está feita como isso, aquela, bom, enfim - que fez toda uma falatório sobre o desejo de saber. Por certo não foi comigo que o agarrou. Eu jamais cheguei a sugerir uma coisa parecida, heim! Sim. Não há sombra de desejo de saber, à parte aquilo sobre o que me interrogo e sobre o que não tenho nada que lhes dizer porque nada sei dele, é que existem as matemáticas, que não podem prosseguir, me parece, a menos que se trate de um efeito inconsciente, que não produzem o menor desejo, mas, contudo, é curioso ver que a matemática, isso continua. Se imagina que há entre as pessoas de vossa espécie, enfim, que os matemáticos estão aqui, penso que talvez não existam dois nesta sala, falo de verdadeiros, aficionados: não existe o menor desejo de saber. Não existe o menor desejo de inventar o saber.

Enfim, há um desejo de saber atribuído ao Outro. Isto se vê. Assim surgem as manifestações de complacência da criança em seus porquês. Tudo o que perguntam está feito para satisfazer o que ele supõe que o Outro queira que ele pergunte. Não todas as crianças, heim! Não todas as crianças porque lhes faço uma coisinha, é preciso que de tempos em tempos lhes dê algo para colocarem entre os dentes, essa coisa atribuída ao Outro se acompanha muitas vezes por um *muito pouco para mim*. E *muito pouco para mim*, um *muito pouco para mim* do que a criança dá provas sob essa forma na que estou seguro que vocês não pensaram, mas, como sabem, eu também aprendo algo disso todos os dias, me educo, me educo por certo na linha do que gosto, na linha do que invento, forçosamente, mas, enfim, não me falta alimento, e se souberem o que eu sei - não é? - a tal ponto o que já ilustrei sobre a anorexia mental ao enunciá-la por meio desta ação, porque uma ação enuncia: *eu como nada*.

Mas porque *eu como nada?* Isto vocês não se perguntaram, heim? Mas se perguntarem aos anoréxicos, ou melhor, se os deixarem vir... eu perguntei porque já me encontrava em minha pequena veia de invenção sobre o tema. Eu perguntei, e que me responderam? É muito claro: ela estava tão preocupada por saber se comia que para desencorajar esse saber - esse saber, desejo de saber, não é? - se havia deixado morrer de fome, a menina!É muito importante. É muito importante esta dimensão do saber, e também para perceber que não é o desejo quem preside o saber, senão o horror.

Sim. Vocês me dirão que existem pessoas que trabalham e que trabalham para conseguir uma cátedra. Mas isso, vocês compreendem, isto não tem nada a ver com o desejo de saber, se trata de um desejo que, se posso dizer, como sempre, é o desejo do Outro e já lhes expliquei que basta que o Outro deseje para que certamente se caia sob seu efeito, o desejo do homem é o desejo do Outro, mas o circuito é mais ou menos complicado: existe o desejo do Outro que se comunica no mesmo nível, porque o sujeito já nada no Outro.

Há a histérica. A histérica é outro caso - heim? Terei que retomar meu esquema - não é? - para lhes mostrar o lugar exato que ocupa o saber - não é? - para a histérica:

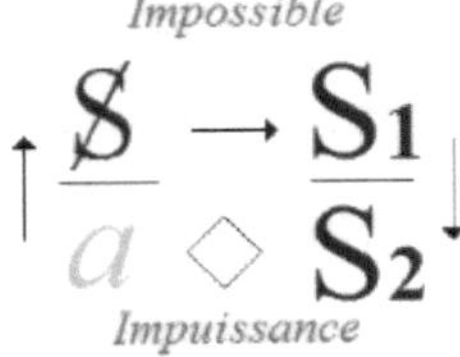

- É um saber particularmente especificado, não é?

- É um saber de que ela pega a coisa. Sim.

- É um saber que não leva muito longe

- É um saber que - para nos atermos a origem, muitas vezes não é produzido pelo discurso, o desejo do Outro, mas repassado, por assim dizer.

Quero dizer que é bem possível que uma pessoa que não tenha o menor desejo de saber nada - não é? - igualmente se tenha dado conta de que, na sociedade, o discurso universitário assegura aos que sabem um bom lugar, e se o entrega para a menina, a garota que se torna histérica - e justamente por isso - lhe repassa que isso é um meio de poder.Naturalmente, ela recebe a coisa, ela, sem saber que é por isso, recebe em sua primeiríssima infância, e este é um caso bem freqüente de transmissão de desejo de saber, mas é algo adquirido de uma maneira totalmente secundária. Em outros termos, o que trata de lhes meter na cabeça e a propósito desta experiência da criança que naturalmente lhes fala desses *porquês?* desses *porquês?* que concernem a *porque isso?*, *porque é que as crianças nascem?* etc. E tudo o que eles querem é, é ouvir algo que dá prazer, mostrar que fazem tudo como se se interessassem, mas quando já sabem o recalcam - vocês sabem bem - e o recalcam imediatamente, não pensam mais nisso, enfim, é preciso ter uma ideia um pouco mais clara do que se passa realmente. Esse desejo de saber, na medida em que toma substância, toma substancia do grupo social.

Na verdade, não vou me contentar com esta reposta para o quem tem a ver com a invenção matemática, não é? Está bem claro que existem aficionados - não é? - quero dizer, que não era uma maneira de se fazer valer na Sorbonne resolver os problemas *la cycloïde*. Houve, enfim, tempos milagrosos, tempos que gostaria de ver se reproduzirem - não é? - sob a forma dos psicanalistas, gostaria de ver se reproduzirem neles essa espécie de República - não é? - que fazia Pascal se corresponder com Fermat, com Roberval, com Carcavi, com tanta gente - não é? - vinculada entre si por alguma coisa que não se sabe o que é, e que se havia produzido. Isto é o que um dia gostaria de sacar da história, não se sabe o que se havia produzido que fazia que houvesse gente que desejava saber mais e mais a propósito dessas coisas inverossímeis - não é? - que desenhavam isso: *la cycloïde*. Vocês sabem o que é - não é? - sim, é um círculo, uma roda que gira ao redor de outra, vejam no que pode dar isso, eu não sei, uma coisa como isso, mas nada como o fato de que estavam aficionados por isso, e isto, creiam-no, nesse momento não reportavam nada para nenhum senhor - não é? – suas coisas ficavam estritamente entre eles - não é? - não saíam dali.

Claro, dali saiu vossa televisão, essa televisão graças a qual vocês estão definitivamente idiotizados - bom, mas enfim, eles não o fizeram para isso. Eles forneceram o objeto *a*, claro, mas justamente sem o saber, e por isso o realizaram tanto melhor quanto o objeto era o objeto *a*, quer dizer, esse que vocês estão fartos - não é? - o realizaram tanto melhor quanto, sem saber para onde iam, passaram pela estrutura, pela estrutura que lhes disse, a saber, essa borda do Real.

AULA 12

23 de Abril de 1974

Bem, eu vou primeiro - já que faltam três minutos para a hora - eu vou primeiro me livrar de um dever que não cumpri na vez passada. Não o fiz porque acreditei que estaria só, mas como, mesmo na minha Escola eu vi que ninguém havia dado esse passo, isso me incita a provocar os outros para que o dêem.

Há um livro que acaba de aparecer em *Campo Freudiano*, como se diz, coleção que ocorre que eu a dirija. Não por nada apareceu nessa coleção, e foi mesmo preciso que eu lhe forçasse a entrada. O livro se chama - é um título, tanto vale esse como qualquer outro - se chama *O Amor do Censor*. É do nomeado Pierre Legendre, que é professor da faculdade de direito. Aí está. Incito vivamente a aqueles - que não se sabe muito porque, se acumulam aqui ao redor do que digo, enfim - os incito vivamente a isso que se chama tomar conhecimento dele, quer dizer, a lê-lo, com um pouco de cuidado porque lhes ensinará algo. Aí está. E agora começo.

Eu começo, ou melhor, eu recomeço. É o que mais me surpreende. Quero dizer que a cada vez tenho ocasião de perceber que falei da esperança em certos termos, a propósito de uma pergunta que me formularam, kantiana: *o que posso eu... que posso esperar?* Eu havia dito que a esperança, eu havia retorquido que a esperança era uma coisa própria a cada um. Não há esperança comum. É completamente inútil esperar uma comum esperança. Então eu vou lhes confessar a minha, que me possui durante toda a semana até a manhã em que acordo em vossa intenção - posso dizer, por exemplo, esta mesma manhã - até esse momento tenho sempre a esperança de que esta será a última vez, que eu poderei dizer f-i-m, fim! O fato de que esteja aqui - porque quando o disser será antes de começar - o fato de que esteja aqui lhes prova que por mais particular que seja para mim essa esperança, ela é desapontada.

Bom, então, ao acordar, pensei naturalmente em uma outra coisa da que havia fomentado para lhes dizer, e me surgiu isto: que se há - já o disse, mas devo repeti-lo - se há alguma coisa cuja verdade a análise descobriu, é o amor do saber.Porque pelo menos se o que lhes faço observar tem alguma ênfase, algum ênfase que lhes perturbe, a transferência revela a verdade do amor e precisamente pelo fato de que se endereça ao que enunciei como sujeito suposto saber. Depois do que enunciei na vez passada, com certa ênfase, creio, ao menos imagino, enfim, espero que o recordem, não só disse que não havia desejo de saber senão que inclusive falei de alguma coisa que articulei, efetivamente, do horror de saber.

Pois é! Então, como juntar isso, por assim dizer? Pois bem, precisamente, isso não se junta. É *O Casamento do Céu com o Inferno*. Há um tal de William Blake, vocês sabem, que na sua época, com seu pequeno material próprio - que não era delgado - remoeu isto, inclusive lhe deu exatamente este título. Pois é! Então talvez o que lhes estou dizendo é que o casamento em questão não é de todo o que se crê. O que se crê ao ler William Blake, precisamente. Bem.O que não faz mais que voltar a acentuar algo que lhes disse em outro lugar, alguma coisa que implica, em todo caso, a nossa experiência, e a experiência analítica que não estou aqui mais que para situar.

O que é uma verdade senão uma queixa? Pelo menos isso responde a que nós, analistas, se é certo que existe *o* psicanalista, nos encarregamos de recolher. E não a recolhemos sem observar que a divisão a marca, marca a verdade. Que ela não pode se dizer toda. Aí está. Tal é a nossa via, a via de que há muito tempo falamos. E se ela for colocada em primeiro lugar, em um enunciado que espero, enfim, esteja zumbindo em suas orelhas, se a colocamos em primeiro lugar, disto se trata em primeiro lugar, ainda que as soluções que se tem sustentado difiram entre si, e muito. Se trataria de ter uma pequena ideia da nossa. E depois, imediatamente depois, quando se enuncia esse termo, a via (*voie*) imediatamente depois fala da verdade que, se é a que acabo de dizer, é alguma coisa como uma tábua podre, e que depois, em terceiro lugar - ousamos! - enfim, alguém em todo caso ousou, um denominado São Jean, falou da vida. São emissões imprudentes. Emissões de quê? De voz. Dessa voz que se escreve de uma maneira muito diferente v-o-z (*v-o-i-x*) daquela. São imprudentes emissões de voz as que enunciam tais acoplamentos. Vocês podem observar que o acoplamento, neste caso, é 3. E o que é a vida, neste caso? A vida é alguma coisa que nesse 3 faz então um furo, hein. Não sei se sabem o que é a vida, mas é também curioso que isto seja problemático. Avida (*Lavie*) que, nesta ocasião se escreverá, como fiz com lalíngua, em uma só palavra. Só para sugerir que não sabemos dela muita coisa exceto que ela se lava (*se lave*). É quase a única marca sensível do que entra n-avida.

Enfim, esses acoplamentos, o que sugiro aqui - a partir da experiência que se define como analítica - o que eu sugiro aqui? Se trata de acoplamentos para pensar? Então. Se fosse isso seria essa espécie de báscula que caído no discurso universitário. Isto é o que se pensa. Quer dizer, se fode.

Bem, lhes faço notar que nesse discurso - é um pequeno teste, simplesmente não me orgulho dele, eu não sou aceito, eu sou é bastante suportado, sim, tolerado. Tudo isso nos leva ao estatuto do que eu enunciava na vez passada ligado a nossa relação, de vocês, de mim, e que eu punha em suspenso entre a voz e o ato de dizer. Eu ouso esperar que o ato de dizer tenha mais peso, ainda que possa duvidar dele, já que essa dúvida é o que na vez passada emiti como tal. Se o ato de dizer é aquele que eu recebo de uma experiência codificada. Eu também enunciei - já vêem, insisto em me repetir - também enunciei isto: o que é que faz, no sentido do que falta para que essa experiência codificada, não esteja ao alcance de todo o mundo? Não é uma questão de divisão de trabalho, quer dizer, que nem todo o mundo pode se dedicar a analisar o resto. Não está ao alcance de todo o mundo por um fato de estrutura e que tentei recordar na vez passada - ou ao menos indicar - e que procuro ajustar. Não pode estar ao alcance de todo o mundo cumprir esse ofício que defini, faz um instante, como o de recolher a verdade como queixa.

Qual é o estatuto desse casamento que evoquei depois colocando-o sob o patrocínio de William Blake? Quando digo que não está ao alcance de todo mundo, isso leva longe, implica que existe alguém para quem, de fato, está interdito. E quando enuncio as coisas assim, procuro me retirar do que haveria nisto, isto que em alguma parte Hegel sustenta, essa rejeição inscrita - ele disse - no que ele chama *a lei do coração*, essa rejeição da desordem do mundo. Hegel mostra que se isso se faz, é fácil. E tem muita razão. Não se trata de produzir aqui a desordem do mundo, se trata de ler, ali, o não-todo. É isto a substituição da ideia de ordem? Sobre isso, precisamente, hoje, me proponho avançar, com essa questão deixada há um instante, e que me impulsiona, me impulsiona a testemunhar.

Em que consiste este não-todo? É evidente que não pode se relacionar com o que constituiria todo com, com um mundo harmonioso. Então, o não-todo, ele entra em qualquer parte de um elemento? Um elemento que peca, justamente por não estar ali harmonizado? Isto é suficiente para que o todo esteja ali adquirido - me permitam antecipá-lo - na bifurcação, na árvore. Sim. Lhes faço notar que aqui, como quem não quer nada, ao fazer uma pergunta assim, essa bifurcação é também o que acabo de fazer: um signo, um *Y* de qualquer coisa que é sensível, enfim, com o qual abrimos o caminho: existe a árvore, existe o vegetal, ele forma ramos, é seu modo de presença. E não vejo porque não iria, eu, percorrer lá, em algo que ao menos se recomenda à nossa atenção porque é fato da escrita, hein: a velha *Urszene*, a cena primária tal como se inscreve na *Bíblia*, o começo do chamado *Gênesis*:

- O tentador, heim

- E depois, a inepta - não é? - a nomeada Eva.

- E depois, o estúpido dos estúpidos -não é? - o primeiro Adão.

- E depois o que circula, a coisa que ficou atravessada na garganta, a maça, como se diz.

- Mas isto não é tudo, heim, há o avô que depois chega e em seguida os toca.

Eu não sou contra ler isso, não sou contra porque está pleno de sentido. É justamente disso seria necessário limpá-lo. Talvez, se, se rasparmos todo o sentido, heim, teríamos uma chance de aceder ao Real. É mesmo por isso que estou tentando lhes ensinar. Que o que nos importa não é o sentido da queixa senão o que poderíamos encontrar mais adiante, definível como Real. Sim.Só que para limpar o sentido não poderíamos esquecê-lo pois do contrário produz rejeição, heim. E em tudo isto existe alguma coisa que se esquece: é a árvore. O que se agigante é que não se perceba que era isso que estava interditado:

- Não é a serpente.

- Não é a maçã

- Não é a babaca

- Não é o babaca.

Era da árvore que se tinha que ficar longe. E é admirável, ninguém pensa nisso.Mas ela, a árvore, o que ela pensa? Aqui dou um salto, heim? pois o que quer dizer o que ela pensa? Nada senão isto: que está em suspenso, e que é muito precisamente o que me faz suspender tudo o que se pode dizer a título da vida, da vida que se lava, porque, malgrado a árvore que não se lava, isso, isso se vê, malgrado isso, a árvore goza? Pergunta que eu chamaria de essencial. Não se trata de que exista essência fora da pergunta, a pergunta é a essência, não existe outra essência além da pergunta. Como não existe pergunta sem resposta - faz tanto que o golpeio - isto quer dizer que a essência também depende dela, da resposta. Só que aqui, ela falta. É impossível saber se a árvore goza, ainda que não seja menos certo que a árvore seja a vida. Sim.

Peço desculpas por ter imaginado isso, por ter imaginado apresentar isso, assim, com a ajuda da *Bíblia*. A *Bíblia*, a mim, não me mete medo. E digo mesmo mais: tenho uma razão para isso. Existem pessoas que se formaram com ela, heim, os judeus, como são geralmente chamados. Não se pode dizer que não tenham cogitado sobre a coisa: a *Bíblia*. E digo mais ainda: tudo prova, tudo prova em sua história, tudo prova que não se têm ocupado da natureza, que talmudizaram, como se diz, essa *Bíblia*. E bem, devo reconhecer que isso eles conseguiram.Em que isso me toca?

Me toca nisso, sim, que verdadeiramente contribuíram, quando estava a seu alcance, para domínio que me interessa, ainda que seja o meu - o meu, no sentido de domínio da análise - que verdadeiramente contribuíram, e com particular astúcia, para o domínio da ciência. O que quer dizer isso? Não foram eles quem a inventaram.

A história da ciência partiu de uma interrogação sobre a - coloquem isso entre aspas, lhes rogo - sobre a "natureza", sobre $\phi\acute{u}\sigma\iota\varsigma$, sobre o que o senhor Heidegger se contorce em circunvoluções.O que era a natureza para os gregos?, ele se interroga. Eles faziam uma ideia da natureza. Há que se dizer que a ideia que faziam dela - como o mesmo Heidegger sugere - se perdeu. Está perdida, perdida, perdida. Não vejo porque a lamentaríamos, já que está perdida, heim? E bem, não temos que fazer um luto tão grande, pois não se sabe o que ela é. Bem.

Não se sabe o que é porque é evidente que se a ciência logrou, logrou surgir, não parece, aliás, que os judeus tenham posto nela, num começo, muito de si mesmos. Foi só-depois de conseguirem os louros que vieram colocar seu grão de sal, e percebemos que... é tão claro, enfim que, Einstein, redefinindo a grande coisa de Newton, é ele quem tem a vantagem (*c'est lui qui tient le bon bout*).E ele não está sozinho, existem outros que se fosse o caso os nomearia, mas não posso falar de todos, uma vez que pululam e, além disso, não estão todos no mesmo canto. O certo é que resulta surpreendente que tenham se bastado com essa coisa sagrada, o escrito, a *Escritura* por excelência, como se diz, para que eles voltassem ao que os gregos prepararam. E prepararam alguma coisa que não deve se distinguir da escritura, da escritura enquanto que o que a especifica é:

- Que seja possível lê-la,

- Que quando se a lê, isso faz um dizer.

Um dizer inacreditável (*à dormir debout*), naturalmente, como recém lhes contei a propósito dessa cena, mal feita e sobre a qual não se pode contar (*à la mords-moi-le-doigt*), um dizer inacreditável, mas um dizer. Está muito claro que, se o *Talmude* tem um sentido, consistiria precisamente em esvaziar de sentido esse dizer, quer dizer, não estudar mais que a letra. E dessa letra induzir combinações absolutamente malucas, do gênero da equivalência entre a letra e o número, por exemplo, mas também é curioso que isso os tenha formado, e que estejam em dia quando se trata de ciência!

Então, é isso o que me autoriza, eu diria fazer como eles, a não considerar como um campo interditado, que chamarei de espuma religiosa, a que recém eu recorria. Chamo aqui espuma o sentido, simplesmente. O sentido à propósito do qual eu tentava precisamente fazer a limpeza, fazendo a pergunta da árvore: o que é a árvore? E o que é ela, em um ponto muito preciso que já designei, porque eu permaneço no ar: será que ela goza? A espuma religiosa, também pode ser, enfim, material de laboratório! E por que não, por que não nos servimos dela, já que nos vem com o que chamo, fazendo-a bascular inteira de um lado, o que eu chamo a verdade. Porque é claro que não é a verdade esvaziada - hein? - é a verdade como esta, abundante. Aí está!

De qualquer forma eu posso lhes indicar que não por nada, enfim, existem judeus biólogos, heim. Acabo de ler uma coisa cujo título também lhes daria, também lhes daria o título, enfim, um livrinho sobre a sexualidade das bactérias. Alguma coisa, enfim, me impressionou na leitura desse livro, algo que li com paixão de ponta a ponta porque estava em mim, em meu fio, digamos. É que se a ameba, esse pequena merda que observam pelo microscópio, e que ademais manifestadamente se mexe, heim, ela como coisas, ela, bem, é seguro que goza! E bem, enquanto a bactéria, me interrogo!

(Risos)

Será que bactéria goza?

É engraçado - hein? - a única coisa que pode nos sugerir essa ideia é - não posso dizer que é em Jacob que o descobri. Não posso exagerar, já havia chegado a mim uma espécie de rumor - mas este Jacob - que aliás neste caso está associado a um nomeado Wollman - verdadeiramente me fascinou o que segue: a característica da dita bactéria é que não existe nada no mundo como uma bactéria para poder ser infectada. Para dizer tudo, a bactéria não nos traria absolutamente nada se não existisse o bacteriófago. E a ligação que faz, que faz: não faz, isso se desprende - mas, enfim, é certo que o fato de que, como seu nome indica, Jacob seja judeu, não é por nada que em seu relatório, seu relatório de experiências acumuladas, minuciosas, abundantes, enfim, que no seu relatório sobre o que se passa entre a bactéria e o bacteriófago, possas adquirir o sentimento, digamos, da infecção, de sua infecção pelo bacteriófago, a bactéria goza, eventualmente.

E se vocês olharem de perto, enfim, se reportem o texto[i], esse que lhes indico, será o segundo que, que vocês meterão nos seus bolsos. Só que é muito difícil de encontrar, está esgotado, apareceu na América. Que incômodo! Não seria nada mal que fizessem fotocópias. Também circula um em francês, mas eu não posso lhes dizer, não me debrucei sobre ele pois li a coisa em inglês, enfim, também existe um em francês que não sei se se pode encontrar. Vejam vocês a minha benevolência, se os indico no momento em que vão me fazer a mais tremenda concorrência se quiser obtê-lo. Enfim, tanto pior, sempre há a fotocópia.

No fim das contas, ali se toca a articulação, uma articulação muito particular. Se com isso Jacob manifesta que existe sexo ao nível da bactéria, só o manifesta por isto, leiam bem o livro: que entre duas mutações de bactérias da mesma linhagem - quer dizer, essa famosa *Escherichia Coli* que serviu de material de laboratório nesse preciso nível - que entre duas mutações de bactérias da mesma procedência, o que constitui o sexo é que entre elas - essas mutações - não há relação possível.

Isto quer dizer que se em uma linhagem de bactérias a mutação consiste numa possibilidade de abundância maior que na outra, a outra se distingue ao nível dessa possibilidade de abundância:

- Abundância-mais, *fertility*, como eles chamam em inglês

- Abundância-menos.

As abundantes-mais, quando se encontram com as abundantes-menos, as fazem mutar para o lado da abundância. Enquanto que as abundantes-menos, quando vão até as abundantes-mais, não as fazem mutar para lado da abundância-menos. É, portanto, essencialmente, da não-relação entre os dois ramos - encontramos outra vez nossa pequena árvore - é pela não-relação entre dois ramos de uma mesma árvore que primeiro se sugere, ao nível da bactéria, a ideia de que existe uma especificação sexual.

Então vocês vêem em que ponto isto pode me tocar, porque encontrar essa não-relação em um nível muito diferente dessa pretendida evolução da vida - que é aquela pela qual se especifica o ser falante - é apropriado para me reter, e ao mesmo tempo para tentar também lhes dar um pouco de confiança. Porque, em suma, isto quer dizer que em sua primeira aparição - que não tem estritamente nada a ver com sua segunda aparição, que é pura homologia - a sexualidade não é em absoluto a mesma coisa, mas que pode estar ocasionalmente ao nível da árvore, uma coisa ligada à infecção e a nenhuma outra, de qualquer forma, de qualquer forma, é digno de nos reter.Claro, isto não quer dizer nos precipitarmos, heim, não há que se precipitar sobre tudo isso porque essa é a melhor maneira de meter o dedo no olho. Mas enfim, é sensível. E a questão do gozo se sugere desde a infecção, sexualidade de alcance limitado, é também digno de nos reter. Bem. Quando digo não se precipitar, heim, também quero dizer não se deixar conduzir pelo nariz.

Existe - faço aqui uma ruptura, tomo as coisas por outro ângulo e pergunto: existe saber no Real? É essencial que aqui eu rompa, pois, se não eu, ao menos vocês, até aqui tem se deixado levar pelo nariz, quer dizer, se detêm ali onde eu mesmo me detenho, para não me deixar de igual modo. Fazer a segunda pergunta, a que agora faço avançar, depois de me deixar levar pela espuma religiosa: que interesse oferece isso, que agora volto a partir?É ainda - não é difícil sentir - não é? - que o gozo faz irrupção no Real e haverá um momento - que será mais tarde, porque ao menos é preciso seriar as coisas - em que a questão se inverterá. O que o Real pode responder se o gozo o interroga? Foi assim que eu comecei - vejam vocês a conexão - que eu comecei a colocar a questão: o saber não é o mesmo que o gozo? Eu diria mais: se há pouco os levei a partir desse saber que se inscreve do inconsciente, é que, não é forçoso que o saber goze de si mesmo.

E é por isso que agora, ruptura, retomo o fio pela outra ponta, na qual não se encontra nenhum termo do que sustentei primeiramente. Retomo o fio por outra ponta e pergunto sobre esse saber no Real. É bem claro que esta pergunta - como todas as outras - só se faz à partir da resposta. Direi mesmo mais, à partir da resposta, tal como acabo de acentuá-la: o inconsciente, no sentido de Freud, é aquele em nome do que formulo a pergunta do saber no Real.

Mas não a faço dando ao inconsciente de Freud todo seu alcance. Digo somente que o inconsciente não se concebe, em primeiro lugar, senão por isto: que é um saber. Mas me limito a isto. Para que em nome disso a questão do saber no Real tome seu sentido.

Há e não há necessidade do inconsciente de Freud para que exista. Há segundo todas as aparências, sem o que o Real não andaria. É aqui de onde parto e, como vocês vem, tem um ar muito diferente. Um ar grego, justamente. O Real é como o discurso do mestre: é o discurso grego. O Real: é preciso que ande. E não se vê como o fará sem que no Real exista saber. Mas aqui também, então, não se há de precipitar. Aqui se trata de alguma coisa a mais do que se deixar levar pelo nariz. Aqui trata de se atolar com esse passo. É preciso cortar o quadro. Se for dado esse passo no Real, para não ficar colado é preciso que se corte todo o grude que o rodeia, hein? E isto, no Real, é, ouso dizer, aquilo que não quer dizer nada fora de um sentido.

No Real, isto quer dizer: o que não depende da ideia que eu tenha dele. Um passo a mais com a mesma cola no pé: aquilo em que não importa que eu pense. Que eu pense nele, o Real está pouco se fodendo para isso. E, por isso, precisamente, a primeira vez que tentei fazer vibrar essa categoria nos ouvidos de meus ouvintes, os de Sainte-Anne, não posso dizer que não tenha sido gentil, heim, lhes disse: o Real é o que sempre volta ao mesmo lugar. E isto é, justamente, colocá-lo em seu lugar. A noção de lugar surge daqui.Então, ao dizer isso, ponho o Real, o situo, justamente, o ponho em seu lugar, com um sentido, não o olvidemos, um sentido enquanto que sabido: o sentido se sabe. Tanto é assim que um se espanta, visto a genialidade da lalíngua, que não se tenha feito com ele uma só palavra, que não tenhamos o embaraçado: o sensato (*le sensé*), o sensível, tudo o que se queira, mas que não se cristalize: o semsabido (*le sensu*). Há que se crer que isto tenha ecos que não nos agrade.

O que em todo caso estou dizendo em relação ao Real é, em primeiro lugar, que o saber de que se trata na pergunta Há saber no Real? deve ser completamente separado do uso do sabido (*su*) no semsabido (*sensu*). É do sentido a partir daqui que separo o Real, mas não é pelo mesmo saber que pergunto para saber se há saber no Real. O saber de que se trata na pergunta não é dessa ordem de saber que leva sentido ou, mais exatamente que, pelo sentido, é levado.

Vou ilustrar imediatamente e o farei com Aristóteles. É impressionante que em sua *Física*, depois de um extenso período Aristóteles tenha dado o salto, o salto pelo qual se demonstra que sua *Física* não tem nada a ver, estritamente, com a φύσις cujo fantasma Heidegger trata de nos fazer ressurgir. É isso o que é preciso, é preciso para responder a pergunta que faço agora: existe saber no Real? ele toma o saber do artesão. Os gregos não tinham a mesma relação com a escrita. A flor do que produziram são desenhos, são traços de planos. É sua ideia da inteligência. Não basta ter uma ideia da inteligência para ser inteligente. Esta recomendação está especialmente endereçada a vocês.

(Risos)

E é surpreendente que seja Aristóteles quem nos prove isso.

Este artesão, Deus sabe o que ele lhe imputa, é o caso de dizer. Em primeiro lugar lhe imputa saber o que quer. No entanto, é a gota d'água! Onde já se viu que alguém que se arroga como artesão, saiba o que quer? É Aristóteles quem flanqueia isso em suas costas.

- Graças a Aristóteles, o artesão causa (cause) final

- E depois, enquanto está nisso, não vejo verdadeiramente porque, o que o detém é a causa formal, assim, ele tem a ideia, como se diz

- E depois disto é ela, a causa causa, a causa, a causa mesmo como meio, a causa eficiente, para dizer tudo, e temos de nos considerar ditosos se Aristóteles lhe deixa um papelzinho a cumprir na matéria.

- E aqui está ela, a causa material!

Isso causa, isso causa, isso causa à torto e direito.

Porque, para tomar as coisas ao nível de onde saem, quer dizer, o pote, assim saiu, não por certo que os gregos só souberam fazer isso, elas sabiam fazer coisas muito mais complicadas, mas tudo isso sai do pote. Quando coloco a questão Existe saber no Real, é precisamente para excluir desse Real o que tem a ver com o saber do artesão. O saber do artesão não só não causa, senão que é exatamente dessa ordem de saber o que o artesão serve, porque outro artesão o ensinou a fazer assim. E longe de que o pote tenha um fim, uma forma, uma eficácia e até mesmo uma matéria qualquer, o pote é um modo de gozar. Se lhes ensinou a gozar fazendo potes! E se não se lhe compra seu pote - e é do cliente essa iniciativa - se não se lhe compra seu pote, bem, é para seu gozo, quer dizer, que ele permanece com ele, e com isso não vai muito longe. É essencial separar este modo daquele de que se trata quando faço a pergunta de: se há saber no Real.

Pelo menos, seria necessário ter aqui alguns daqueles que estiveram, não sei, na *Exposição de Escavações Arqueológicas Chinesas*, assim se a chamou, escavações chinesas, que foram o melhor que o país de Mao encontrou para nos enviar.Lá vocês podem ver - a esse nível, porque há razões para que nesta área ainda se possa ver os potes no momento de seu surgimento - é bastante claro que esses potes absolutamente fascinantes, admiráveis - não é? - esses potes do tempo da aparição das palavras, quando pela primeira vez fizeram potes, lhes meteram três pés, como por acaso, mas pés que não são pés, não são pés torneados, vocês compreendem, são pés que estão lá em continuidade com o pote. São potes que tem bicos e que se pode dizer que toda boca é indigna de antemão. Potes que, em seu advento, enfim, são por si mesmos coisas frente as quais se prostra.

Vocês crêem que tal surgimento tem alguma coisa que ver com a decomposição aristotélica? Basta olhá-las para perceber que esses potes não podem servir para nada. Mas existe uma coisa segura, e é que brotaram - não é? - brotaram, enfim, como uma flor. Que Aristóteles as decomponha - não é? - em co-causas, em quatro causas - pelo menos - diferentes, por si só demonstra que os potes são de outro lugar.

Mas porque lhes falo deles se precisamente os ponho em outro lugar? Lhes falo deles porque se é o cliente quem finalmente tem que julgar o pote, na falta de quem o oleiro terá de apertar o cinto, isto demonstra alguma coisa: que o cliente não só compra o pote senão que também o artesão, o poteiro, se posso me expressar assim. E basta ver a consequência do vínculo que existe entre o fato de que o pote seja tão bem feito e que o oleiro seja levado ao pináculo, para perceber que essa velha história é exatamente a mesma que aquele de onde surgiu a noção de Deus. Está tão bem feito que se imagina que Deus é um oleiro, exatamente como um artesão.O Deus em questão é - em outro tempo, meu velho amigo André Breton acreditou pronunciar uma blasfêmia ao dizer que Deus é um porco (*porc*). Não é por nada que na vez passada lhes disse que jamais encorajei os surrealista. Não se trata em absoluto de que eu abrevie e diga que Deus é um pote (*pot*), Deus é um empotado (*empoté*), Deus é o oleiro, é certo, mas o oleiro também é um emporcalhado (*empoté*). É o sujeito do saber suposto a sua arte.

Mas não se trata disto quando faço a pergunta: Existe saber no Real? Porque isso se encontrou no dia em que do Real se logrou arrancar uma pitada, quer dizer, no momento de Newton, quando de qualquer maneira isso aconteceu, e que lá, para que o Real funcione, ao menos o Real da gravitação, quer dizer, não pouca coisa, porque a essa gravitação todos estamos aparafusados, e nada menos que por nosso corpo, até nova ordem, não que seja uma propriedade do mesmo, como bem se demonstrou na continuação, senão que estamos aparafusados e esse Real.E então, o que é que incomodou as pessoas no momento de Newton? Nada menos do que isso, uma questão que eu diria relativa àquilo de se tratava, quer dizer, as massas. Quer dizer, as massas. Como podiam saber, essas massas, a que distancia estavam de outras massas, para que assim pudessem observar a lei de Newton?

É absolutamente claro que Deus ali faz falta. As massas como tais, quer dizer, definidas só por sua inércia, de onde lhes viria a noção de distância em relação as outras massas? Além disso, de onde lhes viria a noção do que se passa com elas mesmas para se conduzirem corretamente? Nos novos tempos em que essa elucubração newtoniana saiu, isto não escapou a ninguém!A única noção que se podia lhe opor era a dos torvelinhos de Descartes, mas infelizmente, os torvelinhos de Descartes não existiam, e todo o mundo podia perceber isso muito bem. Então, fazia falta Deus para informar - não é? - a todo instante. E ainda a tal ponto que não só fazia falta que ele estivesse lá para informar a todo instante às massas do que ocorria com as outras, senão que mesmo se supunha que ele, talvez, não tivesse outro meio senão o de empurrá-las com o dedo - as massas - ele mesmo. O que era, naturalmente, exagerado, pois está claro que desde o momento em que existe aceleração, inscrita já na fórmula, o tempo também estava lá, portanto não havia necessidade do dedo de Deus. Mas, de qualquer maneira, para a informação, quer dizer, aquilo do que se trata, o saber no Real, era difícil excluí-lo. E do que eu, aqui, lhes falo, é do saber no Real.

Vocês não devem imaginar porque Einstein veio depois e pôs um fim nisso, heim, não devem imaginar que isso iria melhor, heim, porque de todas as maneiras, há uma história engraçada, a de que essa relatividade - não é? - do espaço, desde então desabsolutizado, porque, enfim, já faz um bom tempo, enfim, que se teria podido dizer isto que, depois de tudo Deus era o espaço absoluto. Enfim, isto é brincadeira. Bem.Mas a relativização desse espaço em relação à luz, isso tem um engraçado toque de *fiat lux*, e tem todo o aspecto de recomeçar a meter no cu da espuma religiosa. Então, não vamos exagerar nada. Talvez esteja aqui, vocês compreendem, em todo caso, assim é que por hoje me limitarei, ao que faz surgir o analista.

Vocês sentiram bem, sentiram, heim, tudo vem do fato de que até aqui não falamos senão do que vem do Céu. Tudo o que temos de Real, digamos, um pouco seguro, compreendidos nossos relógios, heim, é unicamente, unicamente algo que desceu do céu.Se não foi dali que se partiu para o que volta sempre ao mesmo lugar, definição que dou do Real, hoje não teríamos nem relógios, nem televisão, nem todas essas coisas encantadoras graças as quais vocês são não apenas minutados (*minutés*) senão, ouso dizer, secundados (*secondés*). São tão bem secundados que nem tem espaço para viver.

Felizmente, há o analista, heim? O analista - vou terminar com uma metáfora - o analista é o fogo fátuo (*feu follet*). É uma metáfora que - ela - não faz *fiat lux*. É tudo o que posso dizer para desculpá-la. Quero dizer que ela se opõe às estrelas de onde descende tudo o que os tumultua e os alcança, aqui, tão bem, enfim, para escutar meu discurso, não é? Quer dizer, que isto não tem absolutamente nada a ver com aquilo pelo que vocês virão se queixar comigo daqui a um instante. A única vantagem que encontro nesse fogo fátuo é que não faz *fiat lux*. O fogo fátuo não ilumina nada. Sai mesmo e ordinariamente de certa pestilência. Essa é sua força. Isto é o que se pode dizer do fogo fátuo. Vou tentar pegar o fio, o fio louco (*fil follet*) da próxima vez.

315

JACQUES LACAN
OS NÃO-TOLOS ERRAM/ OS NOMES DO PAI
1973-1974

316

AULA 13

14 de Maio de 1974

Os não-tolos erram. Isto não quer dizer que os tolos não errem. Se partimos do que se propõe como uma afirmação...

Vocês entendem? Vocês entendem como isso, se eu estou na frente da coisa? Que a pessoa que diz que não entende nada, responde: é que ela entende?

...digamos que por meio dela se introduziria que os não-tolos bem poderiam, sem mais, não errar.Mas isso já nos leva ao problema da dupla negação. Ser não não-tolo, isto se reduz ser tolo? Isso supõe, supõe nada menos que:

- Existe um universo

- Que se pode argumentar que o universo é dividido por todo enunciado

- E que dizer o homem, e que se o diz - quero dizer, por dizê-lo - tudo o mais se torna não-homem.

Um lógico - pois eu sustento que a lógica é a ciência do Real - um lógico deu um passo muito tempo depois de Aristóteles. Foi preciso esperar Boole para que em 1853 saísse *An Investigation of Laws of Thought*, uma investigação sobre as leis do pensamento, que tem a vantagem de, sobre Aristóteles, dar um passo, uma tentativa de colar ao que ele pretende observar, fundar em suma, *à posteriori*, como constituindo as leis do pensamento.O que ele faz? Escreve, muito precisamente o que acabo de lhes dizer, à saber, a partir do que se diz, se enuncia - e as coisas para ele são tais que não pode senão propor a ideia de universo - ela a simboliza por um cifra, uma cifra que o convém, a cifra 1. Escreve, pois de tudo o que se propõe como notável, notável nesse universo, escreve x - deixa vazio esse x, já que é o princípio do uso desta letra - qualquer coisa que seja notável no universo, Sim, x, escreve, multiplicado por 1 - x, só pode ser igual a zero:

$$x (1-x) = 0$$

Por pouco que se dê tal sentido à multiplicação, isto não pode deixar de notar a intersecção. Dali parte. Na medida eu que x é notável no universo, algo que se sustenta só do não:

aos homens se opõe os não-homens como tais, e tudo o que subsiste como notável é aqui considerado como subsistente em seu caráter como tal.No entanto, está claro que como tal o notável não é individual, que já nesta maneira de fundar a ex-sistência lógica, há alguma coisa que, desde o começo, parece inadequada. Como é possível propor sem crítica o tema, o tema proposto do universo?

Se creio que este ano poderei suportar alguma coisa do nó borromeu, alguma coisa que por certo não é uma definição do sujeito, do sujeito como tal de um universo, nisto faço observar uma vez mais que minha tentativa não tem nada de metafísica, quero dizer, que a metafísica se distingue por colocar, como tal, o sujeito, o sujeito de um conhecimento.Isto é, uma vez que supõe um sujeito, a metafísica se distingue daquilo cujos elementos trato aqui de articular, a saber, os elementos de uma prática, e isto no fio de lhe haver definido como se distinguido, se distinguindo de alguma coisa que é puro lugar, pura topologia e que dali faz se engendrar a definição situada somente pelo lugar dessa prática do que, desde esse momento, se enuncia como sendo três outros discursos.Este é um fato, um fato de discurso, um fato pelo qual trato de dar ao discurso analítico seu lugar de ex-sistência.

O que é que, propriamente falando, ex-siste? Não ex-siste - como marca a ortografia do termo, que eu modifico -

não ex-siste em toda prática senão o que constitui fundamento do dizer, quero dizer, o que o dizer aporta como instância nessa prática. A esse título trato de situar sob esses termos, o Simbólico, o Imaginário e o Real, a tripla categoria que faz nó, e que por ali dá seu sentido a essa prática. Pois essa prática não só tem um sentido, senão que faz surgir um tipo de sentido que esclarece aos outros sentidos a ponto de colocá-los em causa, quero dizer, de suspendê-los.O que, como articulação, como articulação ao fim de um progresso feito para suscitar - naqueles que sustentam essa prática - a ideia do que para eles é o Real, eu digo: o Real da escrita. A escrita de nenhuma outra coisa que desse nó tal como se escreve para o dizer, tal como se escreve quando, segundo a lei da escrita, é estabelecido.

E eu apresento o que eu enuncio desse evento ao colocar em suspenso a distinção, justamente subjetiva, do Imaginário, do Simbólico e do Real, enquanto que de certo modo já poderiam levar consigo um sentido, um sentido que os hierarquizaria e faria deles um 1, 2, 3, é claro, assim não se evitará que recaiamos em outro sentido, como já posso manifestar diante de vocês pelo fato de que acentuo a associação:

- do Real com um 3

- do Imaginário com um 2

- e do Real, justamente... e do Simbólico, justamente, com o 1.

Algo no, no nível, nos termos do Simbólico se apresenta como 1. Se trata de um 1 que possa se sustentar de alguma individuação no universo? Tal é a questão que proponho, e desde já, a emitirei com esta forma, a saber, colocar a questão a propósito da escrita de Boole.

Se o 1 que Boole propõe como suficiente ponto de partida da verdade, se existe x, não é verdadeiro que x subtraído de 1 seja outra coisa que todo o resto, todo o resto do nomeável.Não há nada aqui de surpreendente se comprovamos que Boole mesmo, ao escrever o que resulta da escrita de seus termos em uma fórmula matemática, é levado a fundar nela que o próprio de todo x, de todo x enquanto que enunciado é que x menos dois xé igual a zero, $x-x^2 = 0$, o que se escreve: $x = x^2$, quero dizer, a se suportar em uma fórmula matemática.

É estranho que aqui uma nota de seu livro, do livro cujo marco recém lhes dei, o marco principal no sentido de que a partir dele se tomou um novo, um novo ponto de partida para a especulação lógica, e que um nomeado Charles Sanders Peirce - de quem já lhes falei - possa, por exemplo, melhorar, segundo seu dizer, a formulação de Boole, mostrando que em certos pontos pode resultar que ela se extravie, digamos.Isto colocando em evidência o que resulta das funções com duas variáveis, quer dizer não somente x senão x e y, e em y mostrando que... o que eu mesmo acreditei ter que o considerar, que a função chamada da relação pode servir para nos mostrar que naquilo que se refere ao sexual, essa relação não pode se escrever.

Porque, se perguntava Boole, em vez de escrever: $x = x^2$ e inversamente, não poderíamos escrever $x = x^3$? É surpreendente que Boole - e isto a partir da noção de verdade como separando radicalmente o que corresponde ao 1 e ao que corresponde ao 0, porque é do 0 que ele conota o erro - é surpreendente que este universo, desde então solidário como tal da função da verdade, lhe pareça limitar a escrita -a escrita do que tem a ver com a função lógica - a da potência de 2 de x, enquanto que lhe dobra a potência 3.Ele a recusa porque matematicamente só poderia ser suposta na escrita, se se lhe agregara um novo termo do produto, ao que ele não se recusa, certamente, quando se trata de fazer funcionar a operação de multiplicação, nesta oportunidade escreve x,y,z e conforme os casos pode marcar que x,y,z tais que foram situadas as variáveis de uma certa função que x,y,z , por exemplo, também seja igual a zero.Mas uma vez que se limite a valores 0 e 1, pode também assumir a função, a função tomando esta seu valor de uma certa, de uma determinada cifração 0 e 1 para cada um dos três, ao fazer de cada um deles, *x, y, z* igual a 1, pode observar que não é 0 seu resultado.

Então, o que pode lhe impedir de agregar a seu 1-x um 1+x e agregar não como adição senão agregando como termo da multiplicação? Ele vê muito bem que (1-x) multiplicado por (1+x) dando 1- x^2 culminará - não tenho necessidade de assinalá-lo - nisto: que x - x^3 será igual a 0 e que devido a ele *x* se igualará a x^3.

$$x \ (1 - x) \ (1 + x) = 0, \quad x - x^3 = 0, \quad x = x^3$$

Por que e no que se detêm? - na interpretação do que poderia ser esse *x* enquanto que justamente adicionado ao universo. Não é o próprio do que nesse universo ex-siste, do que se adiciona e ele?Isso é propriamente o que fazemos todos os dias, e justamente o que eu designei como um mais suportando-o do objeto *a*. Mas então isto nos sugere, nos sugere o seguinte: à saber, perguntamos se o Um de que se trata é efetivamente o universo considerado como conjunto, coleção de tudo o que nele é individualizável.

Eu sugiro - me é sugerido, digamos, a propósito dessa escrita de Boole, por fundar o que ele institui do universo, porque é como tal que o articula, que lhe dá seu sentido - supor que este Um, longe de surgir do universo, surge do gozo. Do gozo e não de qualquer um: do gozo dito fálico. E isto na medida em que a experiência analítica nos demonstra sua importância: que desta consequência o que se destaca como lógico, como significante, mas literal, quero dizer, inscritível, por quanto é da inscrição que surge em nossa experiência a função do Real, ao menos se vocês me seguem, que alguma coisa como um x a esse gozo possa agregar-se e constituir o que já defini como fundando o mais-de-gozar.

Ainda assim Boole está longe de nos indicar que não se trata da relação do gozo com o mais-de-gozar, enquanto este mais-de-gozar seria justamente o que ex-siste. Ex-siste a quê?Justamente ao nó de que agora tento deixar claro para vocês seu uso e função. Ele vê muito bem que para alcançar a função $x = x^3$ - e não só x^2 - vê muito bem que o terceiro termo, o termo $(1+ x)$ pode se escrever de outro modo e especialmente $(-1- x)$, quero dizer, $(-1-x)$ tomado entre parênteses, o que equivale, matematicamente, quero dizer, enquanto que a escrita é que é matemática, o que pode se escrever também por um menos antes do parênteses, e por $(-1- x)$ colocado no interior: $- (-1- x)$.

Escrevo $-(-1- x)$ e digo que isto é equivalente à adição aqui de $(1+x)$ e que Boole os junta para repeli-los, para repeli-los enquanto que a lógica estaria destinada a assegurar o estatuto da verdade.

Mas, por enquanto, o que pretendemos não é dar um estatuto para a verdade, porque a verdade, já o disse, não se enuncia nunca senão por um meio-dizer, que é propriamente impensável, senão no lugar do dizer, de marcar que uma proposição não é verdadeira, e de lhes marcar com uma barra superior que a exclui e a marca com o signo do falso.Na ordem das coisas, enquanto que o símbolo está feito para ali ex-sistir, nessa ordem de coisas, é propriamente - diga Boole o que diga ao estudar ou pretender fazer o estatuto do pensamento - é justamente impensável, impensável, clivar o que for de denominável, clivá-lo como um puro não para designar o que não está nomeado.Quer dizer, devíamos testar o que resulta de $x^3 = x$, seguramente já é alguma coisa ver funcionar aí esse 3 com que marco, como tal, o Real, e aqui retomaremos nosso nó borromeu.O nó borromeu enquanto que:

- que seu enunciado ex-siste à prática analítica
- que é ele que permite suportá-la.

Eu gostaria de lhes mostrar uma vez mais o exemplo, nesse espaço que é o nosso, sem que atualmente saibamos - malgrado as citações de Aristóteles - qual é o número das dimensões desse espaço, o mesmo, entendo, onde nomeamos as coisas. Observem isso, é o mesmo que desenhei no começo, no quadro:

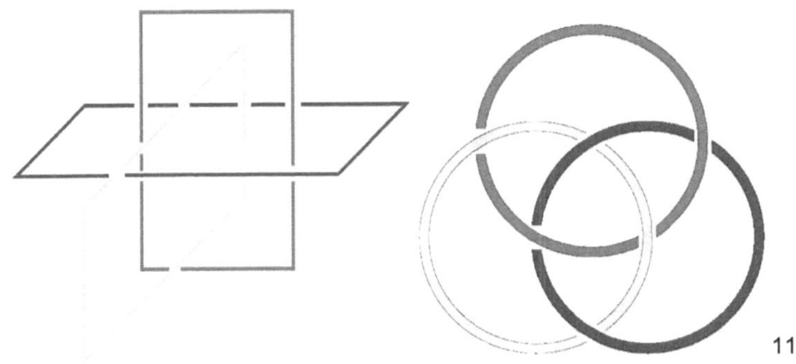

A saber, vocês tem aqui um anel, um anel de fio - como foi justamente chamado na primeira vez que introduzi essa função - este anel de fio, esses três anéis de fio, aqui vocês os têm e vem que se sustentam juntos, se sustentam porque existe aqui um que está posto na horizontal enquanto que os outros dois estão na vertical e os verticais se cruzam. É evidente que isto não é enodável... não é desenodável.

O nó borromeu, como tal, tem feito, aqui, muitas pessoas trabalhar, que até mesmo me enviaram depoimentos. Esta é a sua forma mais simples. Surpreende ver que os trabalhos - são verdadeiros trabalhos que me enviaram sobre esse ponto - dão sua parte a toda classe de

---

[11] Em algumas versões esse nó aparece no começo desta aula, daí a remissão de Lacan ao que já colocou no quadro. E, ainda em outras versões, há menção a mostração manual desse nó por Lacan.

outras formas - e elas são inumeráveis - de enodar os três anéis, de tal maneira que permitam, desenodando um só deles, liberar exatamente a todos os outros e, como lhes disse, qualquer que seja seu número.Mas para nos limitarmos a três, já que esse três se ajusta a nossas três funções, o Imaginário, o Simbólico e o Real, precisamente por não distingui-las, para ver até aonde o fato de que sejam 3- e fazendo dele a lógica mesma do Real - a saber, em que momento podemos fazer surgir simplesmente destes 3, estritamente equivalentes - como vocês podem perceber de imediato - destes 3 faz surgir o início do que ali seria diferenciação.

A diferenciação se inicia no seguinte, e me surpreende que nos trabalhos que tenho recebido ninguém me tenha feito notar: por estes três tais como estão dispostos, se determinam, digamos, oito quadrantes: 1, 2, 3, 4, 5, 6, 7, 8.Eu tomo um, um qualquer, e neste quadrante o planifico, que aqui vocês vão ver - e vão ver de onde vocês estão, mas estando onde eu me encontro é por certo exatamente o mesmo - a saber, vão ver que alguma coisa se encontra ali, por causa desta planificação, já se encontra ali orientado.Quer dizer que vocês vem certamente a mesma inscrição do nó que é a que eu vejo, a saber, que nesta ocasião, para o que lhes mostrei, tomando meu nó da maneira em que o exibi, pela planificação se desenha alguma coisa que se inscreve, se seguimos sua forma, que se inscreve destrogiramente.

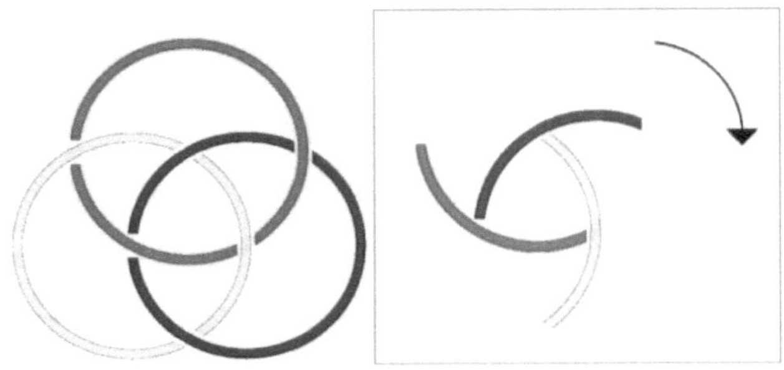

Uma vez planificada e contornada, eu sei de antemão que é mesmo destrógira. É suficiente fazer este pequeno trabalho, enfim, imaginar a inversão, o que também pode se escrever, e se verá que esta não é a imagem em espelho. Porque, se dão a volta no nó borromeu não verão alguma coisa que seja sua imagem no espelho.

Isso se torna ainda mais surpreendente, o fato de que ao retomar meus quadrantes... ponhamos o que eu recém escolhi - não sei se efetivamente o fiz - aquele, para vocês, no auto à direita, se tomo este - não só disse o que está no auto e à direita senão que também disse o que está na frente - se tomo este, não já o do auto e da direita e na frente, senão o de baixo, à esquerda e atrás, o que estritamente lhe é oposto, e se dali parto planificando-o da mesma maneira que fiz precedentemente, é bastante notável e poderão verificar isso, que desta planificação resultará uma maneira em que o nó se calça, em que o nó se ajusta, exatamente de forma inversa, a saber, levogiramente.

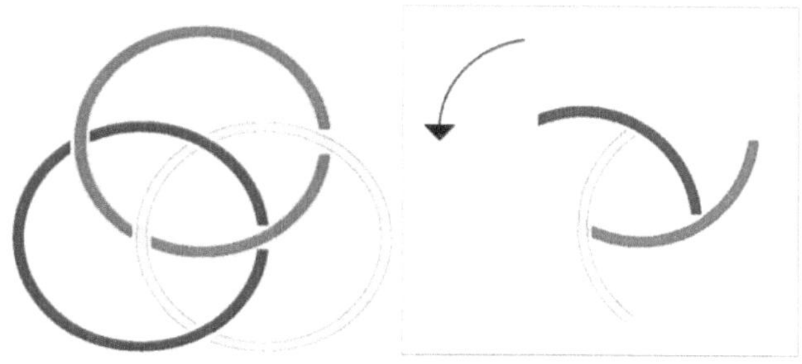

De uma única manipulação do nó borromeu sai, surge uma distinção que é da ordem da orientação. Se um está no sentido dos ponteiros de um relógio, o outro estará no sentido inverso.Certamente que não devemos nos surpreender de que alguma coisa desta espécie possa se produzir, já que corresponde à natureza das coisas que o espaço esteja orientado, e dali mesmo procede a função dita da imagem em espelho e de qualquer simetria.

Peço desculpas pela dureza que meu discurso de hoje implica. Simplesmente lhes faço notar que o fato da orientação para os quadrantes opostos nos indica que é conforme à estrutura, de que a orientação surja do suporte único, do suporte da relação nodal de que aqui me sirvo, é concebível marcar nesses mesmos anéis um sentido, quer dizer, uma orientação.Em outros termos, para tomar o último, esse que está escrito aqui, colocamos o problema do que resulta de fazer uso de uma orientação conforme àquela que obtivemos, de duas espécies, e somente de duas que são diferentes, a saber, de percebermos que dele resultará uma figura, uma figura tal que sua periferia marcará, por esse fato, a mesma orientação.O que é preciso para que uma destas figuras se transforme na outra, a saber, esta, igualmente concluída?

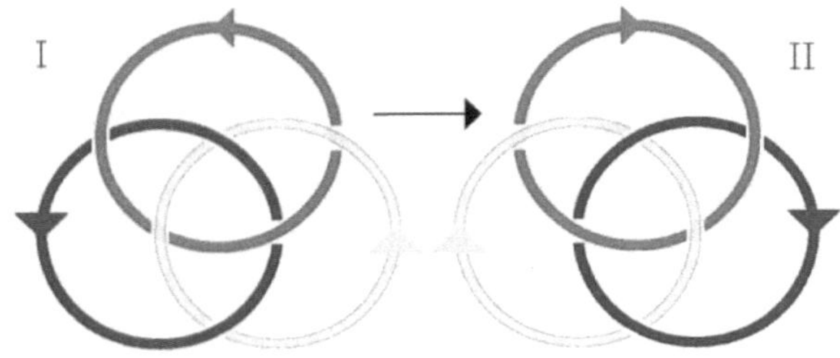

Em minha hesitação vocês vêem a marca da dificuldade que se encontra na manipulação dos nominados anéis de fio. Esta é a imagem em espelho da outra. Mas o que é suficiente para transformar uma na outra?Qualquer coisa que é definível pelo seguinte caminho simples: a saber, que tal como vocês vêem se propagar o nó borromeu, vocês vêem que qualquer um dentre eles se manifesta por cortar a cada um dos outros de uma maneira tal que sendo um liberados, sendo um seccionado, os outros ficam livres.

Isto quer dizer que: um desses anéis pode girar em torno de um dos outros dois, e que isto por si só nos dará um novo nó borromeu. A lei do que está acontecendo nesta ocasião é a seguinte...Peço desculpas por não ter giz colorido, isso seria melhor, eu vou desenhar... O que acontece se giramos um desses nós, um daqueles anéis, em torno de outro? É exatamente isto que nós obtemos. Nós obtemos assim, uma nova figura que se ...eu vou apagar a antiga, para que você possam ver melhor... nós obtemos uma nova figura que tem a propriedade de ser desta espécie, a saber, esta que vocês vêem - ela está apagada - a saber que vocês vêem, a figura se apresenta assim, é porque nós temos este que permaneceu invariável,e dois ... dois outros elementos.

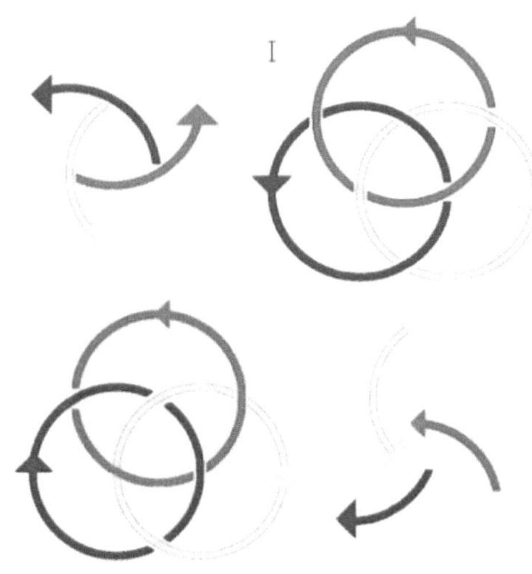

Aí está: os outros dois elementos que têm o tipo de orientação é aquele que é definido aqui, a saber que, com relação - não é? - a isto: a isto marcado com *a*, por exemplo, vocês terão uma apresentação como esta, a saber, se este é *b*, terão uma inversão de sentido do *b* e do *c*, e uma inversão de orientação de sua curva, completando as coisas da seguinte maneira. Aí está!

O que importa é isto: é ver que ao inverter o *a*, o que dele resulta é uma orientação totalmente diferente de ajuste do nó, a saber, que basta que tenhamos invertido um só dos anéis para que os outros dois elementos, os que não invertemos, os outros dois elementos trocam de direção.Quero dizer, como é concebível, o segmento que eu secciono nesta confusão, o segmento que fiz seccionar por

---

[12] A versão staferla não indica quem é quem.

inversão do anel que primeiro estava aqui, esse segmento mudou de sentido, a saber que esse outro segmento e este vem a concordar de uma maneira que chamaremos, se querem, centrípeta enquanto que antes os três eram centrífugos.

É por isso que, quando nós invertemos um anel de fio a mais, este permanecerá em sua orientação primitiva, para o mesmo segmento que temos que contornar, a saber, que se agora, depois de termos dado uma volta em *a*, damos uma volta em *b*, *b* aparecerá conservando o sentido centrípeto, mas então são os outros dois, a saber, um centrífugo e um centrípeto, os que se inverterão, de tal maneira que o resultado será o centrípeto se fará centrífugo e este se fará centrípeto, teremos de novo aqui um centrífugo e dois centrípetos.Mas o que será centrífugo será um dos centrípetos invertidos.

É que eu tenho que refazer tudo ou alguém está me seguindo? Me exponho ao nem sequer olhar minhas notas pela simples razão da dificuldade mesma do manejo, o pouco imaginável, se se pode dizer assim, deste nó borromeu de que tratamos de tirar partido, o mesmo que não me deixa, enfim, trazer à luz, não é?...

(Risos)

...trazer à luz de uma maneira...Bem, após a segunda volta - não é? - um levógiro como o precedente que foi repetido - não é? - e é enquanto que voltamos ao *b* depois de termos feito com o *a* que obtemos um centrífugo no lugar do... um centrípeto no lugar do centrífugo que está aqui, e um centrífugo no lugar do centrípeto que está aqui. Por consequência, temos aqui *c*, *a* e *b*.

Me colocaram uma questão... me colocaram uma questão em um lugar onde se trabalhava, me colocaram uma questão para saber qual relação havia entre o nó borromeu com o que eu havia enunciado sobre das quatro, eu diria, opções, ditas de identificação sexuada. Em outros termos, que relação poderia ter isto com:

$$\begin{array}{cc} \exists x \Phi x & \overline{\exists x \Phi x} \\ \forall x \Phi x & \overline{\forall x \Phi x} \end{array}$$

Vou tentar de lhes dizer agora. Suponhamos que damos a isto uma posição em quadrante que designamos segundo a marca nas coordenadas cartesianas, os oito quadrantes em questão.

Vocês precisam ver, vocês percebem que... tomemos o quadrante de cima à direita e da frente, dobrando o anel de fio aqui marcado, quero dizer, enquanto que este anel de fio, por conseguinte, é necessário, enquanto que este anel de fio está sustentado deste outro, a saber, o que eu chamaria em profundidade (*l'en-profondeur*), a este o chamaremos o alto (*haut*) e a este outro o plano (*plat*).

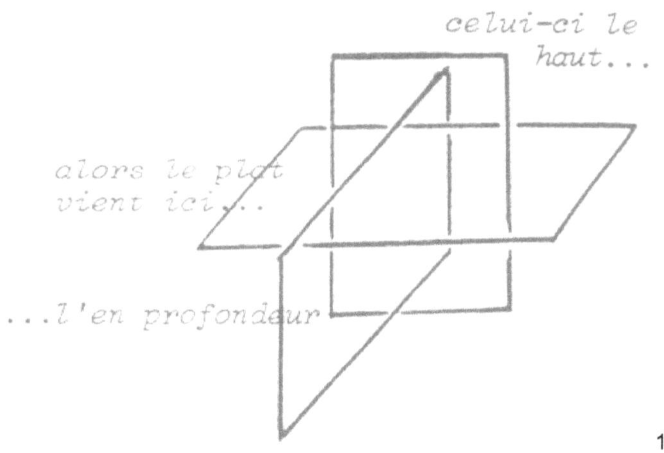

13

Bom. Então o plano vem aqui, e este vai lá, ou seja: verde, azul, vermelho[14]. Assim é como as coisas se apresentaram as coisas. Bem é um pouquinho diferente. Aí está. Lhes dará algum trabalho para fazer, para fazer essas coisas depois de tudo me dou conta de que não é tão fácil. Bem.

---

[13] Na edição staferla está assim, *"Lacan fait la démonstration sur un nœud tenu à la main"* ou seja, neste momento ele não desenha nada no quadro e apenas manipula seu nó borromeu com a mão. Achamos, contudo, que é fundamental ter a imagem daquilo que ele fez e, portanto, fomos atrás de uma. Encontramo-la e a reproduzimos aqui.

[14] O verde é o em profundidade, o azul o plano e o vermelho o do alto.

O importante é isto: marcar que é ao dobrar aquele, especialmente o vertical, o da profundidade, ao dobrar este - não é? - quer dizer, ele que primeiro estava bem marcado em seu lugar, ao dobrá-lo, assim vamos obter o anel, o nó borromeu tal que se situará no quadrante que está à esquerda do quadrante qualquer de que partimos.Neste quadrante, em seguida, com inversão do levógiro, quer dizer, com a passagem à destrógira, já que aquele que fiz abaixo era um levógiro. O toma assim porque tal como os nós estão dispostos... tal como os anéis de fio estão dispostos, é assim como isso se enoda.Então, aqui nós temos uma inversão. O que quer dizer que, para tomar as coisas colocando-as como aqui, por exemplo, neste quadrante - não é? - teremos que passar a esse, com o que teremos uma primeira inversão.

Ao passar a este teremos uma segunda inversão, como em certa direção, na condição de que seja uma direção de simetria com relação a um dos planos de interseção, nas três extremidades teremos uma troca no nó borromeu, uma inversão. Bem, se passamos por aqui, quer dizer, de cima para baixo, teremos uma nova inversão, quer dizer, uma volta do que estava aqui, do levógiro. Estas operações são comutativas, quer dizer que ao passar assim chegamos à mesma volta.

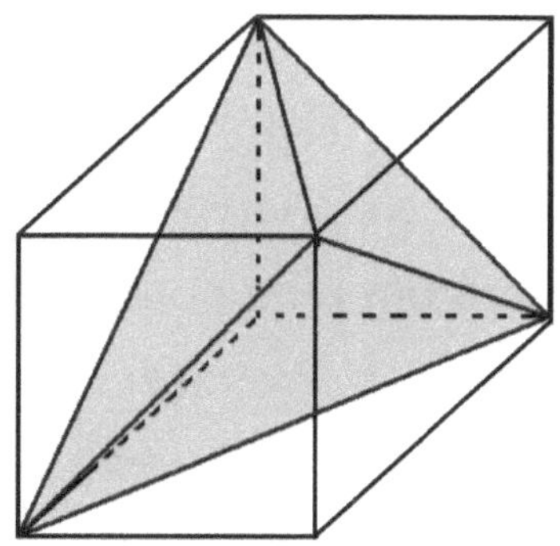

Em outros termos, nos quatro pontos de oposição, quer dizer, sobre os oito quadrantes, em quatro quadrantes definíveis por, se posso dizer, a inscrição em um cubo de um tetraedro, nisto é que veremos aparecer as quatro figuras homogêneas, as três, todas elas, neste caso, levógiras, já que partimos de um levógiro. Bem. O que resulta disso?Como considerar esta multiplicação, se posso dizer, por quatro, do que resulta simplesmente a planificação ou a escrita do nó borromeu?[ii]

Eu proponho simplesmente isto que, dada a hora, terei que comentar na próxima vez que: se, como acabam de ver, se trata de um figura tetraédrica, uma figura tetraédrica enquanto que é produzida pelo basculamento de dois dos anéis de fio e, se pode dizer, de dois quaisquer, quaisquer, voltamos a figura levógira, para especificá-la. Voltamos a ela: qualquer dos dois que tenha sido o dobrado, um restará que não foi dobrado.O que resta é, evidentemente, o terceiro, quero dizer, ele que resta depois de que os outros dois tenham sido dobrados. Por exemplo, se fazemos, desses anéis de fio, o Simbólico, o Imaginário e o Real, o que restará, enfim, o que restará em uma posição centrífuga, isto todavia vocês tem de verificar, quero dizer, que devem perceber que ao bascular S a I, ao final, R resta centrífugo.Há uma boa razão para isso, se vocês viram bem a última figura, será R, quer dizer, o Real, ele terá que bascular para obter a última figura que ela mesmo será destrógira e será totalmente centrífuga.

É uma maneira cômoda para que vocês retenham o que ocorre no segundo tempo do que se passa depois de dois basculamentos, já que, como lhes mostrei, vocês devem encontrar a todo instante no quadrante estritamente oposto, aquele de que lhes falei quando lhes fiz esta observação, a observação do que não havia sido encontrado, a saber, que ao passar de um quadrante ao quadrante estritamente oposto, ao quadrante contraditório, ao quadrante diagonal, obteremos um nó, um nó se partimos do levógiro, obteremos um nó destrógiro. Bem.

Então, verifiquem tudo isto fazendo pequenas manipulações como as que eu tão bem desperdicei diante de vocês e verão o seguinte: que ao se manter o nó levógiro obteremos o que qualifiquei ou especifiquei como tetraedro, pois vocês verão como as coisas se passam.Vocês poderão fazer, reconstituir: por exemplo aqui, tomando uma das faces do quadrado, vocês tirarão, vocês reconstituirão o cubo à partir disso, de que é sempre em uma disposição diagonal - diagonal em relação a uma das faces do cubo - que se encontram os quadrantes cuja orientação é da mesma espécie, e particularmente, nesta ocasião, da espécie levógira.

Apenas lhes sugerirei isto: que o que sai dele, â partir da função do gozo, é que em alguma parte, em uma dessas extremidades do tetraedro:

- Em alguma parte se situa o $\overline{\exists x \Phi x}$, não existe nenhum x para dizer não ao Φ de x

- Em alguma parte, e vamos colocar, $\exists x \overline{\Phi x}$ existe alguma coisa como Φ de x

- Em algum lugar lá, $\forall x \Phi x$, quer dizer que todos fazem dele função

- E em algum lugar vocês tem $\forall x \overline{\Phi x}$ não todas.

Não é à toa que o coloquei nesta forma, quer dizer, uma forma de base, se querem:

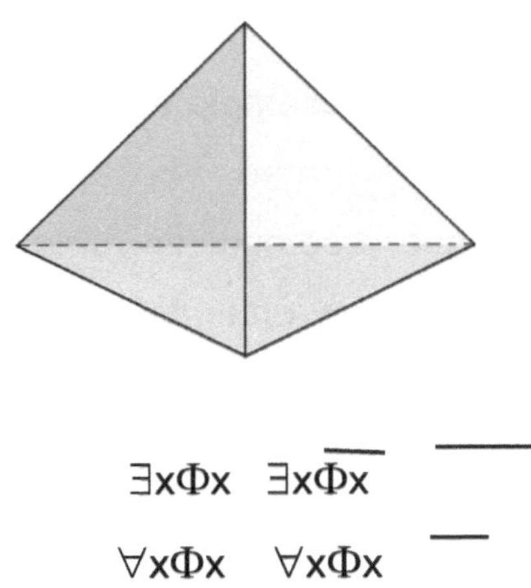

$$\exists x \Phi x \quad \exists x \overline{\Phi x}$$

$$\forall x \Phi x \quad \forall x \Phi x$$

De alguma maneira deveremos colocar em questão isso: o não (*pas*), não (*non*) o não (*pas*) exclusivo como o de agora, o não (*pas*) do que existe para dizer não (*non*) à função fálica. Por outro lado temos o que diz que sim, mas está dividido, a saber, que existe o todos, por um lado, e por outro o não-todos , dito de outra maneira, o que qualifiquei como não-todas.

Você percebem que isto é um programa? A saber, tomar o que é sujeito em um exame, tomar a crítica do que tem a ver com o não (*pas*) do que implica o dizer não (*non*), quer dizer, o interdito, e muito especialmente, no fim das contas, o que se especifica por dizer não (*non*) Φ, dizer não a função fálica. Dizer não a função fálica é o que no discurso analítico chamamos a função da castração:Φ. Existe o que diz sim a função fálica, e o diz na qualidade de todo, quer dizer, muito nomeadamente um certo tipo que é absolutamente necessitado pela definição do que chamamos o homem.

Vocês sabem que o não-todo serviu essencialmente para marcar que não existe A Mulher, quer dizer que dela não existe, se posso dizer, mais que diversas e, de certa maneira, uma por uma, e que tudo isto se encontra de certa maneira dominado pela função privilegiada deste, no entanto não existe dela não-uma a representar o dizer que interdita, a saber, o absolutamente-não.Aí está!

X - Bem, Lacan, há um exame na sala agora!

Então, uma vez que há um exame agora, hoje simplesmente comecei a coisa. Lhes peço perdão por ter sido tão extenso. Retomaremos na próxima vez.

342

AULA 14

21 de Maio de 1974

Peço desculpas por meu atraso e lhes agradeço por terem me esperado. Vejam vocês que persevero enquanto o fundamento que dou este ano a meu discurso no nó borromeu. O nó borromeu está aqui justificado por matematizar, por apresentar essa referência à escrita. O nó borromeu não é, nesta ocasião, mais do que modo de escrita. Em suma, ele presentifica o registro do Real.

Quando no começo me perguntava o que era o inconsciente, entendi tomá-lo só à nível do que constitui efetivamente a experiência analítica. Nesse momento, de nenhuma maneira eu tinha elaborado o discurso como tal, a noção, a função de discurso só chegaria mais tarde. Foi na medida em que esse discurso está ali onde se situa um laço social - e, portanto, tenho que dizer, político - foi na medida em que esse discurso o situa, que falei de discurso. Mas eu só partia da experiência, e nessa experiência está claro que a linguagem é alguma coisa que incontestavelmente se impõe na prática da análise, que a prática da análise está fundada em um patetismo, um patetismo que se trata de situar, e se trata de situar como intervém. Intervir faz surgir a noção de ato. É igualmente essencial pensar essa noção de ato e demonstrar como pode chegar a consistir em um dizer.

Eu acreditei, em outro tempo, como se diz, que devia fazer observar que o analista não somente não opera a não ser com a palavra, senão que se especifica por não operar a não ser por ela. Recusa, por exemplo, essa intervenção sobre o corpo que passa pela absorção, sob uma forma qualquer de substâncias que desde esse momento entram na dinâmica química dos corpos, como por exemplo, os medicamentos, como são chamados.

Bem. O ponto em que estou é simplesmente alguma coisa, a volta - não é? - o círculo que vêem desenhado aqui. Há um vínculo. Se trata de saber qual, entre o sexo e a palavra. Está claro que o sexo comporta a dualidade da estrutura corporal. Dualidade que se refletiu em cascata, se é possível dizer, sobre a dualidade, por exemplo, do *soma* e do *germem*, sobre a oposição do vivente com o mundo inanimado, etc. É suficiente a noção de dualidade para homogeneizar tudo o que é 2? Vocês vêem de imediato que isto não é verdadeiro, a mera enumeração que eu faço - não é? - da dualidade da estrutura corporal, da dualidade do *soma* e o germem, da oposição do vivente ao mundo inanimado deve lhes bastar para ver que essa polaridade, para chamá-la por seu nome, não homogeneíza de nenhum modo a série dos pólos de que se trata, não é?

Ela não é suficiente, de nenhuma maneira, para fazer que a noção de mundo, ou de universo, seja posta em correlação com essa coisa impensável que é o sujeito, enquanto este seria - o quê? - o reflexo, a consciência do dito mundo. Isto em razão do que eu chamaria o patetismo dos sentidos. Não cabe se maravilhar de que exista um ser para conhecer - o quê? - o resto - não é? - e é evidente que desde muito tempo se empregou a metáfora da relação sexual para essa dualidade patente.Patente, mas especificada, local, distinta das outras dualidades; daí a ênfase dada à palavra conhecer, dali também a ideia de ativo e de passivo, sem que se possa saber, aliás, nessa polaridade chamada do sujeito e o mundo, quem é o ativo e que é o passivo. Não existe necessidade alguma de um ativo para que o patético subsista e se ateste no vivido por nós que, como se diz - não é? - nós sofremos.

Disso se trata quando não se trata mais que da análise. Atuamos também para sair dele, desse sofrimento, e na ocasião nos metemos nele com tudo. Se trata de saber o que são duas pessoas, como se diz, quer dizer, dois animais situados por uma organização política muito especificada pelo que tenho chamado um discurso, se trata de saber que é o dizer de uma troca ritualizada de palavras, e que é chamado... o que se supõe que está em jogo neste exercício, quer dizer, o inconsciente.

Aqui, estou tentando lhes dizer: existe saber no Real, que funciona, sem que possamos saber, como se faz a articulação naquilo que estamos habituados a ver se realizar. Disto se trata e deveríamos admiti-lo como correspondendo a um pensamento ordenador? Tal é o partido que tomam a religião e a metafísica, e nisto se encontram do mesmo lado, se dão as mãos nas suposições que elas ordenam ao ser.

Então, o que eu quero dizer é que o saber inconsciente, o que Freud supõe, se distingue desse saber no Real, de tal forma que, qualquer que seja, mesmo a ciência chega a fazê-lo providencial, o saber, quer dizer que alguma coisa - um sujeito - o assegura como harmônico. O que Freud propõe - mas não é tudo, eu aponto de passagem - é que este saber não é providencial, ele é dramático, feito de alguma coisa que parte de um defeito em ser, de uma desarmonia entre o pensamento e o mundo e que esse saber está no coração dessa alguma coisa que chamamos ex-sistência, porque insiste do exterior e é perturbador.

É neste sentido que a relação sexual se mostra, no ser - que eu não sou o único em caracterizar como ser falante, não é? - se mostra perturbada. Isto em contraste com tudo o que parece passar com os outros seres. Daqui, inclusive, veio a distinção entre a natureza e cultura. E muito precisamente, se posso dizer, devemos caracterizá-la por não ser tão natural assim. Porque ali onde vivemos, a natureza não se impõe. O que se nos impõe é um outro modo, um outro modo de saber, um saber que de nenhuma maneira é atribuível a um sujeito que ali presidiria a ordem, que ali presidiria a harmonia e é aí que, antes de tudo, em meus primeiros enunciados para caracterizar o inconsciente de Freud, propus uma fórmula - a que voltei vária vezes e que propus em Sainte-Anne e que é assim: Deus não crê em Deus.

Dizer Deus não crê em Deus é exatamente o mesmo que dizer que existe inconsciente. Claro que, dada a variedade do auditório - não é? - que então eu tinha, a saber, os psicanalistas tais como nessa época podiam se apresentar, isto não causava nenhum efeito, não causava nenhum efeito fora da questão que me fizeram: se eu mesmo acreditava nele.Depois houve quem me definiu dizendo que eu era alguém que acreditava que era Lacan - não é? - modo com o que eu mesmo havia definido Napoleão, mas até o fim de sua vida, no momento em que, meus Deus, ele estava louco - não é ?- porque crer em seu próprio nome, enfim, é... é sua definição mesma. Bem. Contrariamente ao que imaginava o nomeado Gabriel Marcel, não creio em Lacan. Mas pergunto se não existe estrita consistência entre o que Freud propõe como sendo o inconsciente e o fato de que Deus, não há ninguém que creia nele, principalmente ele mesmo, porque nisso consiste o saber do inconsciente.

O saber do inconsciente é todo o contrário do instinto, quer dizer, do que preside não só a ideia de natureza senão toda ideia de harmonia, é na medida em que em alguma parte existe essa falha que faz que a coisa mais natural, por assim dizer, a que desde nosso ponto de vista nos parece, quando nós olhamos para - o que? - sejam animais ou coisas completamente diferentes, objetos no mundo: fazemos a esse respeito todas as extrapolações que podemos.O que podemos constatar é qualquer coisa que, entre dois corpos, parece qualquer coisa que, incontestavelmente, é totalmente diferente, entretanto, da maioria das espécies, que a relação dos corpos dito masculino com aquele que se admite ser feminino, a saber e em suma que entre esses dois corpos existe, eu diria, pouquíssima semelhança, enquanto que entre os animais o surpreendente é até que ponto o macho e a fêmea - digamos a palavra para ir rápido e indicar meu pensamento - são narcisistas.

Então, hoje eu gostaria de avançar, porque pelo menos eu devo dizer alguma coisa, alguma coisa importante - não é? É que seu eu colocar o acento sobre o que obstaculiza a relação sexual, não é outra coisa que essa função que na vez passada reescrevi no quadro sob a forma de Φx e que não por nada escrevi assim, matematicamente, na medida em que o que pode se escrever me permite confiar de que estou no bom caminho para alcançar o Real.

O que quer dizer isso? É porque aqui sucede que as vezes - na medida em que vocês me permitam por causa deste microfone - eu escreva coisas no quadro e é isso o que suporta minha relação com vocês, tal como ela se instaura neste discurso?Creio que não! Sempre me coloco a pergunta. O que eu quero apontar aqui, o que importa, é que eu digo, eu digo sempre a verdade, e que isto que se inscreve no Simbólico, eu digo sempre a verdade, não somente que a repito, abre uma via que faz existir um dizer, e que vossa relação comigo nesta situação é que isso lhes faz gozar. Eu levantei a questão mais de uma vez, enfim, lhe dou voltas, mas o seguro é que ali se encontra o acento desse justo dizer que trato de enunciar na medida em que em outra parte toma sem dúvida apoio na escrita, mas que é do lado da escrita que se concentra aquilo que eu trato de interrogar sobre o inconsciente quando digo que o inconsciente é alguma coisa no Real.

Eu disse saber por outro lado, mas também assinalei que se essa dimensão de saber toca nas bordas do Real, que é entra, joga com o que eu chamaria de as pregas, as bordas do Real, é porque boto fé no que só a escrita suporta como tal a esse Real e que posso dizer alguma coisa que está orientado simplesmente, simplesmente orientado.Porque dizer a verdade está, se posso dizer, ao alcance de todo o mundo e, de certa maneira, a verdade, para nós, na experiência analítica, é nosso material. É nosso material - em quê? - em que é a verdade sobre esse patetismo, sobre esse sofrimento que como tal designei, o que leva a esse cerramento de uma experiência estruturada como um discurso. Tratei de efetuar a articulação desses discursos, mas a articulação escrita: só nela algo pode dar testemunho do Real.

Então, de que se tratava quando na vez passada lhes recordei os quatro termos, as quatro pontuações, pontuações escritas da identificação que nesta ocasião não chamarei sexual senão sexuada, quando recordei que o nó borromeu permitia situar cada uma dessas escrituras em alguma coisa que se localiza à partir do nó primitivo, do nó que lhes mostrei como pude, com anéis, com anéis de fio que tinha em minha mão, nos quatro quadrantes que eles determinam, que eles determinam à partir de uma primeira planificação, e de uma primeira planificação em que é preciso que dois deles - e disse dois e não os mesmos, não o mesmo já que, se fosse o mesmo, voltaria ao mesmo lugar - a saber que fazem falta dois, e dois diferentes para que possamos chegar a um quadrante que se homologue ao primeiro estabelecido.

Naquele momento acreditei poder mostrá-lo no quadro de uma maneira evidentemente aventurada, como puderam ver e, diante da minha grande exasperação, ali fracassei, não é? Fracassei porque, coisa curiosa, em suma - e isto é o que significa essa experiência - é alguma coisa que ainda não se domina - vocês vão saber, eu vou indicar, vou relembrar - que ainda não está dominado na ordem dos nós. É estranho, é singular, embora alguma coisa disso possa ser antecipada: que o nó borromeu foi identificado com a trança de seis movimentos, seis e não três como pareceria, isto já é alguma coisa. E o que hoje lhes mostro, coloco, relaciono com o que eu já tinha marcado, escrito como sendo a forma mais simples do nó borromeu, que é muito exatamente esta, quer dizer, aquela onde em nenhuma parte existe um terceiro anel, pois o terceiro anel aqui está representado só por uma reta que vocês me permitem supor infinita.

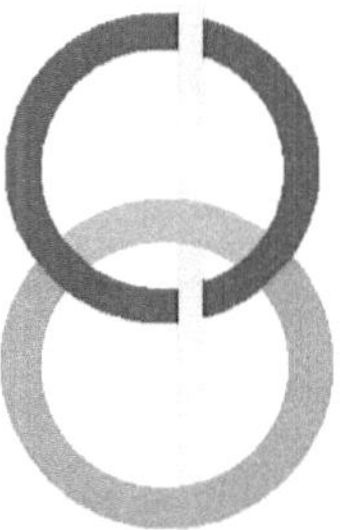

É uma suposição totalmente capital e em si mesma esclarecedora, diria eu, esclarecedora por isto: que é bem conhecido, é a primeira observação de toda a elaboração dos nós, a de um Artin, por exemplo - talvez vocês conheçam o volume, em todo caso, alguns de vocês seguramente o procuraram - a de um Artin que diz: não existe mais que uma só maneira, sobre uma simples linha de afirmar que o nó não pode ser desenodado, pois de duas, uma:

- Ou seus extremos se estendem em efeito ao infinito, tornando-se impossível ignorar qualquer coisa que se tenha formado no nó;

- Ou os dois extremos se juntam, caso em que se controla se é ou não um nó.

O que isso nos sugere como observação? Que se essa reta, essa reta que consiste o nó - o nó borromeu nesta ocasião - e que se especifica por cruzar os nós, eu diria, de uma maneira que corta o primeiro, mas tanto como o primeiro corta o segundo, o que ao mesmo tempo impõe a alternância, a saber, que cortará o primeiro e será cortado pelo segundo ao que encontra ele mesmo enquanto é interno ao primeiro anel, e cortará então duas vezes o anel azul assim como será cortado duas vezes pelo anel verde. O anel azul e o verde se distinguem por isto: que o anel azul corta o anel verde.É, portanto, em uma relação triádica que se situa nesta ocasião o que faz o nó, e vocês podem ver que a reta infinita impõe, impõe que não se possa dar nenhuma orientação pois, de onde parte ela?

É preciso saber se há um começo, para que, com relação a este, se tome uma orientação. Ao contrário, basta que essa reta infinita seja transformada em anel, para expressarmos de uma maneira que não implique nenhuma forma geométrica mas apenas uma consistência, para que, pelo fato mesmo de que lhe damos consistência de anel, apareça alguma coisa que é da ordem da orientação, não naquilo que há um instante chamei reta e a que de repente fiz anel, senão no nó mesmo, porque, vejam vocês - se os marquei cada vez por uma correspondência - que devido ao fato que o indivíduo aqui especificado é laranja ou amarelo é fato que está estabelecido sob a forma de um anel e devido a ele e a nenhuma outra coisa, aparece aqui a orientação que eu posso chamar levógiro:

Se eu me obrigo a seguir a direção que indica cada um dos três, ao exterior do nó que eles fazem, então, por outro lado, é tudo diferente, e os anéis vão aparecer aqui, a saber, de maneira destrógira:

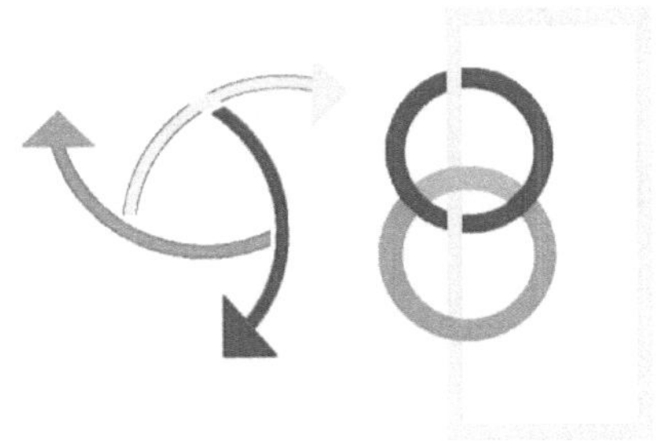

Enquanto que aqui temos as coisas sob esta forma, podemos dizer que o que nesta se apresentou de um certo modo, na outra está precisamente de outra forma, invertida.É claro que na medida em que tomamos as coisas sob essa forma, temos aqui uma forma levógira, e se tomamos as coisas à partir da borda, sob o lado oposto àquele ponto de onde dobramos a reta laranja, teremos aqui uma forma levógira, quer dizer, o que aparece aqui é alguma coisa daquela ordem.

Nós constatamos, ao mesmo tempo, que, com relação ao que se inverteu, a saber, a linha laranja, existe inversão de lado:

- Aqui a linha azul está à direita

- Aqui está à esquerda.

E é em uma relação de extremidade com relação a linha laranja que a linha verde se encontra.

A saber que é fácil compreender - é o que tratei de lhes mostrar na vez passada - a saber que ao dobrar um dos anéis de fio com relação aos dois outros, o que encontramos é, bem entendido, que é também, também em outra parte sobre um destes círculos, a saber, esse que está aqui, o verde... o azul, que nos encontramos também cortando-o, dito de outra maneira, que a linha amarela, na medida em que é a que dobramos, se continua e corta.

Cada vez há, portanto, qualquer coisa que muda, que muda na orientação do nó. Cada vez que passamos de um quadrante a outro há qualquer coisa que troca em dita orientação. E é por isso que o nó, os nós se especificam quatro por quatro, e tem essa relação entre si que qualifiquei, outro dia, como tetraédrica, e onde eu queria reconhecer o que é o modo dos quatro lugares reservados ao modos de identificação ditos sexuados.Como vocês pode ver, é surpreendente que ainda hoje - não é? - eu me encontre, mesmo sob esta forma supersimples, em dificuldades para lhes fazer sentir, dificuldades para demonstrar para mim mesmo na escrita, qual é o efeito do dobramento, na medida em que aquilo de que se trata é um dos termos, escolhido como tal e distinguido dos dois outros de certa maneira previamente.

Este é, certamente, o que faz com que esse objeto de escrita nos apresente alguma coisa particularmente impressionante. Temos aqui uma escrita que, de certo modo, eu diria dominamos com muita dificuldade. É bastante surpreendente que já num segundo tempo, quer dizer, depois de ter acreditado que eu sairia muito à vontade, por este artifício, de novo eu tenha me encontrado com o que essa escrita que me embaraça, me confunde.Não será isto o signo dessa alguma coisa que preside a aversão, a aversão tão impressionante em relação às matemáticas, aversão que é produzida em relação com que tem a ver com os nós?

Porque, afinal de contas, não teria sido inconcebível que essa alguma coisa que se desenhou em uma geometria desenvolvida, que em efeito funcionou totalmente como escrita, escrita pela qual começou a ciência, quero dizer, na geometria grega, é bem impressionante ver que isso também teria podido ser, em um esforço concernente a cunhagem, por exemplo, que se produz quando separamos esses nós com relação à linha que serve para constituir, propriamente falando, o nó.

Assim como, ao dobrá-lo aqui, vemos bem manifestadamente, cunhando alguma coisa, cunhando - o que dizer - senão aquilo de que se trata, a saber, algo cunhado, não há mais que dizer à respeito, e é esse cunhado o que está em questão, que está em questão nessa função pela qual, para dizer a relação do Simbólico, do Imaginário e do Real, eu digo, que ali é tomada alguma coisa, alguma coisa que nessa ocasião é bem, em efeito, o sujeito.Ainda assim é preciso que a essa alguma coisa eu tente esclarecer, de certo modo individualizando o que a cada um desses anéis, a saber, em que o Simbólico difere do Imaginário e difere do Real.

Para esclarecer muito rapidamente, como eu posso fazer, nada mais, esta lanterna, eu diria que o Simbólico, o Simbólico é da ordem do 1, esse Um que na vez passada já lhes propus como constituindo a ordem lógica que nosso Boole tenta construir, como sendo o universo. Lhes fiz notar ao mesmo tempo que existe ali algo contestável, porque já é uma suposição fazer do universo alguma coisa de 1.Em oposição a isso, e na mesma linha em que Boole procede ao construir a fórmula $x(1-x) = 0$, a saber, tudo o que não é x, é x é subtraído do Universo, e seu produto, sua intersecção, seu encontro, é estritamente igual a 0. Sobre essa base Boole crê poder avançar uma formalização daquilo que é da lógica.

Bem opostamente proponho dar ao 1 o valor daquilo no que, pelo que meu discurso, consiste, consiste enquanto que é ele que faz obstáculo a relação sexual, a saber, o gozo fálico.Na medida em que o gozo fálico - e aqui digamos que o faço órgão, o suponho encarnado pelo que no homem corresponde a ele como órgão - na medida em que dito gozo toma esse acento privilegiado, tal como se impões em tudo o que é nossa experiência, nossa experiência analítica, ali, ao redor, e porque só é ao redor, ao redor do indivíduo ele mesmo sexuado, que o suporte, é na medida em que esse gozo é privilegiado, que se ordena toda a experiência analítica. E proponho o seguinte: que seja ela a que relacione a função do Um na formalização lógica tal como Boole a promove. Em outros termos, que se existe significante, e significante não é signo, significante se distingue do signo pois o signo podemos fazer circular em um mundo objetivado: o signo é o que vai do emissor ao receptor, é o que, ao receptor, faz signo de emissor. Mas muito pelo contrário, sob a forma do que chamei de a mensagem retorna de uma forma, que surge o significante por que é enquanto que ele tem relação com outro significante que ele faz surgir um sujeito, a saber, na sua configuração.

O que isto sugere é que, enquanto alguma coisa - que é designada por Boole por um x - alguma coisa se precipita como significante, o significante é de certa forma roubado, subtraído, emprestado ao gozo fálico ele mesmo, e enquanto que o significante o substitui, o significante mesmo fará obstáculo para que jamais se escreva o que chamo a relação sexual. Quero dizer qualquer coisa que supostamente poderia ser escrito: x, R maiúsculo e, depois, y, a saber, que de nenhuma maneira se possa escrever de um modo matemático o que corresponde ao que se apresenta como função, sob a função fálica ela mesma.

Quero dizer que, na medida em que o que se escreve é $\overline{\exists x\Phi x}$, negação da função fálica mesma. E justamente o oposto, que não existe, a saber, que não existe x para negar a função Φ de x, para se opor a ela, $\exists x\Phi x$. E inversamente eu introduzo ao nível do universal essa alguma coisa que, aderindo à função fálica, se caracteriza de um lado por um A maiúsculo como quantificador universal, um A maiúsculo invertido - vocês sabem que é assim que se escreve: $\forall x\overline{\Phi x}$. Mas no outro se põe uma barra negativa, quer dizer, eu disse que em alguma parte existe uma função que se distingue por ser não-toda: $\forall x\Phi x$.

Não-toda, o que isto quer dizer? O mínimo que se pode dizer é que deveria existir dois. Na medida em que, ao nível do que se articula esse não-toda, não existe mais que um gozo. Aqui não vão ir rápido demais, nem vão supor que o que eu distingo é não sei o que, como alguma coisa que sexualmente responderia a essa pretensa divisão entre o gozo dito clitoridiano e o gozo dito vaginal. Não se trata disso.

Do que falo é da distinção que deve ser feita do gozo fálico enquanto que, no ser falante, ele prevalece, e que dali se discriciona toda uma função de significância. Que se deve fazer uma distinção entre esse gozo prevalente, na medida em que ele faz obstáculo ao que tem a ver com a relação sexual. Que existe uma distinção a ser feita entre esse gozo e este que introduzi noutro dia -penso que de maneira suficiente - e que se passava com a árvore, a árvore dita da ciência, da ciência do Bem e do Mal, e que seguramente o animal, o animal se distingue por subsistir não somente em um corpo, senão que esse corpo como tal não se identifica, não tem identidade, não, como se diz sempre, tradicionalmente, acerca do pensamento, desse não sei o quê, que por pensar não teria ser, senão que ele goza de si mesmo.Quero dizer que não existe somente esta percepção, apreensão, sensação, pressão, toque, visão ou qualquer outro modo de afetação pelos sentidos.Senão que enquanto ele consiste, e consiste em um corpo, o do que se trata é de um gozo, e de um gozo que de acordo com nossa experiência demonstra ser de uma ordem diferente da do gozo fálico.

É assim o que desde o início de meu ensino comecei por autenticar, por originalizar acerca da relação imaginária, fazia referência ao que eu chamarei de homologia, a semelhança, justamente essa parte que é tão vacilante quando se trata do ser falante, da homologia dos corpos. Que no animal nós falhamos em constatar que o gozo fálico, qualquer que seja, não tem a mesma prevalência, o mesmo peso, o mesmo peso em qualquer tipo de oposição em termos de gozo enquanto que dois corpos gozam um do outro, é aí que reside a falha por onde se abisma, por assim dizer, na experiência analítica, tudo o que se ordena do amor.

Que se falamos - como já disse, já evoquei anteriormente - se falamos do nó, fazemos alusão ao abraço, ao estreitamento. Mas outra coisa é a maneira como faz irrupção na vida de cada um, esse gozo que, faz parte, podemos dizer, a um desses corpos, mas ao outro não se lhe aparece senão com essa forma, podemos dizer, de referência a um outro como tal, mesmo que alguma coisa, no corpo, possa lhe dar um suporte tíbio, quero dizer, ao nível desse órgão que se chama clitóris.

É dessa maneira que devemos conceber o Simbólico, como roubo, subtração à ordem Um do gozo fálico, e como a relação dos corpos enquanto que dois, nessa medida, não pode senão passar pela referência, a reflexão sobre alguma coisa que é diferente do Simbólico, que é distinto dele, é, saber, é o que já do três aparece na menor escrita.

O que a linguagem de alguma forma sanciona é o fato de que, em sua formalização, impõe outra coisa que a simples homofonia do dizer. É que é uma letra - e o significante nisto mostra, mostra uma precipitação pela qual o ser falante pode ter acesso ao Real - é na medida em que desde sempre, cada vez foi questão de configurar alguma coisa que de certo modo fosse o encontro do que se emite, do que se emite como queixa, como enunciado de uma verdade, cada vez se trata de tudo o que tem a ver com esse meio-dizer, meio dizer alternado, contrastado, canto alternado do que deixa separado em duas metades o ser falante, é sempre por uma referência à escrita o que na linguagem pode situar o Real. E é na medida em que tento levar vocês ainda mais longe nessa referência ao Real, ao Real como terceiro, que lhes deixo hoje, desculpando-me por não haver podido avançar mais.

JACQUES LACAN
OS NÃO-TOLOS ERRAM/ OS NOMES DO PAI
1973-1974

JACQUES LACAN
OS NÃO-TOLOS ERRAM/ OS NOMES DO PAI
1973-1974

AULA 15

11 de Junho de 1974

E bem. Eu tive que fazer alguns esforços para que esta sala não fosse ocupada, hoje, por gente dando exames, e devo dizer que tiveram a bondade de me cedê-la. É evidente que resulta mais que amável da parte da Universidade de Paris I ter realizado esse esforço já que, finalizados os cursos desse ano - o que, claro, ignoro - esta sala deveria estar à disposição de alguma outra parte da administração que se ocupa, ela, de vos canalizar. Aí está.

Então, igualmente, como a coisa não pode se repetir depois de um certo limite, hoje será a última vez que lhes falo, este ano. Isso me força, naturalmente, a mudar de direção, o que não deve me reter já que, em suma, sempre há que terminar mudando de direção.Não sei muito bem como estou metido aqui dentro, pois a Universidade, se ela é o que lhes explico, talvez seja A Mulher. Mas a mulher pré-histórica, pois vocês vêem que ele é feita de rugas. Evidentemente ele me alberga em uma dessas pregas. Não se dá conta disso. Quando se tem muitas pregas não se sente grande coisa. Do contrário - quem sabe? - ela iria me encontrar talvez como um incômodo. Bem.

Então, de outra parte, de outra parte, aposto o que vocês quiserem que vocês jamais imaginarão onde eu tenho perdido meu tempo - perdido, enfim, sim, perdido - onde eu tenho perdido parte do meu tempo depois de tê-los visto aqui, reunidos. Aposto o que quiserem: estive em Milão, em um congresso de semiótica. É extraordinário. É extraordinário e, é claro, me deixou um pouco atordoado. Me deixou um pouco atordoado no sentido de que é muito difícil, e justamente numa perspectiva universitária, abordar a semiótica.Mas, enfim, essa falta mesma, que eu tenha ali, se posso dizer, constatado, me rejeitou, se posso dizer, sobre mim mesmo, quero dizer, que me fez perceber que é muito difícil abordar a semiótica.

Eu, claro, não protestei, porque me haviam convidado, como aqui, muito, muito gentilmente, e não vejo por que eu perturbaria esse Congresso dizendo que, que sem a, enfim, não se pode abordar assim, no cru, à partir de certa ideia do saber, certa ideia do saber que, que não está muito bem situada, em suma, na universidade. Mas meditei sobre isso, e existem razões que talvez se devem justamente ao fato de que o saber dA Mulher - já que assim situei a universidade - o saber dA Mulher talvez não seja de tudo o mesmo que o saber de que aqui nos ocupamos.

O saber de que aqui nos ocupamos - penso tê-los feito sentir - é o saber em que consiste o inconsciente, e é, em suma, como isso que eu gostaria de encerrar este ano. Eu nunca, em suma, me apeguei a outra coisa senão a esse saber dito inconsciente. Se acentuei, por exemplo, no saber enquanto que o discurso da ciência pode situá-lo no Real, o que é singular e cujo impasse creio ter articulado aqui, de alguma forma o impasse, o impasse que assaltou Newton na medida em que não fazendo nenhuma hipótese, nenhuma hipóteses já que ele articulava a coisa cientificamente, e bem, ele era bem incapaz, salvo, claro, naquilo que se lhe reprova, era bem incapaz de dizer onde se situava esse saber graças ao qual, enfim, o céu se move nessa ordem que se sabe, quer dizer, sobre o fundamento da gravitação.Se já acentuei esse caráter - no Real - de certo saber, isto pode parecer estar ao lado da questão, no sentido de que o saber inconsciente, ele, é um saber com que temos de nos haver, e é nesse sentido que se o pode dizer no Real.Isto é o que trato de procurar fazê-los suportar este ano, desse suporte de uma escrita, de uma excita que não é fácil, já que é a que me viram manejar mais ou menos habilmente no quadro sob a forma do nó borromeu. E é nisso que gostaria de concluir este ano, voltando sobre esse saber e dizendo como ele se apresenta. Como se apresenta, eu diria não totalmente no Real, senão no caminho a que nos leva ao Real.

Assim mesmo, é preciso que eu volte a partir do que igualmente me foi presentificado, presentificado nesse intervalo, à saber, que existe uma gente engraçada, enfim, gente que continua - em uma certa Sociedade dita Internacional - que continua operando como se tudo isso fosse óbvio.A saber, que isso poderia se situar em um mundo como isso, que estaria feito de corpos, de corpos que chamam viventes - é claro que não há razão para chamá-los assim, não é? - que estão imersos em um ambiente, em um ambiente que chamam de mundo e, tudo isso, em efeito, porque rejeitá-lo de uma vez só?

No entanto, o que emerge de uma prática - de uma prática que se funda na ex-sistência do inconsciente - deve assim mesmo nos permitir descolar dessa visão elementar que é, é eu não diria do eu (*moi*), ainda que acidentalmente eu tenha lido coisas diretamente extraídas de certo Congresso realizado em Madri, onde, por exemplo, se dão conta de que Freud, ele mesmo, devo dizer, disse coisas tão enormes, assim, enormes como a que vou lhes dizer: o eu (*moi*) é outra coisa que o inconsciente, evidentemente não se assinalou que outra coisa é essa.Há um momento em que Freud refaz toda a sua tópica - não é? - como se diz: a famosa segunda tópica que é uma escrita simplesmente que não é outra coisa que algo em forma de ovo, forma de ovo, e é tanto mais surpreendente que tenha essa forma de ovo quanto que o que se situa ali como o eu (*moi*) vem no lugar onde, no ovo, enfim - ou mais exatamente em sua gema, no que é chamado vitelo - está no lugar do ponto embrionário.E é evidentemente curioso, é evidentemente muito curioso e isto aproxima a função do eu (*moi*) daquilo que, em suma, irá desenvolver um corpo, um corpo que é apenas o desenvolvimento da biologia que nos permite situar, nas primeiras morulações, gastrulações, etc., a maneira em que se forma.

Mas como esse corpo - e nisso consiste a segunda tópica de Freud - como esse corpo está situado por uma relação com o Isso, ao Isso que é uma ideia extraordinariamente confusa: como Freud o articula, é um lugar, um lugar de silêncio. E o principal do que ele diz. Mas articulá-lo assim não faz mais que significar o que supostamente é Isso: é o inconsciente quando se cala. Esse silêncio é um calar. E isso não é pouca coisa, é certamente um esforço, um esforço de sentido, de um sentido talvez um pouco regressivo com relação a sua primeira descoberta - no sentido, digamos, de marcar o lugar do inconsciente.Isto não diz muito o que é este inconsciente, em outros termos, para que serve. Aqui, ele se cala: é o lugar do silêncio. E não resta dúvida que isto complica o corpo, o corpo enquanto que, em tal esquema, é o eu (*moi*), o eu (*moi*) que é, nesse escrita em forma de ovo, é o eu (*moi*) que está representado.O eu é o corpo? O que torna difícil reduzi-lo ao funcionamento do corpo é justamente isso: que nesse esquema o fato de se considerar que, ele, não se desenvolve senão sobre o fundamento desse saber, desse saber enquanto que se cala e que apanha, nele, o que podemos chamar seu alimento.

Vou repetir: é difícil ficar inteiramente satisfeito com essa segunda tópica. Porque o que acontece, o que encontramos na prática analítica é alguma coisa que parece se apresentar de uma forma totalmente diferente. A saber, que esse inconsciente com relação ao que acoplaria tão bem o eu ao mundo, o corpo que o rodeia, o que lhes daria esse tipo de relação que alguém se obstina em pretender natural, com relação a ele, o inconsciente se apresenta como essencialmente diferente dessa harmonia, digamos a palavra, desarmônica. E deixo isso imediatamente, porque não? Por que não precisamos dar ênfase a isso.

A relação com o mundo é certamente, se lhe damos seu sentido, o sentido efetivo que tem na prática, é alguma coisa de que não é possível não sentir de imediato que, com relação a essa visão muito simples de um tipo de intercâmbio com o entorno, o inconsciente é um parasita. É um parasita que aparece em certa espécie, entre outras, se adapta muito bem, mas é na medida em que ela não sente os efeitos, é preciso dizer, enunciar que são, quer dizer, patógenos. Quero dizer que essa feliz relação, essa relação pretensamente harmônica entre o que vive e aquilo que o rodeia, é perturbada pela insistência desse saber, desse saber sem dúvida herdado - não é por acaso que ele está lá - e que o ser falante, para chamá-lo como eu o chamo, o ser falante o habita, mas não o habita sem todo o tipo de inconvenientes.

Então, se é difícil não fazer da vida a característica do corpo, porque isso é tudo o que podemos dizer dele em sua condição de corpo, de toda a maneira, ele está ali e parece se defender. Se defender contra o quê? Contra essa alguma coisa com ele que é difícil não identificar, a saber, o que resta desse corpo quando já não tem mais vida.É por causa disso que em inglês se chama o cadáver de *corpse* e em troca, quando vive, se chama *body*. Mas o fato de que seja o mesmo, enfim, parece satisfatório, digamos, materialmente.Enfim, se vê bem que o que resta dele é o dejeto e devemos concluir que a vida, como disse Bichat:

É o conjunto de forças que resistem a morte.

É um esquema. Um esquema, apesar de tudo. É um esquema um pouco grosseiro. Não diz em absoluto como se sustenta a vida. E a verdade, a verdade, chegou muito tarde à biologia, de modo que temos a ideia de que a vida é outra coisa - isto é tudo o que podemos dizer dela - outra coisa que o conjunto das forças que se opõe a resolução do corpo em cadáver.Eu diria mesmo mais: tudo o que pode existir nos permite esperar um pouco outra coisa, a saber, enquanto ao que é a vida, nos leva assim mesmo a uma concepção muito diferente.

Foi o que procurei, nesse ano, colocar, para vocês, alguma coisa , ao lhes falar de um biólogo eminente: Jacob em colaboração com Wollman, e do que, além disso - por aí tentei lhes dar uma ideia - do que, além disso, passa a ser o que podemos articular sobre o desenvolvimento da vida e, especialmente, aquela a que os biólogos chegaram: que graças ao fato de que podem ver um pouco mais de perto do que se fez desde sempre, a vida se suporta de alguma coisa do qual, quanto a mim, não vou aprofundar:

- E dizer que ela se parece a uma linguagem.

- E falar das mensagens que estariam inscritas nas primeiras moléculas e que teriam efeitos evidentemente singulares, efeitos que se manifestam na maneira em que se organizam todos os tipos de coisas, que vão desde as purinas até todos os tipos de construções quimicamente localizadas e localizáveis.

Mas, enfim, existe certamente um descentramento profundo que ocorre e acontece de uma modo e que é, ao menos curioso que venha a remarcar que tudo parte de alguma coisa articulada, incluído aí a pontuação. Mas não quero me deter nisso. Eu não quero me deter nisso mas, depois de tudo, está bem, porque de nenhuma maneira assimilo esse tipo de sinalização descritiva de que se serve a biologia, eu não a assimilo de nenhuma maneira ao que é da linguagem, contrariamente a esse tipo de júbilo que parece ter impregnado o lingüista que se encontra com o bióloga, lhe aperta a mão e lhe diz: estamos nisso juntos.Eu creio que conceitos como, por exemplo, o de estabilidade estrutural podem, se posso dizer, dar outra forma de presença ao corpo. Porque, enfim, o essencial é não somente como a vida se arranja consigo mesma para que se produzam coisa capazes de serem viventes, senão que, além disso, o corpo tem uma forma, uma organização e uma morfogênese o que é outra maneira também de ver as coisas, a saber: que um corpo se reproduz.

Então, não é similar, não é similar a maneira como no interior isso se comunica, podemos dizer. Noção de comunicação, pois, é nela que se resume a ideia das primeiras mensagens graças as quais se organizaria a substância química. É outra coisa. É outra coisa e então nos é preciso dar o salto e percebermos que os signos se dão numa experiência privilegiada, que há uma ordem, uma ordem que deve se distinguir, não do Real, senão no Real, e que se origina, se inicia por ser solidária de alguma coisa que, apesar de nós, se posso dizer, é excluída deste acesso da vida mas nós não nos damos conta.

É sobre isso que eu quis insistir este ano: que a vida o implica, o implica imaginariamente, se eu posso dizer. O que nos surpreende neste fato, e que Aristóteles se apegou verdadeiramente, o de que só o indivíduo conta verdadeiramente, é que sem sabê-lo ele supõe ali o gozo.E o que constitui o Um desse indivíduo é que para todo o tipo de signos - mas não signos no sentido do que eu recém entendia, signos que dão a esta experiência privilegiada que eu situava na análise, não o escondamos - existem signos, signos em seu deslocamento, em sua moção, enfim, de que ele goza.E é bem com isso Aristóteles não tem muita dificuldade em fazer uma ética, é que ele supõe ἡδονή - ἡδονή não havia recebido o sentido que mais tarde recebeu dos epicuristas - ἡδονή de que se trata é o que põe o corpo em uma corrente que é gozo. Ele não pôde fazê-lo senão porque ele mesmo estava em uma posição privilegiada, mas como não sabe qual, como não sabe que pensa assim o gozo porque ele é da classe dos senhores, acontece que ele vai igualmente dizer que só aquele que pode fazer o que quer, só esse tem uma ética.

Esse gozo está evidentemente muito mais ligado a lógica da vida do que se crê. Mas o que descobrimos é que em um ser privilegiado, tão privilegiado como Aristóteles o era com relação ao conjunto do humano - em um ser privilegiado, essa vida, se posso dizer, se varia (*se varie*) ou inclusive se avalia (*s'avarie*), se mensura (*s'avarie*) ao ponto de se diversificar - para o quê? - bem, é disto se trata, justamente se trata dos semas, a saber, dessa alguma coisa que se encarna na lalíngua. Para isso deve se resolver a pensar que a lalíngua é solidária da realidade dos sentimentos que ela significa. Se existe alguma coisa que nos faz verdadeiramente tocar nisso, é justamente a psicanálise. Que impedimento, como disse em meu seminários sobre *A Angústia* - lamento que, depois de tudo, não esteja aqui, a vossa disposição - que impedimento, perturbação, perturbação tal como eu já bem precisei - perturbação é a retirada de uma potência - e que embaraço sejam palavras que tem sentido e, bem, só o tem veiculadas sobre os traços que abre a lalíngua.Claro, podemos projetar assim esses sentimentos sobre os animais. Eu só lhes farei observar que, se podemos projetar impedimento, perturbação e embaraço sobre os animais, é unicamente sobre os animais domésticos. Se podemos dizer que um cachorro está perturbado, embaraçado ou impedido em alguma coisa, é na medida em que se encontra no campo desses semas e isto por nosso intermédio.

Então pelo menos eu queria fazê-los sentir o que implica experiência analítica: é que, quando se trata dessa semiótica, do que constitui sentido e do que comporta sentimento, bem, o que essa experiência demonstra é que a lalíngua - tal como a escrevo - procede do que não vacilarei em chamar de *animação* - e porque não? - vocês sabem bem que não os enfastio com a alma, se trata da *animação* no sentido de um revolver, de um comichão, de um arranhão, de um furor... para dizer tudo: a *animação* do gozo do corpo.E essa *animação* não é nossa experiência, não provém de qualquer lugar. Se o corpo, em sua motricidade, está *animado* no sentido que acabo de lhes dizer, a saber, o da *animação* que dá um parasita - a *animação* que talvez eu dou a Universidade, por exemplo - bem,isso vem de um gozo privilegiado distinto do gozo do corpo. É certo que falar dele, enfim, produz muito mais embaraçamento, porque dizê-lo assim é risível, e não por nada é risível porque faz rir. Mas é muito precisamente isso o que situamos no gozo fálico.O gozo fálico é aquele que aporta, em suma, para os semas. Já que hoje, já que hoje - ocupado como estive pelo Congresso de semiótica - me permito adiantar a palavra sema.

Não é que eu me importe, vocês entendem, pois não procuro complicar-lhes a vida. Eu não procuro complicar-lhes a vida e nem, sobretudo, procuro fazer de vocês semiólogos. Deus sabe para onde, tal coisa, poderia lhes levar. Os levaria, ademais, ao lugar em que estão, quer dizer, não os arrancará da Universidade. Só que é disto que se trata. O sema não é complicado, é o que constitui sentido. Tudo o que faz sentido na lalíngua mostra estar vinculado a ex-sistência dessa língua, a saber: ao que está fora do negócio da vida, do corpo. É que se existe alguma coisa que tentei desenvolver este ano diante de vocês - espero tê-lo feito presente, mas quem sabe? - é que, é que na medida em que este gozo fálico, este gozo semiótico se acrescenta...

- Isso vai durar muito tempo?

...se acrescenta ao corpo, é aí que se tem um problema.Esse problema, eu vou propor uma forma de resolvê-lo - se é que existe uma solução completa - mas uma forma de resolvê-lo simplesmente, enfim, com a comprovação de que essa semiose escorrega e comicha o corpo na medida - que lhes proponho como absoluta - na medida em que não existe relação sexual.

Em outros termos, nesse conjunto confuso que só o sema, o sema uma vez que ele mesmo despertou um pouco para a ex-istência, quer dizer, que se o disse como tal, é por ali, é na medida em que o corpo, o corpo falante habita esses semas que encontra o meio de compensar o fato de que nada, nada mais que isso, o conduziria ao que nos temos visto forçados a fazer surgir com o termo Outro, o termo Outro que habita a lalíngua e que é feito para representar, justamente, o que segue: que não existe com o companheiro - o companheiro sexual - outra relação que por intermédio daquilo que constitui sentido na lalíngua.

Não existe relação natural. Não que se ela fosse natural se a poderia escrever, senão que justamente não se à pode escrever porque não existe nada natural na relação sexual desse ser que é menos ser falante do que ser falado.Que imaginariamente - por causa disso - esse gozo que vocês vêem representado como fálico e que eu já qualifiquei, de maneira equivalente, como semiótico, porque evidentemente me parece em tudo grotesco imaginar esse falo no órgão masculino. É mesmo bem assim que se nos releva, de fato, a experiência analítica: ele é imaginado.E é certamente um signo de que nesse órgão masculino exista alguma coisa que constitui uma experiência de gozo que está à parte dos outros. Não só está à parte dos outros mas que - aos outros gozos - o gozo que ele é, acredito, é bem fácil de imaginar, a saber, que um corpo, meu Deus, está feito para que se tenha o prazer de levantar um braço e depois o outro e depois fazer ginástica, e saltar, e correr, e disparar e fazer tudo o que se queira. Bem. Resulta ao menos curioso que seja em torno desse órgão que nasça, enfim, um gozo privilegiado.

Porque a experiência analítica nos mostra, a saber, que em torno dessa forma grotesca começa a pivotar esse tipo de suplência, que qualifiquei como o que, no enunciado de Freud, está marcado pelo privilégio, se podemos dizer, do sentido sexual, sem que verdadeiramente se tenha realizado - ainda que também isto o comichasse à ponto de entrever, de quase dizer isso no *Mal Estar da Civilização* - a saber, que o sentido não é sexual senão porque esse sentido substitui justamente o sexual que falta.Tudo o que implica seu uso, seu uso analítico do comportamento humano é o que isso supõe, não que esse sentido reflita o sexual, senão que o supre. O sentido, preciso dizer, quando não se o trabalha, bem, é opaco. A confusão de sentimentos, é tudo o que a lalíngua está feita para semiotizar. E é bem por isso que todas as palavras são feitas para serem implementáveis em todos os sentidos.Então, o que eu propus - o que propus desde o início deste ensino, desde o *Discurso de Roma* - é conceder a importância que ela tem na prática, na prática analítica, o material da lalíngua.

Um lingüista, um lingüista, certamente, se encontra, desde o início, totalmente dentro dessa consideração da língua como tendo um material.Ele conhece muito bem esse material:

- Isto é o único que está nos dicionários;

- Isto é o léxico;

- Isto é também a morfologia, enfim;

- Isto é o objeto da lingüística.

Ele é alguém que está, naturalmente, a cem côvados de distância de um tal Congresso, este de que lhes falei: é Jakobson. Ele como que falou um pouco de mim, à margem, não de entrada em seu discurso senão imediatamente depois de precisar o uso que eu fiz de Saussure, às costas de Saussure - eu conhecia o suficiente da coisa para saber isso, de qualquer maneira - dos estóicos e de Santo Agostinho. Porque não? Eu não recuo diante de nada. É bem o que eu peguei emprestado de Saussure, simplesmente, e dos estóicos, sob o termo de *signatum*, esse *signatum* é o sentido e também resulta importante a ênfase que coloquei sobre o *signans*.

O *signans* tem interesse na medida que nos permite operar na análise, resolver - ainda que, como todo o mundo, não sejamos capazes de ter um pensamento por vez - mas por nos colocarmos nesse estado pudicamente chamado de atenção flutuante, que faz com que, justamente, quando o parceiro ali, o analisante, emite um, um pensamento, possamos ter outro muito diferente. É uma feliz coincidência da qual brota um clarão. E é justamente daqui que pode se produzir a interpretação. Quer dizer que, devido ao fato de que temos uma atenção flutuante, queremos dizer o que ele disse, simplesmente, por causa de um equívoco, quer dizer, de uma equivalência material. Nós nos apercebemos, porque sofremos, que o que ele disse poderia ser entendido de través. E é justamente ao ouvi-lo todo de través que lhe permitimos observar de onde emergem seus pensamentos, sua semiótica própria: ela não emerge do nada, de outra coisa senão da ex-sistência da lalíngua. Lalíngua ex-siste, numa outra parte em que ele crê ser seu mundo. A lalíngua tem o mesmo parasitismo que o gozo fálico em relação a todos os outros gozos. E é ela que determina como parasitário no Real o que tem a ver com o saber inconsciente.

É preciso conceber a lalíngua - e porque não? - falar do fato de que a lalíngua estaria em relação com o gozo fálico como os ramos da árvore. Não por nada - porque, de qualquer maneira, eu tenho minha pequena ideia - não por nada lhes fiz observar que a respeito dessa famosa árvore do começo, aquela de onde se pega a maçã, caberia se perguntar se ela mesma goza igual a qualquer outro ser vivente. Se lhes digo isto não é totalmente sem razão, claro. E então digamos que a lalíngua, não importa qual elemento de lalíngua, está sob do gozo fálico, sob uma vertente de gozo. É por isso que estende suas raízes tão longe no corpo.

Bom, então, de onde temos de partir - vocês vêem, isso arrasta e já é tarde, bem - é desta forte afirmação de que o inconsciente não é um conhecimento. É um saber, e um saber enquanto que eu o defino pela conexão de significantes. Primeiro ponto. Segundo ponto: é um saber desarmônico que de nenhuma maneira se presta a um casamento feliz, um casamento que seria feliz. O que está implicado na noção de casamento, é isso o que é enorme, que é fabuloso. Quem conhece um casamento feliz? Não? Mas enfim, continuemos...No entanto, o nome é feito para expressar a felicidade.

Sim, o nome é feito para exprimir a felicidade e foi ele que me veio para lhes dizer o que se poderia imaginar de uma boa adaptação, como se diz, de um aninhamento, enfim, de alguma coisa do que lhes disse acerca da vida, da vida do corpo naquele que fala, que poderia se julgar como justo, um nobre intercambio entre o corpo e seu meio, como se diz, seu *Welt* sem nenhum valor. Sim.

Ainda assim, estas observações têm a sua importância histórica, porque, como vocês devem ver - vocês, que me verão sobreviver - tudo o que começou a se balbuciar em biologia dá a impressão de que a vida não tem nada de natural. É uma coisa louca. A prova disso é que se lhe meteu a lingüística. É enorme, enfim.Ela reserva surpresas, esta vida, quando se tenha deixado de falar como estorninhos, a saber, de se imaginar que a vida se opõe a morte. É absolutamente doida essa história. Mas, antes de tudo, o que sabemos dela? Quem é que está morto? O mundo inanimado, como dizemos. Mas isto porque dele existe uma outra concepção da alma desta que a pouco eu lhes representava, a saber, que a alma é, é uma coisa ridícula.

Então, vou lhes dizer: no ponto em que estamos é paradoxal. É paradoxal, e digo isso porque li um pequeno papel que se emitiu no último Congresso da Sociedade de Psicanálise, que testemunhava isso que é um tanto paradoxal: é isto o que estou tentando rejeitar, a saber, que existe conhecimento, que existe alguma harmonia entre o que é do gozo, do gozo corporal e o seu entorno. Não existe mais de um lugar aonde se pode produzir esse famoso conhecimento, enfim, um lugar, em minha opinião e que vocês não vão adivinhar jamais: é na própria análise.

É possível dizer que na análise pode existir alguma coisa que se assemelha ao conhecimento. E encontro testemunho disso no fato de que, a propósito desse papelzinho de que lhes falo, que tratou do sonho, é absolutamente maravilhosa a inocência com que se confessa isso.Há uma pessoa - e uma pessoa, e não me assombra, em absoluto, que se trate dessa pessoa, pois ao menos recebeu de mim um último cutuco na bunda em outro tempo...

(Risos)

...que vê se reproduzir - e na realidade tudo está centrado em torno disso - em um de seus sonhos uma nota, uma nota, propriamente falando, semântica - a saber, que só está verdadeiramente ali como anotado, articulado, escrito - vê se reproduzir em um de seus sonhos uma nota semântica do sonho de um paciente. Ele tem boas razões quando mete cúnhecimento em seu título.

No fim das contas não é surpreendente que a essa espécie de co-vibração, co-vibração semiótica, se a chama, pudicamente: a transferência. E também há muita razão para não chamá-la assim. Ao menos eu sou a favor disso. Não é o amor, mas sim o amor no sentido ordinário. O amor tal como se o imagina. O amor é obviamente outra coisa. Mas em termos de ideia, se posso dizer, que se faz do amor, não há nada melhor que esse tipo de conhecimento analítico. Não estou seguro de que isto leve muito longe, além disso, isto explica que toda experiência analítica permanece no pântano.Não é disso que se trata. Se trata de elaborar, de permitir, a quem chamo o analisante, elaborar, elaborar esse saber, esse saber inconsciente que é nele como um cancro, não tão profundo, como um cancro. Isto é outra coisa, claro, outra coisa que o conhecimento. E evidentemente faz falta uma disciplina ligeiramente outra de uma disciplina filosófica. Não é?

Há uma coisa Cocteau - porque de tempos em tempos não vejo porque eu cuspo sobre os escritores, mas eles são menos estúpidos do que os outros - há uma coisa de Cocteau que se chama *Le Potomak*, onde criou alguma coisa que não vou a me pôr aqui a lhes dizer o que é: os *Eugène*. Mas estão ali também os *Mortimer*. *Os Mortimer* não têm mais que um só coração, e isto se representa em um pequeno desenho onde têm um sonho em comum[iii]. É alguém do gênero de meu psicanalista de há pouco, o que não nomeei: entre o analisante e o analista é como entre os Mortimer. Não é freqüente, não é freqüente nem sequer entre as pessoas que se amam, que eles façam o mesmo sonho. Isso é muito notável, e prova a solidão de cada um com aquilo que surge do gozo fálico. Sim. Bem.

Então, de qualquer maneira - como só me resta um diminuto quarto de hora - eu gostaria de fazer alguma observações sobre o alcance... porque isto pareceu surpreender a um enamorado que está na linha de frente, lhe soltei a coisa assim, durante um jantar, e tive a surpresa de ver que isso o encheu de prazer.Então eu percebi até que ponto eu me explico mal.

(Risos)

Porque eu tinha escrito no quadro: $\exists x \overline{\Phi x}$, o que quer dizer: é preciso que exista um que diga não ao gozo fálico. Graças a que, e somente graças a que: $\forall x \Phi x$ existem todos os que dizem sim.E eu pus vocês de frente para o fato de que existe - tive de me prestar a confusão - há outros para quem não existe um quem diga não: $\exists x \Phi x$. Só que isto tem a curiosa consequência de que entre esses outros, enfim, existe não todos os que diz sim: $\forall x \Phi x$.

Isso, esta inscrição, é a tentativa de inscrição em uma função matemática de alguma coisa que usa quantificadores, e não há nada de ilegítimo - não quero discutir isso hoje porque não temos tempo - não há nada de ilegítimo nessa quantificação do sentido.Essa quantificação sucede de uma identificação. A identificação sucede de uma unificação.

O que foi que eu escrevi, em outro tempo, sobre as fórmulas da sexuação? Um S_1 vem a se fixar, vem pontuar em um S_2. O que é um S_1? É um significante, como a letra indica. O próprio de um significante - é um fato da língua e contra ele nada se pode fazer - é que todo significante pode se reduzir ao alcance do significante Um. E é em sua condição de significante Um - penso que se lembram de meus pequenos parênteses, S_1, S_2 entre parênteses, e havia uns S_1 que se metiam em frente, etc., para expressar o caso que eu defino que o significante é o que domina na constituição do sujeito: um significante é o que representa um sujeito para outro significante.

Bem, então, toda letra x, qualquer que seja, quer dizer este Um como indeterminado. É o que se chama na função - função em sentido matemático - o argumento. Foi daqui parti para lhes falar da identificação.

Mas se existe uma identificação, uma identificação sexuada, e se, por outra parte, lhes digo que não existe relação sexual, o que quer dizer isso? Isso quer dizer que não existe identificação sexuada a não ser de um lado, quer dizer, que todos estes grampeadores ditos funcionais da identificação devem ser postos - e aqui o enamorado em questão manifestou sua viva satisfação, porque se o disse assim, fundamentado, em troca, a vocês os deixei no melaço - todas essa identificações estão do mesmo lado. Isto quer dizer que só uma mulher é capaz de fazê-las.

Por que não o homem? Porque, como vocês perceberam, eu disse uma mulher e depois disse o homem.

Porque o homem, porque o homem tal como o imagina A Mulher - quer dizer, a que não existe, quer dizer uma imaginação de vazio - o homem, ele, está torcido por seu sexo. À diferença de uma mulher, que pode fazer uma identificação sexuada. Ela não tem mesmo senão que fazer isso, já que é preciso que passe pelo gozo fálico, que é justamente o que lhe falta. Lhes digo isso porque poderia pontilhá-lo com uma localização de meus quatro pequenos grampos: $\forall x \Phi x$ Eu não vou para o quadro porque vocês vão ouvir se eu escrever no quadro: $\forall x \Phi x$. Que quer dizer isso para a mulher, já que vocês tem acreditado que, com isto, o que eu designava era todos os homens? Isso quer dizer a exigência que uma mulher mostra - é óbvio - de que o homem seja todo dela. Eu começo por aqui porque é o mais divertido. É da natureza de uma mulher ser ciumenta, dada a natureza de seu amor. Quando penso que daqui a dez minutos terei que lhes explicar também o que é o amor! É fastidioso ser empurrado até esse ponto. Bem.

O não-todas que inscrevi em outra relação ao Φx, é porque esse mesmo amor, o amor de que se trata, o ponho aqui deste modo, generosamente, inteiramente do lado das mulheres, ao menos teria que colocar ali, se posso dizer, um pederasta (*une pédale*).

(Risos)

Quero dizer que é não-toda que ela ama. E dele cai um pedaço para ela de seu gozo corporal. Isso quer dizer o$\forall$x, o não-todismo. Bem.

E, depois, $\exists$x$\overline{\Phi x}$., a ex-sistência do x - ele que por um nada, enfim, por um nada porque já lhes disse aqui, claramente - aquele aonde se situa Deus.Devemos ser mais moderados, quero dizer, não criar ilusões com essa história de Deus - uma vez que isso está desgastado - e não é porque existe saber no Real que estamos forçados a identificá-lo com Deus.

Vou lhes propor uma outra interpretação, minha:$\exists$x$\overline{\Phi x}$ é o lugar do gozo da mulher, que está muito mais ligado ao dizer do que se imagina.Deve ser bem dito que, sem a psicanálise, é bem evidente, eu seria um novato, assim como todo o mundo. O que me parece importante assinalar é o vínculo do gozo da mulher com a impudência do dizer. E não disse o impudor.A impudência é diferente, é inteiramente diferente disso. E $\exists$xΦx, ambos barrados, é aquilo pelo qual a mulher não existe, quer dizer, aquilo pelo qual seu gozo não poderia se fundar em sua própria impudência.

Eu lanço isso assim, é... eu devo convir que é - eu os encontro pacientes - isso, são bastões que dou a vossos caprichos. Mas enfim, como estou um pouco premido, ao menos gostaria concluir no fato de que o inconsciente como saber desarmônico é mais estranho em uma mulher do que em um homem.É engraçado lhes dizer uma coisa dessas!

(Risos)

E então, e então, o que pode resultar disto? O que resultará é que ainda há o lado mulher.Não é por ser mais estranho que ele não é estranho também no homem. E ele é mais estranho à ela porque lhe vem do homem, do homem de quem acabei de lhes falar, do homem que ela sonha. Porque se eu disse que o homem existe, precisei bem que isso é na medida em que ele, pelo inconsciente, ele é mais cancrado (*chancré*), carcomido (*échancré*), mesmo.Mas uma mulher conserva, se eu posso dizer, um pouco mais de aeração em seus gozos. Ela está menos carcomida (*échancrée*), contrariamente a aparência. E é sobre isso isto que eu quero terminar.

Eu gostaria de terminar com isto, que extraí de Peirce: que foi quem observou que a lógica, a lógica aristotélica é uma lógica puramente predicativa e classificatória. Então ele se pôs a meditar ao redor da ideia da relação, a saber, o que é de maneira perfeita, o que naturalmente... o que é fácil e sem complicação, fácil e sem complicação concernente - não ao engate funcional a um só argumento e que acabo de lhes dar, por ser ele o da identificação que remete a coisa no bolso da mulher - se pôs a meditar ao redor de x, R - R, signo de uma relação ideal, esvaziada, ele não disse qual - R e y : x R y, uma função de dois argumentos.

O que é que é - à partir do que acabo de enunciar hoje - o que é que é a relação de saber? Há uma coisa muito astuta notada por Peirce, como vêem, sei render homenagem a meus autores: quando eu faço um achado, eu agradeço. Eu agradeço assim, mas eu poderia muito bem não fazê-lo.Em outro tempo eu falei de metáfora e metonímia e todo o povo se pôs a gritar bem forte, com o pretexto de que eu não disse de imediato que eu devia isso a Jakobson. Como se todo o mundo não soubesse. Enfim, quem soltou isso aos brados foram Laplanche e Lefevre-Pontalis. Enfim, que recordação! É o caso de dizer!

Se o que lhes digo hoje e procuro avançar tem fundamento, é que o saber não tem sujeito. Se o saber é metido na conexão de dois significantes e que não existe, não existe sujeito senão numa suposição que não serve mais do que como representante do sujeito a outro. Não obstante, existe alguma coisa bem curiosa aqui: é que a relação, se vocês escrevem: x R y nesta ordem, dela resulta que x está relacionado com y? Da relação, podemos apoiar o que se expressa na voz ativa ou passiva do verbo? Mas é evidente. Não porque eu tenha dito que os sentimento são sempre recíprocos - pois assim me exprimi em outro tempo diante de pessoas que, como de costume, não entendem nada do que eu digo - não é porque se ama que se é amado. Jamais ousei dizer semelhante coisa!

A essência da relação, se em efeito qualquer efeito retorna ao ponto de partida, isso quer dizer simplesmente que quando se ama se é feito enamorado. E quando o primeiro termo é o saber? Aqui temos uma surpresa, o saber é perfeitamente idêntico - no nível do saber inconsciente - ao fato de que o sujeito é sabido. Ao nível do sentido, em todo caso, isto resulta absolutamente claro: o saber é o que é sabido.

Então, tratemos de extrair algumas conseqüências disso que a análise nos mostra, que é o que se chama transferência, quer dizer, o que acabei de chamar de amor, o amor corrente, o amor sobre o qual alguém se assenta tranquilamente e, depois, chega de histórias... não é a mesma coisa do que se produz quando emerge o gozo da mulher.Mas o que vocês, isso, isso vai ser... eu reservarei para o próximo ano. Por enquanto tentemos compreender o que a análise revelou como verdade, é que o amor - o amor de que acabo de falar - se dirige ao sujeito suposto saber. E assim, o que é que seria o inverso daquilo sobre o qual me interroguei na relação de saber? Bem, isso seria que o parceiro, nesta ocasião, é levado por essa espécie de moção, enfim, que qualificamos de amor.Mas se o x da relação que poderia se escrever como sexual é o significante enquanto que conectado ao gozo fálico, devemos também tirar daí a consequência. E a consequência é esta: se o inconsciente é o que lhes disse, e de cujo suporte hoje lhes falei, a saber, um saber, tudo o que eu gostaria de lhes dizer este ano a propósito dos não tolos que erram, bem, isso quer dizer que quem não está apaixonado de seu inconsciente, erra.

Isso não diz absolutamente nada contra os séculos passados. Eles estavam tão apaixonados como os outros, de seu inconsciente e, portanto, não erraram. Simplesmente, não sabiam para onde iam, mas que estavam apaixonados de seu inconsciente, isso estavam. Imaginavam que isso era o conhecimento! Pois não é necessário se saber apaixonado de seu inconsciente para não errar. Há que se deixar levar, ser seu tolo.

Pela primeira vez na história lhes é possível, a vocês, errar, quer dizer, se recusar a amar a vosso inconsciente, porque, enfim, vocês sabem o que é: um saber, um saber fastidioso.Mas é, talvez, nesse errar - e, dois r, e - vocês sabem, essa coisa que se prende ali, quando o navio começa a balançar - que podemos apostar para encontrar o Real, um pouco depois. Observar que o inconsciente talvez seja desarmônico, mas que talvez nos possa levar um pouco mais à esse Real além dessa muito pouca realidade que é a nossa, a do fantasma. Que talvez nos possa levar mais adiante: ao puro Real.

(Aplausos)

[ii] Na edição staferla essa sentença não é uma questão.

[iii] A edição staferla oferece, exatamente aqui, *Le Potomac*, de Cocteau. Escolhemos não colocá-la aqui em consonância com aquilo que já tantas vezes e em outras notas afirmamos.

Sobre os tradutores e organizadores

Frederico Denez

Graduado em Psicologia pela Unifacvest, Mestre em Literatura pela UFSC. Tradutor e organizador das Conferências de Lacan nos EUA no ano de 1976 (Lacan in North Armorica) assim como do seminário A Topologia e o

Tempo. Palestrante e Conferencista sobre a obra de Marcel Proust

fdnez@outlook.com

<u>Gustavo Capobianco Volaco</u>

Psicanalista; Graduado em Psicologia pela PUC-PR; Pós-graduado em Literatura Brasileira e História Nacional pela UTFPR; Mestre em Letras pela UFPR e doutor em Literatura pela UFSC. Ex-membro da Biblioteca Freudiana de Curitiba - Centro de trabalho em Psicanálise; ex Analista e Membro Fundador da LETRA - Associação de Psicanálise; Docente e Coordenador do Curso de Psicologia do Centro Universitário Unifacvest. Autor dos livros Para quê serve uma Psicanálise?; As Vidas Nada Secas de Graciliano; A Clínica Psicanalítica - Palimpsestos e Michel Foucault e as Ciências Humanas: Transversalidades, Leituras e Apropriações (Autor e organizador). Tradutor e organizador das conferências de Lacan nos EUA (Lacan in North Armorica), assim como do seminário A Topologia e o Tempo.

gustavovolaco@hotmail.com

Qualquer tradução é sempre um *work in progress* e por isso estamos abertos a quaisquer sugestões. Elas podem nos ser enviadas pelos e-mails acima indicados.